Werner Nething

Meine Griechen, meine Griechin und ich!

Über 45 Jahre griechisch verheiratet

Manuela Kinzel Verlag

Impressum:

Manuela Kinzel Verlag
73037 Göppingen
Tel. 07165 / 929 399

info@manuela-kinzel-verlag.de
www.manuela-kinzel-verlag.de

1. Auflage 2018

ISBN 978-3-95544-097-8

Dieses Buch ist meiner Frau Marina gewidmet,
die mein Leben unglaublich bereichert hat
und mit der ich jetzt
über 45 Jahre glücklich verheiratet bin!

Inhalt

Einleitung

Griechenland - ganz aktuell und seit Jahren immer wieder in aller Munde. Griechenland, das Land der Sagen und Mythen. Das Land berühmter Philosophen wie Sokrates, Platon und Aristoteles. Griechenland, das Ursprungsland des Theaters und der Olympischen Spiele. Die Wiege der Demokratie. Griechenland, ein faszinierendes Land, ein herrliches Land.

Ein Land mit den hilfreichsten Menschen, die man sich überhaupt vorstellen kann. Aber auch mit den unfähigsten Politikern, die man sich vorstellen kann. Dazu korrupt, unerfahren und nicht in der Lage, bekannte Missstände aufzuheben oder zu ändern. Griechenland, ein Land, in dem die reichsten Griechen (so verankert in der Verfassung, gemeint sind die Reeder) keine Steuern zahlen müssen und vielleicht auch deshalb die normalen Menschen keine Steuern zahlen WOLLEN.

Griechenland, ein so einmaliges wie wunderbares Land mit seinen monumentalen Bauwerken und herrlichen Inseln, seinem azurblauen Meer, traumhaften Stränden, malerischen Buchten, fantastischen Bergen - und liebevollen Menschen.

Griechenland, ein Land zum Verlieben. Wer einmal hier war, der kommt wieder. Und nochmal wieder. Immer und immer wieder. So wie ich.

Ein Schwabe verliebt sich in eine Griechin

Die Sonne scheint schräg durch die Windschutzscheibe in mein kleines Auto hinein, ein wunderschöner Tag bahnt sich an. Ich fahre in meinem NSU Prinz durch Nürtingen, die Stadt, in der die Firma ansässig ist, in der wir uns anno 1970 zuerst über den Weg gelaufen sind. Ich fahre wie in Trance – mit Schmetterlingen im Bauch. Völlig durch den Wind und doch hochkonzentriert. Ich will schließlich heil und rechtzeitig am vereinbarten Treffpunkt sein. Also geht es weiter, so gut ich nur kann.

Wir haben uns auf 13 Uhr verabredet. Früher sollte ich nicht kommen, aber später auch nicht. Gespannt blicke ich immer und immer wieder auf die Uhr. Ich fahre langsamer, dass ich auch wirklich nicht zu früh dort bin. Unser Plan würde scheitern, wenn ihre Mutter, geschweige denn ihr Vater, während ihrer Mittagspause nach Hause kämen. Eine undenkbare Katastrophe wäre das. Also alle negativen Gedanken auf die Seite schieben, es wird schon funktionieren. Mein Herz schlägt in den höchsten Tönen, die Aufregung prägt meinen nicht mehr sehr aufmerksamen Fahrstiel, das ist doch klar! Immerhin möchten wir zusammen wegfahren, wollen irgendwo in Österreich übernachten. Ein Traum, vor Wochen noch meilenweit entfernt, doch jetzt auf einmal so nah. – Es geht mir unter die Haut.

Da, Achtung! Ein Radfahrer überquert die Hauptstraße. Ich muss bremsen, damit ich ihn nicht auf der Motorhaube wiedersehe. Das hätte mir gerade noch gefehlt. „Du Depp, pass doch besser auf!“, entfuhr es mir. Für gute Sitten bin ich jetzt viel zu aufgeregt.

Ich komme mir vor wie in einem Film. Was mache ich da überhaupt? Bin ich einfach nur Hals über Kopf verliebt oder vielleicht doch übergeschnappt? Muss ich gar um mein Leben fürchten, wenn ich diesen Schritt wie geplant durchführe? Und muss es gerade DIESES Mädchen, ausgerechnet eine Griechin, sein? Was kommt da alles auf mich zu? Es gibt doch so viele deutsche Mädchen, die auch nicht schlecht aussehen! Habe ich mir das wirklich auch gut überlegt? Ist das Risiko für mich kalkulierbar? Habe ich mich da in etwas verrannt, was ich heute noch nicht überblicken kann? Und dann spricht sie eine Sprache, die ich nicht beherrsche. Selbst die Buchstaben sehen so eigenartig aus. Und ist es nicht gefährlich, wenn „die Frau an meiner Seite" später mit jemandem spricht und ich nur „Bahnhof" verstehe? Werde ich in der Lage sein, diese Sprache zu erlernen oder wenigstens zu verstehen? Fragen über Fragen.

Die Griechin aus Griechenland. Griechenland – wo genau ist das überhaupt? Wie sieht es dort aus? Warum kommen diese Leute überhaupt nach Deutschland? Was ist bei uns besser oder dort schlechter? Zu diesem Land hatte ich zu diesem Zeitpunkt keinerlei Bezug. Mit Griechenland hatte ich mich noch nie befasst. Wenn ich mal im Ausland war, dann in Österreich oder maximal noch in der Schweiz – also dort, wo die Berge sind. Mit dem Meer konnte ich nichts anfangen. Das war mir immer zu langweilig. Am Stand zu liegen und zu baden den ganzen Tag – unvorstellbar für mich. Warum kann sie nicht aus einem Land kommen, wo es richtige Berge gibt? Eine Schweizerin zum Beispiel wäre ja auch nicht verkehrt. Das hätte sofort gepasst. Die geborene Traumfrau wäre für mich eine, die gerne wandert und mit mir in die Berge geht, ja, die mich sogar voller Tatendrang mitziehen könnte – was angesichts meines permanenten und fast schon penetranten Bewegungsdrangs allerdings auch wirklich viel verlangt gewesen wäre. So eine habe ich nie kennengelernt. Vielleicht war ich dafür doch immer zu schnell unterwegs, und es ist eben anders gekommen. Ich habe mich in eine Griechin verliebt. Keine Frau in Kniebundhosen und schweren Wanderstiefeln, mit der man mal kurz im Vorbeigehen die Burg Hohen Neuffen besteigen könnte. Stattdessen ist da diese Leidenschaft, dieses Verlangen nach Marina, das alle Restzweifel beiseiteschiebt. Sie war die Auserkorene.

Ich will mutig sein und den „Entführungsplan" durchziehen. Letzte Woche hatten wir uns die Verlobungsringe gekauft. Jetzt gibt es keinen Weg zurück. Ich fahre weiter. Die Spannung steigt.

Warum eigentlich dieses Versteck- und Abenteuerspiel? Wir hatten alles versucht, aber ihre griechischen Eltern haben ihr jedes weitere Treffen mit mir, dem Deutschen, untersagt. Sie wollten Marina zurück nach Griechenland zu ihrer Oma schicken, sofort, mit dem nächsten Flugzeug. Trotz ihrer 19 Jahre musste sie von ihrem Vater noch eine Ohrfeige einstecken. Zu „Hause", in Nürtingen, wurde sie regelrecht eingesperrt.

Warum eigentlich? Warum lehnen die mich denn ab? - Mich, den anständigen jungen Deutschen, der einen ordentlichen Beruf gelernt hat und obendrein auch nicht soooooo schlecht aussieht?

Wir haben zusammen in einer Maschinenfabrik in der Abteilung Einkauf gearbeitet. Wir sahen uns jeden Tag. Zuerst habe ich mich in ihre schönen, schlanken und schwarzen Finger verliebt, die in unglaublichen Geschwindigkeiten über die Tastatur der Kugelkopf-Schreibmaschine schwebten. Ihre Augen funkelten wie Herzkirschen und ich, der große schlanke Schwabe, habe mich in dieses kleine, hübsche griechische Mädchen verliebt. Es war damals ganz einfach um mich geschehen.

Die griechische Familie

Es ist 7 Minuten vor 13 Uhr. Wie kam es dazu, dass sich alles so zuspitzte?

Einige Wochen vorher haben Bekannte von Marinas Eltern uns beim gemeinsamen Spaziergang in unserer Mittagspause gesehen. Eine andere Möglichkeit hatten wir gar nicht, uns zu treffen. Sie durfte am Abend nicht ausgehen - ganz im Gegensatz zu ihrem Bruder, der immer unterwegs war. Aber ein 19-jähriges griechisches Mädchen? Undenkbar!

Kurz zuvor ist in dieser Firma etwas vorgefallen. Ein griechischer Mitarbeiter hatte eine deutsche Frau belästigt, und sofort kamen unschöne Diskussionen auf. Auch Marina war plötzlich Fragen ausgesetzt. Ob alle griechischen Männer so wären? Sie war natürlich getroffen und verletzt. Tränen liefen über ihre Wangen. Was sollte sie dazu sagen? Sie kannte den griechischen Mann ja kaum (außer ihren Bruder und Vater).

Die ausländerfeindliche Bemerkung empfand ich als unangemessen und ungerecht, nicht nur, weil ich schon länger ein Auge auf Marina geworfen hatte. Aber die erwies sich als meine persönliche Steilvorlage, die ich schnell zu meinem Vorteil zu nutzen wusste. Ich steckte ihr einen Zettel in ihre Manteltasche mit der Nachricht, dass ich solche Äußerungen nicht richtig finde, dass ich nichts gegen Ausländer habe und dass ich sie außerdem sehr sympathisch finde. Ein paar Stunden später wurde dieser Zettel dann auch gefunden, glücklicherweise von ihr und nicht von ihren Eltern. Wobei dies bei dem späteren Drama wohl kaum einen Unterschied gemacht hätte …

Tage später war in unserer Abteilung ein kleiner Umzug notwendig und alle Mitarbeiter waren im Einsatz. Marina war mir persönlich dabei eine große Hilfe. Da erkannte ich meine Chance. Eine Einladung zu einem privaten Ausflug bot sich regelrecht an. So gedacht, so getan!

Aber wie „verkaufen" wir den geplanten Ausflug ihren Eltern, damit sie ihre Genehmigung erteilen? Kurz überlegt, machten wir daraus einen Abteilungsausflug, und dieser Plan ging auf. Die Anzahl der Teilnehmer bestand eben nur aus uns Zweien. Als Ausflugsziel habe ich Ludwigsburg auserkoren: Blühendes Barock und Märchengarten, also Romantik pur.

Unser Ausflug startete in einer Nebenstraße unserer Firma, wo Marina von allen unbemerkt in mein Auto stieg. Nach einem gemeinsamen Mittagessen in Esslingen ging es weiter nach Ludwigsburg. In der Herzog-Schaukel im Märchengarten war es dann zum Glück auf einmal sehr dunkel - der ideale Zeitpunkt und Ort für unseren ersten Kuss. Schnell, spontan, fast unüberlegt. Nachdem es kurz darauf leider viel zu schnell wieder hell wurde, torkelten wir leicht zittrig aus der Schaukel heraus - ob es nun am ersten Kuss oder an den Schaukelbewegungen lag, blieb ungeklärt.

Wir beendeten diesen schönen und eindrucksvollen Abteilungsausflug wieder in unserer Firma. Tage später ging dann alles sehr schnell: Die Sache flog in ihrer Familie auf, es folgte die schon erwähnte Ohrfeige und die Drohung, dass man Marina umgehend in ein Flugzeug zurück nach Griechenland setzen wollte.

Wir mussten also schnell handeln. Mehrfach waren wir am Schmuckladen „Soll die Ehe glücklich sein, dann kauf bei Lewinsky die Ringe ein" vorbeigelaufen. Also, in der Firma kurz abmelden und ganz diskret Ringe aussuchen, die man schnell bekommen konnte. Das war die Hauptsache, denn die Zeit lief. Unser „Verlobungsausflug" war für das nächste Wochenende fest geplant. An diesem Tag sollte die große „Entführung" stattfinden. Und die lief so:

Ich fuhr also mit meinem grünen NSU Prinz am Haus vor, in dem meine Marina mit ihren Eltern Dimitris und Kula wohnte. Es war Mittagszeit, exakt 13:00 Uhr, also keine Minute zu früh oder zu spät.

Beide Eltern befanden sich, wie es sich für gute Gastarbeiter gehört, auf der Arbeit. Wir hatten ausgemacht, dass ich drei Mal hupen würde. Das war für sie das Signal, um aus dem Küchenfenster herauszuklettern, denn die Wohnungstür hatten die Eltern abgeschlossen und Marina ohne Schlüssel im Haus eingesperrt. Der Plan funktionierte. Sekunden nach der dritten Hupe öffnete sich das Fenster und Marina stieg heraus. Die Wohnung befand sich zum Glück im ersten Stock. Sie trug einen kleinen, wirklich nur sehr kleinen Koffer, in den sie vorher nur das Notwendigste eingepackt hatte. Alles lief unglaublich schnell ab. Wir kamen uns vor wie Kriminelle. Schließlich macht man so eine Entführung nicht täglich und für Proben hatten wir keine Zeit. Wir konnten von Glück reden, dass uns keine Nachbarn gesehen haben. Wenn die auch nur geahnt hätten, dass in ihrer unmittelbaren Umgebung gerade eine Entführung abläuft, wer weiß, wie alles ausgegangen wäre. Den pochenden Herzschlag aus diesem Entführungsskandal spüre ich noch bis heute.

Im Auto ein erster Kuss. Dann konnte es losgehen in Richtung Österreich, wo unser Versteck in Form eines reservierten Zimmers in einer kleinen Pension auf uns wartete. Noch beschlich uns die ständige Angst, womöglich von jemandem verfolgt zu werden. Da, ein Polizei-Auto, wollen die uns anhalten? Wurde doch die Polizei informiert? Hat uns jemand gesehen? Erst nach dem Grenzübergang nach Österreich besserte sich unsere Gefühlslage. Die Pässe wurden uns anstandslos wieder ausgehändigt, dann schnell noch D-Mark in Schilling gewechselt und die Fahrt konnte weitergehen. So eine Entführung kann schon richtig spannend sein, das brauche in nicht jeden Tag!

Marina fühlte sich wie auf einem anderen Stern. Sie war, einmal abgesehen von Deutschland, zum ersten Mal im Ausland und sofort begeistert von der schönen Landschaft. Vor allem die „vielen Hütten" hatten es ihr so richtig angetan. Und je länger die Fahrt dauerte, desto freier und glücklicher fühlten wir uns. Die dramatische Anspannung der Entführung war verflogen. Die Schmetterlinge in unserem Bauch taten ihr Übriges zu unserem Glücksgefühl.

In der Zwischenzeit mussten Marinas Eltern nach Hause gekommen sein. Statt ihrer Tochter fanden sie nur eine leere Wohnung inklusive Abschiedsbrief vor, den Marina ihnen hinterlassen hatte. Wohl weniger aus Sorge um ihre Tochter, dafür mit um so mehr Ärger über die Verletzung ihrer Ehre (oder besser der Ehre des Vaters, denn die Mutter hatte nicht allzu viel zu sagen) fuhren sie postwendend in unsere Firma. Mit dem Datenschutz hat man es damals nicht so genau genommen, deswegen erhielten sie dort ohne Umwege meine Adresse. Zum Glück waren wir längst über alle (österreichischen) Berge.

An der Haustür in meinem Wohnort bei Nürtingen trafen sie auf meine Mutter. Ohne unnötige Umschweife eröffneten sie ihr, dass sie nun keine Tochter mehr hätten, dass Marina nun für die beiden „TOT" wäre. Allein dieses Wort reichte aus, um meiner Mutter eine gehörige Portion Angst einzujagen. Für sie ging es nun um Leben und Tod für ihren Sohn. Da sie nicht wusste, wann wir von unserer Entführungsreise zurückkehren würden, deponierte sie auf dem Esszimmertisch einen Zettel mit dem Wortlaut: „Werner, Marina, bitte Haus nicht verlassen. Lebensgefahr!" Man sollte wissen, dass es damals noch keine Funktelefone gab und auch das Telefonieren aus dem „Ausland" nicht so einfach war.

Hochzeitsplanung im Eiltempo

Statt Todesangst hielt in Österreich vermehrt die Romantik Einzug. Die Entfernung tat uns beiden gut. Abends gings in ein Tanzlokal, das sich nicht weit von unserer Pension entfernt befand.

Beim gemeinsamen Tanzen hielt ich meine Marina erstmals richtig in den Armen. Ich hatte wohl vorher einen Tanzkurs gemacht, war aber dennoch kein guter Tänzer. Aber das war mir an diesem Abend so was von egal. Ich genoss einfach nur die Nähe zu meiner Marina. Dann brachen wir ab und wollten schnell „nach Hause", aber das ging nicht. Warum? Man hatte unser Auto total eingeparkt und so musste ich zurück in das Lokal. Nach einer Lautsprecheransage bewegte sich dann so langsam etwas und wir konnten endlich fahren.

Als wir am späteren Abend in unserer Pension ankamen, hielt ich die nächste Überraschung für Marina parat: anständig wie sie war, war sie davon ausgegangen, dass ich zwei separate Zimmer gebucht hätte. Zu ihrer großen Überraschung musste ich ihr dann erklären, dass die Bauherren vergessen hatten, zwischen den zwei Zimmern eine Trennwand einzuziehen, so dass uns nichts anderes übrig blieb, als mit diesem „Kompromiss“ zu leben.

In der Zwischenzeit war auch in Marinas Heimat einiges los. Die Nachricht, dass Dimitris, ihr Vater, auf einmal ohne seine Tochter dastand, verbreitete sich sehr schnell bis nach Griechenland. Sein ursprünglicher Plan, wie der von den meisten anderer griechischer Gastarbeiterfamilien, wonach die eigene Tochter eines Tages möglichst „unbeschadet“ zurück nach Griechenland zieht, um dort einen griechischen Mann zu heiraten und dann später die eigenen Eltern zu versorgen, schien nicht aufzugehen. Manches konnte ich dann später auch verstehen und nachvollziehen, in der damaligen Zeit natürlich nicht. Wir waren jung und verliebt und wir wollten uns haben. Wer hat da schon Verständnis für die Pläne der Eltern?

Meine Mutter, und das muss man wirklich hoch anerkennen, hat für meine Situation und meine Liebe großes Verständnis gezeigt. Und sie hat, nachdem Marina aufgrund der „Lebensgefahr“ nicht mehr zurück zu ihren Eltern konnte, ihr umgehend Asyl in unserem Haus gewährt. Nach dem Auszug meines Bruders, der kurz vorher geheiratet hatte, gab es glücklicherweise ein freies Zimmer. Das war gut für Marina. Und es war gut und angenehm für mich.

Eine andere Möglichkeit gab es nicht, denn auf ihr angespartes Geld auf ihrem eigenen Bankkonto konnte sie nicht mehr zugreifen. Das hatte ihr Vater dank einer bestehenden Vollmacht gesperrt. Mit ihren 19 Jahren war Marina zur damaligen Zeit noch nicht volljährig. Und so konnte ihre Bank nichts für uns beziehungsweise für Marina tun!

Zu ihren Eltern gab es erst einmal keinen Kontakt, der Bruch war für die Eltern gewaltig. Der Familien-Patriarch war nicht zu sprechen. Er zeigte sich nicht bereit, irgendetwas zu akzeptieren, was nicht genau seinen Vorstellungen entsprach. Aber seine Macht begann im Laufe der Zeit zu bröckeln. Geschwister, Freunde und Bekannte der Familie, die auch hier in Deutschland lebten, zeigten vermehrt Verständnis für unsere Situation. Sie liebten Marina, und, je besser sie mich kennenlernten, auch mich. Dennoch ließ sich Dimitris nicht umstimmen. Dafür hatte seine Tochter ihn in seiner Ehre als Vater zu sehr verletzt. Dazu muss man wissen, dass Mischehen im Jahr 1972, in dem sich das alles abgespielt hat, noch zu den seltenen Ausnahmen gehörten. Die Aufregung war daher speziell im griechischen Familien- und Freundeskreis immer noch groß.

35 Jahre später wurde uns das auch erneut bestätigt, als Marina zwei ihrer damaligen weitläufigen Freundinnen in Griechenland wieder getroffen hat. Sie erzählten, wie sich alle, inklusive sie selbst, in einer Art Schockzustand befanden. Ironischerweise haben exakt diese zwei Frauen Jahre später einen Italiener und einen Spanier geheiratet.

Wir haben weiter für eine Versöhnung gekämpft. Einige Wochen nach unserer Verlobung besuchten meine Mutter, Marina und ich ihre Eltern Zuhause. Nachdem wir zur Haustür hereinkamen, ist Kula erst einmal unverzüglich zur Hintertür entschwunden. Sie war einfach weg. Dimitris hat als verletzter Vater vor unser aller Augen geweint und keinerlei Verständnis für uns gezeigt. Einer Heirat wollte er partout nicht zustimmen, ebenso wenig wie der Freigabe des Bankkontos seiner Tochter. Nach einigem Hin und Her sind wir schließlich zu dritt frustriert wieder abgefahren. Es war keine Einigung sichtbar. Vermutlich hätte er bei einer zu schnellen Zustimmung sein Gesicht verloren, für einen Griechen damals eine Schande. Er wollte nicht und vermutlich konnte er auch nicht zustimmen. Wir hatten keine Chance, es war nichts zu machen.

Meinen eigenen Vater, zu dem ich immer einen sehr guten und freundschaftlichen Kontakt hatte, habe ich verloren, als ich 17 Jahre alt war. Sein Tod bedeutete für mich, meine Mutter und meinen Bruder einen schmerzlichen Verlust. Er wurde gerade mal 50 Jahre alt. Der Arzt hatte einen ersten Herzinfarkt, den er bei einer kleineren Wanderung bekam, nicht erkannt. Der zweite Infarkt eine Woche später führte innerhalb weniger Tage zum Tod. Vor diesem Hintergrund ist sicher verständlich, dass ich Sehnsucht nach einem Schwiegervater hatte, der gewissermaßen auch ein Vaterersatz für mich sein sollte. Einer, mit dem ich mich austauschen und gemeinsame Unternehmungen machen konnte: Es war eine romantische Vorstellung, die spätestens an diesem Punkt total zerbrach. Leider dauerte es nach unserer Hochzeit noch viele Jahre, bis ich anfing, ihn und die

Schwiegermutter etwas mehr zu verstehen und mich in ihre Lage zu versetzen, so schwer es auch war. Was hat diese Menschen bewegt, 1963 ihre Heimat, ihre Eltern, ihre Verwandten, ihre gewohnte Umgebung zu verlassen und in ein fremdes Land zu gehen, wo sie weder die Sprache noch sonst etwas anderes kannten? Zuerst kamen die Griechen ganz allein hier in Deutschland an, sogar ohne ihre Frauen und Kinder. Man musste sich ja zuerst allein zurechtfinden, Arbeit und Wohnung suchen, die Sprache lernen und so weiter. Marinas Vater gehörte zu den Pionieren, die zu uns kamen. Damals las man oft: „Wir haben Arbeiter gesucht und Menschen sind gekommen." Menschen aus dem Süden Europas, ja, Menschen aus einer doch so anderen Welt. Das Ziel war, man kommt hierher, um zu arbeiten und das Geld für die spätere Rückkehr anzusparen, also ist selbstverständlich auch geplant, dass die komplette Familie bei der Rückkehr wieder dabei ist. Es gibt keinen „Plan B", bei dem die Tochter in Deutschland hängen bleibt und dort eigene Wege geht, weit weg von Griechenland. Und nun war dieser Plan bei ihren Eltern gefährdet, Wunsch und Wirklichkeit klaffen auseinander. Aus diesem Blickwinkel kann man Eltern verstehen, denen so ein „Missgeschick" passiert ist. Es war einfach nicht vorgesehen!

Und so verging eine weitere Zeit mit Abwarten, Kontakten über die Verwandtschaft, die zu uns hielt, Besuche, Gespräche. Irgendwann zeigte Marinas Vater sich dann unter folgenden Bedingungen bereit, einer Hochzeit, die nicht mehr zu verhindern war, zuzustimmen. Wir müssen eine griechisch-orthodoxe

Hochzeit feiern. Außerdem möchte er selber bestimmen, wen er von sich aus zusätzlich zu unserer Hochzeit einladen möchte. Als Gegenleistung ist er dann bereit, die Hälfte der Hochzeitsfeier zu bezahlen, also ein Angebot, das mir dann sogar, was das Finanzielle betraf, entgegenkam. Ich war noch nicht allzu lange im Beruf und die Mittel somit knapp. Dazu kam, dass Marinas Ersparnisse immer noch durch den Patriarchen blockiert waren. Er begründete es damit, dass er ja die ganze Ausbildung für seine Tochter finanziert hat und dass sie auch viele Jahre von ihm zu Hause verköstigt wurde. Dass Sie im Haushalt neben ihrem Beruf voll mitgearbeitet hat, den Eltern und ihrem Bruder, der alle Freiheiten hatte, immer helfen musste, das wurde ganz einfach nicht berücksichtigt und war damit gegenstandslos. Hier zeigt sich ganz deutlich auch der Unterschied, dass die Mädchen eine ganz andere Stellung in der Familie hatten (und auch teilweise noch haben) als die Jungen!

In dieser Zeit gab es in verschiedenen Städten Deutschlands Pfarrer beziehungsweise Popen, die von der Kirche ausgesandt wurden, um die Gastarbeiter in ihrem Gastland zu betreuen. Es wurden in hauptsächlich katholischen Kirchen oder Nebenräumen Gottesdienste abgehalten oder man hat eigene Gebäude gemietet, so entstanden hier richtige griechisch-orthodoxe Gemeinden in Deutschland. Auch diese Kirche wollte ihre Schäfchen in fremden Ländern nicht verlieren und so konnte man diese Menschen immer gut an der Leine halten.

Also fuhren wir, Dimitris, Marina und ich, zu dem zuständigen Pfarrer nach Esslingen, um den Ablauf und den Ort zu besprechen. Unser Plan war, gemeinsam mit dem evangelischen Pfarrer in Frickenhausen eine ökumenische Trauung, was damals noch äußerst selten vorkam, zu organisieren. Dieser evangelische Pfarrer hatte in einem Vorgespräch diesem auch für ihn interessanten Vorschlag zugestimmt, was uns sehr gefreut und auch ermutigt hatte. Und mit diesem Ziel fuhren wir nach Esslingen – und wurden maßlos enttäuscht. Dieser Pope, bekleidet mit einem weißen Hemd mit Weinflecken darauf, zeigte sich hart und unnachgiebig. Da diese Unterhaltung in Griechisch stattfand und ich nur Bahnhof verstand, musste Marina mir immer wieder seine klare Meinung übersetzen. Diese oft notwendigen Übersetzungen sind heute (leider) immer noch notwendig und sie waren für mich immer wieder eine große Belastung. Ich werde immer wieder gefragt: „Du oder Sie können doch sicher Griechisch." Nach 45 Jahren Ehe mit einer griechischen Frau ist das doch eigentlich eine Selbstverständlichkeit, aber leider nicht bei mir, was sehr schade ist. Hätte ich in diesen 45 Jahren nur jede Woche ein Wort gelernt, dann könnte ich fließend Griechisch sprechen. So muss ich auf diese Frage immer wieder antworten: „Ich verstehe jedes Wort, nur weiß ich nicht, wie es in Deutsch heißt." Klar, eine recht dumme Bemerkung, aber etwas Besseres fällt mir auf diese immer wieder peinliche Frage einfach nicht ein, denn dazu gibt es keine plausible Erklärung.

Also hat Marina den Popen bei dem Gespräch in Esslingen gefragt, ob er mit einer ökumenischen

Trauung in Frickenhausen mit dem evangelischen Pfarrer einverstanden sei.

Seine Antwort (was mir Marina später übersetzt hat) lautete, ob sie denn die Königin von England sei, sowas komme einfach nicht in Frage. Nun muss man wissen, was orthodox bedeutet. ORTHOS heißt *richtig, geradlinig* und DOXA bedeutet soviel wie *Verehrung* oder *Glaube*, also zusammengefasst, *die richtige Verehrung* oder *die rechte Lehre Gottes*. Man könnte auch sagen, dass die griechische Kirche in den letzten Jahrhunderten vielen Herren gedient hat, … aber nicht dem Einen, schade!

Klar, dass so einer nicht nach Frickenhausen reist. Also müssen WIR mit der ganzen Gesellschaft an einem Termin, an dem auch weitere Hochzeiten stattfinden werden, zu ihm nach Reutlingen kommen. Und das, obwohl der Vater ihm gleich einige DM-Scheine über oder unter dem Tisch, wie, ist mir nicht mehr genau bekannt, gereicht hat. So wurde ich gleich zu Anfang mit dem griechischen System vertraut gemacht, aber entweder wollte er ganz einfach nicht oder mein späterer Schwiegervater hat zu wenige Scheine überreicht. Beim Abschied hat Dimitris dann seine Hand geküsst und wollte natürlich auch seine Tochter bewegen, das zu tun. Marina war jedoch über das Gespräch unter Alkoholeinfluss des Popen und durch die ablehnende Haltung so verärgert, dass sie diesen Wunsch nicht erfüllen konnte, sehr zur Verärgerung des Vaters. So sind wir mit einem Terminvorschlag für einen Samstag im Juli 1972 wieder abgezogen.

Nach der Hochzeit wollten wir beide selbstverständlich eine eigene Wohnung beziehen, so mussten wir uns nach einer günstigen Bleibe umsehen. Da wir beide in Nürtingen arbeiteten, suchten wir zuerst dort. Marina hat in der Zwischenzeit wegen unserer „Verbindung" die Arbeitsstelle gewechselt und eine sehr angenehme Tätigkeit als Sekretärin in einem kleinen Handelsunternehmen gefunden. Sie hatte eigentlich den ganzen Tag nichts zu tun und kam immer frustrierter zu Hause an. Sie war immer gerne aktiv und wollte eine Arbeit haben, die sie auch ausfüllt.

Wir haben uns auf eine Wohnungsanzeige in der „Nürtinger-Zeitung" gemeldet und eine kleine, möblierte 2-Zimmer-Wohnung dort gefunden. Es war eine kleine und bescheidene Erdgeschosswohnung im Hause eines pensionierten Lehrers, der uns die Wohnung dann auch zugesagt hatte. Einziehen wollten wir aber erst nach unserer Hochzeit.

Wegen der statischen Aufladung des uralten Teppichbodens musste man diesen immer wieder mit viel Wasser gießen. Und eines Nachts ist unser Bett zusammengekracht. Mir ist leider nicht mehr bekannt, wie das wirklich passiert ist. Aber nach einer kurzen Besichtigung musste ich tatsächlich feststellen, dass ein Bettfuß altershalber komplett herausgebrochen ist. Was tun, wenn so etwas mitten in der Nacht passiert? Zum Glück hat der Koffer meiner Ersatz-Reiseschreibmaschine ganz ordentlich als Bettfuß gepasst und so konnten wir die Nacht doch noch ganz ordentlich zu Ende bringen.

Die Hochzeit, mehr Griechisch als Deutsch

Vor unserem Umzug waren wir mit den Hochzeits-Vorbereitungen beschäftigt. Es musste zuerst zu dem vorgeschlagenen Termin eine Gaststätte gefunden werden, wo die große deutsch-griechische Feier stattfinden konnte. Auch sollte an diesem Termin die evangelische Trauung sein, alles an zwei circa 40 km entfernten Orten. Die Spannung stieg und wir machten uns an die Einladungsliste. Wer sollte alles dabei sein? Wie organisieren wir die Fahrt nach der Trauung in Frickenhausen nach Reutlingen? Werden das alle Gäste finden? Damals gab es noch keine Navigationssysteme, wo schnell die Adresse eingegeben werden konnte. Also planten wir, im Konvoi zu fahren, was bei etwa 12 bis 14 Autos auf so einer doch langen Strecke nicht ganz einfach ist. Aber es klappte! Also ging es nach der doch ganz normalen Trauung in Frickenhausen ab nach Reutlingen zur „griechischen Hochzeit".

Diese griechische Hochzeit wurde dann für unsere deutschen Gäste zu einem einmaligen Erlebnis. Wir durften damals nicht in die Kirche. Die griechische Trauung fand in einer Art Turnhalle für Kinder statt. Der griechische Pfarrer stand vor dem Sprungbock, der als Altar umfunktioniert war. Und da er sehr klein war, war das Sprungbrett vor dem „Altar" für ihn ideal, um eine etwas bessere Position zu haben. Ich hatte immer etwas Bedenken, ob er irgendwann zu einem Sprung über den „Altar" ansetzt, aber es ist nichts dergleichen passiert. Bei den griechischen Hochzeiten gibt es keine Trauzeugen, sondern einen „Kumbaros", der dort eine ganz wichtige Funktion hat. Neben den zwei Brautleuten ist er der wichtigste Mann bei der Aktion. Wir beide bekamen von ihm je ein Kränzchen auf den Kopf gesetzt, diese Kränze waren mit einem Band verbunden und wurden immer wieder von Kopf zu Kopf gewechselt. Da dieser „Kumbaros", der Sohn einer Tante von Marina, sehr klein war, musste ich schon sehr weit in die Hocke gehen, dass diese Aktion überhaupt gelang. Somit waren Fröhlichkeit, Spaß und Lachen ständiger Begleiter der Zeremonie. Dann bekamen Marina und ich etwas Wein zu trinken, was in der Hitze gar nicht so schlecht war. Anschließend mussten wir um den Altar oder besser den Sprungbock herumgehen oder herumtanzen. Diese Bewegungen müssen recht lustig ausgesehen haben, denn alle Gäste, deutsch oder griechisch, fingen wieder an zu lachen. Wir erlebten also eine nette und unterhaltsame Trauung in diesem sonst geschmacklosen Gymnastikraum.

Nach dieser doch unterhaltsamen „Turnstunde" verließen wir das Gebäude und begaben uns in den Vorraum des Nebengebäudes der katholischen Kirchengemeinde. Kaum befanden wir uns im Freien, wurden mir Geldscheine an meinen Anzug gesteckt. Das überraschte mich total, da ich von niemand eingeweiht wurde, dass so etwas im Programm vorgesehen war. Ich konnte nicht genug kriegen, aber der Platz auf dem Anzug war leider begrenzt. Nach einem kurzen Überschlag musste ich schnell feststellen, dass mein Anzug damit nicht besonders wertvoller geworden ist. Und dann kam der Reisregen, überall wurde Reis über uns gestreut. Die restlichen Reiskörner waren dann später in der Wohnung zu finden. Unser toller Teppichboden hat diese so intensiv aufgenommen, dass auch unser Staubsauger keine Chance hatte, den Reis wieder zu entfernen. Der arme pensionierte Schulmeister und Wohnungseigentümer … So musste er nach unserem Auszug etwa ein Jahr später nicht nur das Bett reparieren, nein, er musste auch den Teppichboden erneuern. Der aber war auf jeden Fall auch fällig, das alte, stachelige Teil.

Und dann gab es Fotos über Fotos. Jeder wollte mit der Braut oder mit uns beiden auf ein Bild, und das bei über 38 Grad Hitze. Ich hatte es eilig, wollte zurück nach Frickenhausen-Linsenhofe, wo die Gäste schon auf uns warteten, die diese „Reise" nicht mitgemacht hatten. Selbst meine Mutter war bei diesem Ereignis nicht dabei, was eigentlich schade war.

Es wurde dann fast 18 Uhr, bis wir wieder in der Gruppe zurück in die „Linde" fuhren. Als wir ankamen, war ich mit der Welt, und das bei meiner eigenen Hochzeit, am Ende. Ich war so was von geschafft, fast mehr als nach einem harten und schweren Arbeitstag. Und so etwas bei der eigenen Hochzeit, es sollte doch unser Glückstag sein! Das anschließende Essen ging dann nahezu unberührt an mir vorüber, ich konnte einfach nicht mehr, ich war erledigt. Der ganze Ablauf, das viele Hin und Her und dann noch die „griechische Hitze", das war doch etwas zu viel griechisch für mich.

Nach dem Essen hat dann die nicht ganz preiswerte „Drei-Mann-Kapelle" musiziert und man begann zu tanzen. Aber nur die deutschen Gäste, meine Griechen konnten sich mit dieser Musik nicht anfreunden. Stimmung kam erst dann auf, nachdem ein lieber Onkel von Marina mit der Handharmonika griechische Musik aufgespielt hat. So konnte meine Kapelle nach etwa 30 Minuten wieder einpacken und heimfahren. So leicht und so schnell haben diese Musiker ihr Geld sicher noch nie verdient. Und Onkel Jorgos hat sich in Rage gespielt, alle wollten auf einmal Syrtaki tanzen oder tanzen lernen, die Stimmung wurde immer besser und alle wollten griechisch tanzen. Der Syrtaki (kleiner Syrtos) ist ein Tanz in der Reihe, bei dem die Tänzer ihre Arme über die Schulter der Nachbarn legen. Er wurde erst 1964, also acht Jahre vor unserer Hochzeit zur Filmmusik von Mikis Theodorakis für den Film „Alexis Sorbas“ entwickelt. Nun muss man wissen, dass die Gasthöfe früher noch nicht so stabil gebaut waren. Unser Saal befand sich im Obergeschoss und wenn nun knapp 80 bis 90 Leute im gleichen Takt mit den Beinen fest auf dem Holzboden hüpfen, dann kann man sich vorstellen, was da los war. Ältere Gäste haben sich nur noch am Rand des Saales aufgehalten, der Gastraum darunter hat sich schnell gelehrt. Es entstand dort eine panische Angst, dass die nicht massive Decke durchbricht. So eine deutsch-griechische Hochzeit hat dieser doch schon in die Jahre gekommene Gasthof noch nicht erlebt.

So lernten sich meine und Marinas Verwandtschaft gut kennen. Es wurde auch nicht nur Wasser getrunken und alle kamen sich an diesem Abend sehr nahe. Auch der Schwiegervater Dimitris war gut drauf und man konnte nicht erkennen, dass er sich vorher so vehement gegen diese Verbindung gestellt hatte. Wäre es Schwäche gewesen, hier klar Stellung zu beziehen? Leider konnte ich oder wir nie mit ihm vernünftig und offen darüber sprechen. Alles hat sich später soweit eingespielt, aber eine Offenheit kam leider nie zustande. Dies ist bei einem Griechen, wie ich heute weiß, auch nicht so ohne weiteres möglich. Ein Grieche täuscht sich nicht und ein Grieche entschuldigt sich nicht, das wäre einfach gegen seinen Stolz, also lässt man es bleiben. Erst fünf Jahre vor seinem Tod im Jahr 2007 hat er sich das erste Mal sehr menschlich bei mir bedankt, dass ich mich immer so um seine Tochter gekümmert hätte. Zwei Wochen nach diesem wirklich schönen Satz war er tot.

Dass die griechische Mentalität so ganz anders ist als die deutsche, war mir ja damals nicht bekannt. Daher konnte ich ihn und auch die Schwiegermutter im Laufe der Jahre doch besser verstehen, wenn vieles auch schwer für mich war. Sicher gibt es Griechen, die kritisch über sich nachdenken, die meisten tun das aber nicht. Ist der Grieche ein seltener, irrationaler, tragischer Augenblick in der Geschichte der Menschheit, so wie es Nikos Dimou in seinem schon 1975 erschienen Buch mit dem Titel „Über das Unglück, ein Grieche zu sein", schreibt? Sicher nicht, aber man muss die griechische Mentalität kennen, wenn man in diesem doch interessanten Umfeld lebt. Ich liebe die Griechen und ich liebe Griechenland, aber da kommen wir später noch mehrfach darauf zurück. Dieses Buch soll auch zu mehr Verständnis zwischen den Griechen und uns Deutschen beitragen. Ich lebe seit dem Jahr 2000 zwei bis drei Monate im Jahr in diesem wunderbaren Land.

Leider hat die aktuelle Finanzkrise und speziell die Krise in Griechenland viel zerstört.

Wer reist schon gerne in ein Land, von dem man so viel Schlechtes über noch schlimmere Menschen hört? Menschen, die ungern Steuern bezahlen? Wo durch einen plötzlichen Streik an Fähren oder auf Flughäfen meine Rückreise gefährdet ist? Im Oktober 2011 wollte ich eine Woche auf meine Insel Thassos, leider wurden durch einen Fährstreik nur zwei Tag daraus. Wenn ich auch in der Zwischenzeit gelernt habe, mit solchen Situationen gut umzugehen, kann es doch sehr unangenehm werden. Ein Flugzeug, das in der Luft fliegt, sieht von unten schon etwas merkwürdig aus, wenn man eigentlich dort einen Sitzplatz für sich reserviert hatte. Viele Menschen haben mit Abenteuer-Reisen nicht so viel am Hut. „Ja, später vielleicht mal, aber nicht jetzt, ich muss ja wieder pünktlich an meinem Arbeitsplatz sein."

Bezogen auf alles, was sich monatelang vor unserer Hochzeit abgespielt hat, erlebten wir doch ein schönes und auch wirklich harmonisches Fest. Trotzdem fühlte ich mich am Ende eines Tages selten so erschöpft wie an diesem Abend. Und immerhin war da ja noch was, etwas, was zu einer Hochzeit dazugehört, da kann man doch nicht „schwächeln", das geht doch nicht! Außerdem hatten wir einige Tage davor unsere neue 3-Zimmer-Dachgeschoss-Wohnung in Frickenhausen bezogen. Und da wir, Marina und ich, uns noch nicht länger kannten, wollten wir uns mit Kindern noch etwas Zeit lassen. Also haben wir bald nach unserem ersten Treffen eine Wohnung gekauft, verbunden auch in der Hoffnung, der Vater gibt das von seiner Tochter mühsam gesparte Geld kurzfristig frei. Aber auf diesen Ohren war mein Schwiegervater weiterhin taub. Auch das Versprechen, die Hälfte der Feier zu bezahlen, wurde nicht eingehalten, obwohl viele der Gäste persönlich von ihm eingeladen wurden. Eine weitere Enttäuschung und weitere folgten. Es glich oft einem Spiel, einem Spiel, das nach seinen Regeln abzulaufen hatte. Aber damit hatte ich ein Problem. Ich konnte sicher viel, aber doch nicht alles so akzeptieren. Zeit, Geduld und vor allem Demut waren gefragt!

Deutsch-griechischer Alltag

Trotzdem, er war mein Schwiegervater und so habe ich ihn geachtet, sicher nicht mit vollem Nachdruck. Über gewisse Hürden kann ein Grieche einfach nicht springen, das geht nicht, das könnte dann als Schwäche ausgelegt werden. Die Außendarstellung ist enorm wichtig, das Ansehen, der Status, alles andere wird hinten angestellt. Die Realität, oft verbunden mit den finanziellen Möglichkeiten, nimmt man nicht zur Kenntnis. „Der Grieche lebt zweifach über seine Verhältnisse. Er verspricht das Dreifache von dem, was er halten kann. Er weiß viermal so viel, wie er tatsächlich gelernt hat, und er zeigt seine Gefühle fünfmal stärker, als er sie wirklich empfindet", so wieder beschreibt es wiederum Nikos Dimou in einem seiner Bücher. Übertreibung ist eine Lebensform der Griechen, nur ER und ER und ER, dann seine Familie, zuerst der Sohn und dann, viel später erst die Tochter, und dann kommt lange nichts.

Und dann kam das Jahr 2004 und die Fußballeuropameisterschaft – und Griechenland war überraschendweise dabei! Man hatte sich gerade so qualifiziert. Und da spielt eine griechische Fußballmannschaft, da stehen elf Spieler, die als Mannschaft zusammen funktionieren, jeder läuft für den anderen, jeder setzt sich für den anderen ein. Elf Spieler, die so richtig schwitzen, so richtig arbeiten, so habe ich in Griechenland, wo wir immer unterwegs waren, noch keinen Griechen gesehen. Und wenn in Griechenland doch jemand schwitzt, dann kann das eigentlich nur ein Albaner sein, der für einen Griechen arbeitet. Gewisse Arbeiten macht ein Grieche nicht selber, die lässt er machen. Wenn in meinem Garten größere Arbeiten zu tun sind, dann gibt es immer die gleichen Ratschläge, die schon wie geflügelte Worte klingen: „Nimm Dir doch einen Albaner!" So sagt auch meine Marina zu mir. Ja, sie ist auch eine Griechin, daher kommt das eben. Aber ich habe da meinen Stolz, ich bin mein eigener Albaner, das schaffe ich auch noch allein. Es ist für mich eine Freude, die alten Mauern zu pflegen und das Gelände vom Unkraut zu befreien, selbst dann, wenn man im Frühjahr nach sechs oder acht Monaten erst wieder auf sein Gelände kommt. Da gibt es dann doch sehr viel zu tun.

Diese Fußball-Mannschaft war so gut, dass diese völlig überraschend die Europameisterschaft gewonnen hat. Also, es funktioniert! Es gibt sie also doch, diese disziplinierten, kämpfenden, schwitzenden Griechen, die als Team eine gute Mannschaftsleistung vollbringen können. Vielleicht wäre so ein Fußballtrainer mal ein guter Ministerpräsident.

Wir waren bei unserer Hochzeit, und so neigte sich auch dieser Tag gut dem Ende zu. Am nächsten Tag ging es dann weiter, nicht mit einer pompösen Hochzeitsreise, sondern mit einer Wanderung mit der Jugendgruppe des Schwäbischen Albvereins. Bereits in der Kindheit war Wandern ein wichtiger Bestandteil in meinem Leben, das habe ich wohl von meinem Vater übernommen. Als richtiger Naturliebhaber konnte er sich an Kleinigkeiten erfreuen und seine Begeisterung an seine zwei Buben weitergeben. Erst später konnte ich mit Begeisterung nachvollziehen, wie schön so ein Grashalm mit Tau aussehen kann, wie wunderbar eine Abendstimmung auf der Ruine Hohen Neuffen ist und vieles mehr. Er war seit seiner Kindheit Maler aus Leidenschaft, mit Landschaftsbildern hat er angefangen und später wurde sein Stil modern. Verschiedene Ausstellungen in Nürtingen, Kirchheim und Stuttgart haben sein Können untermauert. Was für ein schönes Erlebnis, wenn jemand ein Bild von ihm gekauft hatte. Jahrelange Freundschaften mit Künstlern wie Carl Weber aus Kirchheim, Fritz Ruf aus Nürtingen, Carl Kürner aus Reutlingen und anderen begleiteten auch uns Kinder. Die Kosten für Ölfarben, Rahmen und Leinwand mussten sehr mühsam erspart werden, verschiedene Bilder wurden auch auf Rückwände gemalt, nur um weitere Kosten zu sparen. Aber es war seine Leidenschaft, in der Natur oder dann später im Haus zu malen. Weniger schätzte er „Malaufträge nach Vorlage“ für Freunde und Bekannte, auch ein Bild mit einem „röhrenden Hirsch“ bekam er als Auftrag. Dieses Bild ist nur widerwillig entstanden. Noch heute, etwa 50 Jahre nach seinem Tod, lebe ich in diesen Erinnerungen. Im ganzen Haus hängen Bilder, die er geschaffen hat. Einfach wunderbar, wenn ein Vater seinen Kindern so ein Erbe hinterlassen kann. Für mich ist das von unschätzbarem Wert. Auch freuen wir uns, wenn mein Enkel in dem Selbstbildnis meines Vaters seinen eigenen Vater zu sehen scheint.

Wir sind also am Sonntag nach unserer Hochzeit mit unserer Jugendgruppe des Schwäbischen Albvereins gewandert. Kurzerhand haben wir den Blumenschmuck vom Hochzeitsauto auf unserem grünen NSU 1200 befestigt und sind so, ganz frisch verheiratet, mit auf die Alb gefahren. Hätte es da nicht bessere, schönere Alternativen gegeben? Wir hatten die Wohnung gekauft und das Geld war knapp, also besuchten wir einen Tag nach der Hochzeit die Schwäbische Alb. Und wir sind damit zufrieden gewesen.

Wir waren jung und wir hatten eine zwar noch spartanisch eingerichtete, aber wunderschöne, eigene Wohnung, ein kleines Auto, beide unseren Beruf und so konnten wir uns als Ehepaar immer besser kennen lernen. Wandern war für mich DIE Freizeitbeschäftigung und so kaufte ich meiner Marina gleich eine Kniebundhose mit knallroten und gelben Strümpfen. Auch so richtig schwere Wanderstiefel mussten es sein, nach den ersten Touren konnte sie sich abends oft kaum mehr bewegen.

An einem Sonntag auf der Schwäbischen Alb, wir waren in einer „Most-Wirtschaft" gelandet, hatte Marina die Wirkung gewaltig unterschätzt. An Laufen war aber aus verschiedenen Gründen nicht mehr zu denken. Also musste ich sie einfach liegen lassen, marschierte zurück zum unserem Auto, um sie dann wieder abzuholen. Danach folgte ein ausgedehnter und etwas verspäteter Mittagsschlaf. So endete eine schöne Wanderung auf der Schwäbischen Alb etwas anders als geplant.

Sonntagabend sind wir dann oft bei den Eltern noch vorbeigefahren. Dort saß meistens die ganze Sippschaft zusammen und genoss das nette Zusammensein. Ihre Eltern hatten das Ziel, am besten jeden Sonntag mit uns zu verbringen, also sitzen, essen, trinken und einfach lustig sein. Doch so hatte ich mir meine Sonntage nicht vorgestellt, mein Ziel für diesen Tag lag irgendwo auf der Alb, es gab verschiedene Höhlen, alte Burgen und Ruinen oder noch besser Felsen, auf denen man herumklettern konnte. Vor meiner Hochzeit war ich mit Freunden oft beim Klettern und später auch für eine kurze Zeit aktiv bei der Bergwacht „Lenninger Tal" in Owen bei Kirchheim. Da waren so richtig harte Burschen dabei, die konnten abends kräftig Bier trinken und am nächsten Morgen kletterten sie die steilsten Wände hoch.

Da konnte ich auf Dauer nicht mithalten, das war zu anstrengend für mich und es fehlte mir ganz einfach die notwendige Kraft in den Armen und den Fingern. Ich hatte einen kaufmännischen Beruf und verbrachte die meiste Zeit sitzend am Schreibtisch, da konnten sich keine so richtigen Muskeln entwickeln.

Die Hochzeitsreise

Nach unserer Hochzeit unternahmen unsere etwas verspätete Hochzeitsreise ins Dorf Tirol bei Meran. Also ging es los und für die Fahrt suchte ich mir die höchsten Berg-Pässe aus, die ich bisher nur vom Namen her kannte. Ich wählte die Fahrt durch das herrliche grüne Ötztal. In steilen Kehren geht es auf über 2500 Meter hoch zum Timmelsjoch. Die Straße durch den Tunnel gestaltete sich abenteuerlich und es gab viele Schlaglöcher. Dann genossen wir die wunderschöne Abfahrt durch das schöne Passeiertal, ein wirklicher Hochgenuss. Nicht im Traum hätte ich jemals daran gedacht, dass ich Jahre später diese Strecke einmal mit meinem Rennrad fahren sollte. Fahren? Nein rasen, und das alles ohne Fahrradhelm, denn so etwas gab es damals noch nicht. So wurde ich in meinem Leben bewahrt. Unfassbar und Gott sei Dank! Zuerst den Pass hoch und dann auf der anderen Seite wieder hinunter. Mit geklebten Reifen und Ventilen, die durch das viele Bremsen verbogen waren, aber sie haben gehalten. Und es wurden Autos überholt. Wie dankbar darf ich nachträglich sein, dass ich das alles ohne Sturz überlebt habe.

Geld für ein tolles Hotel hatten wir nicht und so steuerten wir ein kleines, bescheidenes Haus mit

Fremdenzimmern an. Es lag ganz oben am Waldrand mit einer ganz netten Aussicht. Aber das Zimmer war nicht passend für uns. Warum? Es gab dort nur zwei getrennte Einzelbetten, für eine Hochzeitsreise also nicht so ideal. Wir erklärten der lieben Frau, dass wir erst vor vier Wochen geheiratet hatten. Sie sah unsere enttäuschten Gesichter und nach einer kurzen Überlegung gab es da doch noch ein anderes Zimmer für uns.

Es war schon ein sehr einfaches Zimmer, die Wände teilweise gefliest, vermutlich war das mal ein Badezimmer. Demnach gab es auch keinen Balkon, von dem wir die schöne Aussicht genießen könnten, nein, das Zimmer hatte nur ein kleines Fenster, aber es hat uns gereicht.

Sofort nach dem Frühstück marschierten wir los und verirrten uns gleich in einer großen Pfirsichplantage, weil wir den Ausgang nicht mehr finden konnten. Zum Glück gab es genügend zu essen, nämlich Pfirsiche in Hülle und Fülle, zum Schluss konnten wir keine mehr sehen.

Am nächsten Tag fuhren wir in das Schnalstal und dort bis zum Talschluss nach Kurzras auf über 2000 Höhenmeter. Es war zum damaligen Zeitpunkt eine verschlafene Gegend, die heutige Gletscher-Seilbahn gab es noch nicht. Man konnte nur eine alte, etwas veraltete Gondel sehen, die an einem Seil hing, das aber nicht so vertrauenswürdig aussah. So sind wir mit unseren Kniebundhosen, mit den bunten Strümpfen und bewaffnet mit unseren Eispickeln hochgestiegen. Marina konnte es nicht fassen, dass wir hier im August Schnee sehen, dass wir uns nur auf Eis und Schnee bewegen konnten.

Ja, sie war so richtig begeistert und ich freute mich, dass sie es hier auch so wunderschön fand, so etwas hatte sie noch nie erlebt. So war auch ich mit Begeisterung dabei. Dass man die Berge so erleben kann, war für Marina neu und wir nahmen uns vor, noch mehr davon zu sehen. Gleich am nächsten Tag fuhren wir in das wunderschöne und auch heute noch immer sehr ruhige Martelltal, italienisch das Val Martello. Wir stiegen auf die traumhaft gelegene Hütte Paradiso del Cevedale, wo meine Marina total erschöpft ankam. Es wäre sicher besser gewesen, einen Ruhetag einzulegen, aber das Wetter war herrlich, die Stimmung gut und die Berge lockten uns, oder ehrlich, lockten mich. So konnte sich Marina auf der Hütte etwas ausruhen und ich wanderte weiter, immer in Richtung der hohen Gipfel. Schnell erklomm ich Regionen von über 3000 Meter. Schnee und Eis vereitelten ein Weiterkommen, also umkehren und zurück in Richtung Hütte, wo Marina mit Sehnsucht schon auf mich wartete.

Vielleicht habe ich sie damals etwas überfordert, aber sie fand es ja schön. Ich hatte die Frau an meiner Seite, die gerne mit mir zum Wandern in die Natur ging, die auch die Berge, die sie vorher nicht kannte, liebte, für sie war alles neu und interessant. Ich erinnere mich an einen späteren Urlaub in den Dolomiten. Wir hatten immer noch keine Kinder und verlebten dort wunderschöne Tage. Von der Auronzo Hütte wanderten wir zu den „Drei Zinnen". Diese Berge waren für mich ein Traum, ich wollte einmal unter der überstehenden Nordwand der großen Zinne stehen. Und, selbstverständlich, am besten wenigstens die Kleine Zinne über den Normalweg besteigen. Wir hatten unser Seil und die notwendigen Gurte dabei, also wanderten wir los in Richtung Normalweg Kleine Zinne. Ich stieg, Marina am Seil, aber sonst schlecht vorbereitet, los. Es wurde immer steiler und ich musste erkennen, dass es doch für uns beide etwas zu viel und damit zu gefährlich wird. Außerdem sind dunkle Wolken am Himmel aufgezogen. Zum Glück kehrten wir noch rechtzeitig um. Das war wirklich das Beste, was wir tun konnten, denn kaum kamen wir am Fuß des Berges an, brach ein unglaubliches Unwetter über uns los. Der einsetzende Regen prasselte so gewaltig, dass wir später, als wir dann glücklich das Auto wieder erreichten, keinen trockenen Fetzten mehr an unserem Körper hatten. Zusätzlich, und das war noch schlimmer, entwickelte sich ein Gewitter über uns, das uns Angst und Bange machte. Die Blitze, wir befanden uns immerhin auf nahezu 2.000 Meter, zuckten nicht mehr über uns, nein, diese konnten wir schon neben und unter uns sehen. Wir schwebten in höchster Gefahr und rannten um unser Leben. Danke, dass wir auch das so gut überstanden haben. Wieder einmal hatte ich meiner jungen Frau zu viel abverlangt. Trotzdem gab es später weitere Reisen, natürlich in die Berge!

Aus meiner Jugendzeit hatte ich noch ein kleines Zwei-Mann-Zelt, das uns in der ersten Zeit als Unterkunft diente. Trotz des sehr engen Einstiegs, war es drinnen aber sehr gemütlich, aber nur, wenn es nicht regnete, denn so richtig dicht war das Dach nicht mehr. Auch der Geruch innen ließ durch das Alter sehr zu wünschen übrig. Unsere erste Nacht in diesem Zelt verbrachten wir auf einem kleinen Campingplatz im Schwarzwald. Zum Glück haben wir vorher einen Heidelbeerwein getrunken und sind dann leicht beschwipst eingeschlafen. Nichts mehr hat uns in dem kleinen Raum gestört, und Regen gab es in dieser Nacht ebenfalls nicht.

Marina ging gerne mit mir in die Berge und auch das Zelten hat ihr Freude bereitet. Aber ich wollte ihr dieses kleine Zelt, in das man regelrecht hineinkriechen musste, doch nicht mehr zumuten. Noch heute habe ich diesen penetranten Geruch in meiner Nase. Zusätzlich war es schon sehr aufwendig, besonders bei Nacht, wenn man das Zelt in Richtung WC verlassen musste. Also haben wir uns ein größeres Zelt mit einer Wohn- und Schlafkabine angeschafft, für uns ein absoluter Luxus. Geschlafen wurde nicht auf dem Boden, sondern auf Liegebetten. Das hatte sich schon bei unserer nächsten Reise nach Frankreich bewährt. Wir schlugen unsere „Luxusherberge“ auf 1700 Meter oberhalb von Chamonix in der Nähe des Mont-Blanc Massivs auf, um dann am nächsten Tag mit der damals höchsten Seilbahn Europas auf den „Aiguille du Midi“ hinauf zu fahren. Das mussten wir uns schon gut überlegen, da die Bahn für unsere damaligen Verhältnisse fast unverschämt viel kostete. Aber wir genossen das gewaltige, einmalige Erlebnis, in so kurzer Zeit auf über 3800 Höhenmeter gefahren zu werden. Die Seile waren im oberen Bereich vereist und so konnte man es kaum erwarten, die Kabine bei der Ankunft oben sofort zu verlassen. Durch die Steilheit des Berges werden weit über 1000 Meter ohne Zwischenmast überwunden. So etwas Gewaltiges hatte ich vorher noch nicht erlebt. Noch heute denken wir gerne an dieses Erlebnis zurück. Gut, dass wir es gemacht haben.

Dann dieser Ausblick hinunter ins Tal, alles so klein und unbedeutend. Der Blick zu den schneebedeckten Bergen bis zum 4807 hohen Mont Blanc. – Massiv, einfach unfassbar. Bergsteiger kamen dort erschöpft von ihren Touren an. Man sah, dass diese sicher Gewaltiges erlebt hatten. Ich wollte ganz nah an diese Leute herankommen, einfach fühlen, wie das so ist. Bergsteigen war für mich ein Traum und die Bergsteiger, die ankamen, waren für mich wahren Helden. Ja, ich habe sie einfach verehrt, ich wollte in ihrer Nähe sein. Es gab einen weiteren Aus- beziehungsweise Eingang zu dieser Station, der durch eine gewaltige Eishöhle führte. Auch durch so etwas bin ich vorher noch nie gelaufen, ich fühlte mich so richtig gut da oben. So etwas kann man nur erleben, wenn man die Seilbahn benützt. Aber so vergisst man schnell, dass man diesen Berg auch wieder verlassen muss. So warteten wir auf eine ankommende Gondel, um dann doch wieder schnell nach unten zu kommen. Es wäre ein Fehler gewesen, auf diese Fahrt zu verzichten, wenn man schon so nahe dran ist. So waren wir froh, dieses Geld investiert zu haben. Die Erinnerung ist auch heute nach über 40 Jahren immer noch vorhanden. Ein Geschenk, dass wir da oben so eine gute und klare Sicht hatten. Natürlich war es kalt, aber wir hatten keine eisigen Stürme, so dass ich den Aufenthalt als ein großes Erlebnis in Erinnerung habe.

Und dann kam die Nacht. Wir hatten wohl die dunklen Wolken bemerkt, die immer mehr um uns herumzogen und immer dichter wurden. Also, Zelt erneut prüfen, ob alles fest und gut verankert ist. Schnüre nachziehen, auf die Zeltheringe mit dem Gummihammer noch mal so richtig draufschlagen und alles, was auf dem Boden stand, in die Höhe auf die Stühle stellen. Warum? Der Zeltplatz stand auf Lehmboden, der vermutlich kaum Wasser aufnimmt, und so geschah es dann auch. Es setzte in der Nacht ein starkes Gewitter ein, verbunden mit Regen, der in großen Tropfen auf die Erde und auf unser Zelt herunterstürzte. Wir erlebten ein ohrenbetäubendes Naturschauspiel und wir hatten richtig Angst. Wird das Zelt das überstehen, werden WIR es überstehen? Der Regen prasselte nur so herunter und das Wasser lief auf einmal in das Zelt und durch unser Zelt hindurch.

In so einer Situation muss der Mann ja Mut beweisen, er darf keine Angst zeigen, und so versuchte ich, eingewickelt in meinen Schlafsack, meine Ängste meiner Marina zu verbergen.

Man muss wissen, dass es in diesen Höhen auch im Sommer ungemütlich kalt werden kann. Wenn das Wetter so umschlägt, dann gehen die Temperaturen, besonders in einem Zelt, in kurzer Zeit gewaltig nach unten. Aber wir hatten keine andere Wahl, wir konnten jetzt nur abwarten und hoffen, dass alles gut gehen wird. Und wie erwähnt, wir hatten unser Zelt auf einem Lehmboden stehen. Das Wasser lief doch tatsächlich vorne in das Zelt hinein und hinten, zum Glück, wieder hinaus. Auf Luftmatratzen, die auf dem Boden liegen, wären wir verloren gewesen. Nur so, mit genügend Abstand zum durchfließenden Wasser, konnten wir das Gröbste gerade noch verhindern.

Am nächsten Morgen bestand der Zeltplatz nur aus Dreck und Schlamm. Zum Glück wurde das Wetter schnell besser und nach den ersten Sonnenstrahlen, die unser Zelt erreichten, krochen wir aus den warmen Schlafsäcken heraus. Die anschließenden Aufräumarbeiten gestalteten sich mühsam. Alles war nass und feucht und musste schnell an die Sonne. Gut, dass wir am Abend vorher alle unsere Gegenstände vom Boden, wo später das Wasser stand oder lief, im Auto verstaut hatten. In so einer Situation denkt man als Alternative schon mal an ein Zimmer in einer kleinen Pension oder gar in einem Hotel. Aber ein Camper muss so etwas einfach aushalten. Bei schönem Wetter kann ja jeder im Zelt schlafen.

In den ersten Jahren, in denen wir zusammen reisten, hatten wir ein kleines und bescheidenes Auto und ein einfaches Zelt zum Übernachten. Aber es gab weitere und bekannte Ziele, Ziele, die ich noch nicht kannte, die mich schon in meiner Jungend gelockt haben. Jetzt besuchten wir Chamonix. Wir fuhren nach Saas-Fee und Zermatt und wanderten im Schatten des Matterhorns. Wir hatten tolle Ausblicke auf viele Berge mit über 4000 Höhenmeter. Immerhin schafften wir es beide bis zur bekannten Hörnli-Hütte, dem Ausgangspunkt der Matterhorn-Besteigungen auf 3200 Meter Höhe. Etwas später stand ich unter der Nordwand des Eiger. Was haben sich in dieser Wand Tragödien abgespielt, wie viele Bücher habe ich darüber schon gelesen, nein, verschlungen. Wir befanden uns, wie schon berichtet, in den Dolomiten. Dort hat mich Marina auf herrlichen Kletterwegen begleitet, sie hatte wenig Angst und war sehr ausdauernd. Einmal hat sie etwa 2000 Höhenmeter Aufstieg geschafft, eine wirklich tolle Leistung für so eine kleine Griechin. Und die Nächte verbrachen wir immer ganz romantisch im Zelt, unserem „Basislager". In oft schattigen Höhen von über 1500 Meter kühlte es bei Nacht stark ab. An Aufstehen oder aus dem Schlafsack herauskriechen war erst zu denken, wenn die Sonne das Zelt mit etwas Wärme versorgt hat. Sonst war es unerträglich kalt, besonders dann, wenn wir morgens früh zu einer Wanderung aufgebrochen sind.

Meine Berg- und Wanderführer waren zum Teil geliehen und damit etwas älter, Bergbahnen deshalb dort oft noch nicht erwähnt, da diese erst später gebaut wurden. Also starteten wir in den Dolomiten eine Besteigung auf den Piz Boe. Als Zeit für den Aufstieg waren mindestens vier Stunden angegeben, also mussten wir in der Kälte schon früh morgens aus dem Zelt. Wie mühsam wir gefrühstückt haben, ist mir heute schon gar nicht mehr bewusst. Auf jeden Fall hat es irgendwie funktioniert. Bei schlechtem Wetter saßen wir unter der Heckklappe unseres Renault R 4 auf geliehenen Klappstühlen. Zwischen uns ein labiler, sehr kleiner Tisch. Einmal nicht aufpassen und das komplette Frühstück lag unter und nicht mehr auf dem Tisch. Heute können wir so schön darüber lachen!

Aber irgendwie hat es geklappt und es ging. Unsere Rucksäcke waren durch den Proviant für die große und lange Tour recht schwer, die Wasserflaschen gefüllt, was für so eine Wanderung sehr wichtig ist. Es lag ein langer Tag vor uns. Nach einiger Zeit, der Weg zog sich immer höher hinauf, konnte man den Gipfel in weiter Ferne schon sehen. Wir marschierten vorbei an verlassenen Berghütten und ausgetrockneten Bächen. Immer wieder mussten wir Rast machen und viel trinken, da die Sonne immer kräftiger wurde und den Aufstieg nicht leichter machte.

Wir wunderten uns schon, dass außer uns sonst niemand auf dieser schönen Wanderung zum Piz Boe trafen. Woran liegt das wohl bei so einem schönen Wetter? Wir fanden keine Erklärung und liefen immer weiter, immer fleißig dem Gipfel entgegen.

Nur mühsam kamen wir weiter, knapp vier Stunden kämpften wir mit dem Berg, waren richtig geschafft, und dann das! Man konnte immer mehr Leute in der Nähe des Gipfelkreuzes erkennen. – Wo kommen denn die alle her? Das gibt es doch nicht, wir haben doch unterwegs niemand getroffen? Und dann: Viele hatten Sandalen an oder leichte Turnschuhe, wir waren wie immer mit unseren schweren und klobigen Bergschuhen ausgerüstet, wie es sich bei so einer Bergtour gehört. Doch dann klärte sich alles auf. Wir blickten vom Gipfel auf die andere Talseite und siehe da: Fast bis zum Gipfel führte eine neu erbaute Seilbahn! Wir waren fertig mit der Welt und verzogen uns schnell wieder in Richtung Abstieg. Seit diesem Erlebnis hatte ich nur noch aktuelles Karten-Material dabei. Und Berge, wo eine Seilbahn hinauffährt, wurden ab sofort gemieden. Bemerkenswert fand ich, dass Maria mir keine Vorwürfe machte und ich sie für weitere Wanderungen in den Bergen begeistern konnte. Ihre Kondition war damals kaum schlechter als meine. Beachtlich fand ich das für so eine kleine Griechin. Ja, eine Griechin in den Bergen, auch das war zu dieser Zeit eine Rarität. Das Meer, wo sie sonst zu Hause ist, ist immerhin sehr weit weg.

Kurz nach unserer Hochzeit machten wir einen Spaziergang in einem Wald. Vor uns lief eine Familie mit zwei Kindern. Nachdem wir sie überholt hatten, sagte ein Kind zu seinen Eltern: „Mama, Papa, hat der große Mann aber eine kleine Frau."

Aber klein ist in ihrem Fall wirklich groß. Selbstverständlich hat sie immer wieder unter ihrer Größe gelitten, aber das hat sie mit ihrer Charakterstärke, ihrer Zielstrebigkeit immer wieder gut ausgeglichen.

Wir durften immer wieder schöne Reisen zusammen erleben. Gerne waren wir unterwegs und konnten so gemeinsam viel Neues entdecken, und wir lernten uns immer besser kennen. Sie teilte meine Liebe für die Natur, das Wandern auf der Schwäbischen Alb und in den Bergen. Das Meer war damals noch sehr weit weg oder in Gedanken überhaupt nicht vorhanden. Ein Urlaub am Meer spielte in meinen Überlegungen überhaupt keine Rolle, es schien mir zu langweilig, immer so am Stand herumzuliegen. Dass man dort auch viel Anderes erleben konnte, wurde mir erst viel später bewusst.

Der Umzug

Seit über einem Jahr wohnten wir nun in unserem schönen eigenen Zuhause. Jeder hatte seine Arbeit und es lief einfach gut. Und dann bekam ich ein Angebot von einer Firma, etwa 40 km von unserem Wohnort entfernt. 40 km hin, 40 km zurück und das jeden Tag, das ist doch zu viel, besonders im Winter, wie soll das gehen? Müssen wir unsere schöne Wohnung verlassen? Und Marinas Arbeit? Wie soll das alles funktionieren? Aber das Angebot war zu reizvoll und interessant, ich wollte die Stelle unbedingt haben. In der Zwischenzeit hatte ich mein Abendstudium als „Praktischer Betriebswirt" abgeschlossen und ich suchte eine neue Herausforderung.

Also habe ich in dem Ort, in dem die Firma ansässig ist, ein kleines Zimmer gemietet, um besonders in der Winterzeit nicht jeden Tag nach Hause fahren zu müssen. Das Haus lag ganz romantisch in einem Kloster, fast traumhaft. Aber nur fast, denn wir waren ja erst über ein Jahr verheiratet und wollten doch zusammen sein. In der Nacht, ich konnte nicht einschlafen, schaute ich aus dem Fenster und hörte den Vögeln zu, die sich auch bei Nacht bemerkbar machten, aber auch diese Stimmung konnte mich nicht beruhigen und meine Gedanken weilten bei meiner jungen Frau. So habe ich am nächsten Morgen beim Frühstück meinen „Mietvertrag" für das Zimmer umgehend wieder gekündigt, und zwar fristlos. Ich war allein in einer neuen Gegend, hatte einen Job in einer Firma mit für mich noch fremden Menschen und Marina war so weit weg. Das war nicht auszuhalten, also habe ich die täglichen Fahrten auf mich genommen. Wir konnten ja nicht so einfach umziehen, da Marina eine Anstellung als Sekretärin in Frickenhausen hatte, wo sich unsere Wohnung befand.

Nach einer recht kurzen Probezeit hat uns die Firma ein Reihenhaus zur Miete angeboten. Raus aus unserer hübschen Wohnung, umziehen in ein kleines Dorf, über 40 km entfernt von unseren Freunden, der Familie? Muss das wirklich sein? Gibt es da keine Alternativen? Eigentlich nicht, denn die Arbeit geht einfach vor und in der Firma lief es ganz gut. Also suchten wir nach Mietern für unsere Wohnung und zogen um in ein neues, wunderschönes Reihenhaus mit kleinem Garten und viel Platz. Wir konnten uns wie Könige fühlen, wir waren jung, ich hatte eine verantwortungsvolle Aufgabe und wir wohnten in einem richtigen Haus. Marina bekam dann auch schnell in Göppingen eine neue Stelle bei einer namhaften Krankenkasse und alles ging seinen Gang. Das einzige, was uns fehlte, waren Kinder, aber auch das sollte sich bald ändern.

Als sich in dieser Richtung etwas andeutete, kauften wir in der Apotheke einen Test dafür. In einer gewissen Zeit musste sich in einem Behälter ein Kreis bilden, der dann auf eine Schwangerschaft hindeutet. Also schlich ich mich in der Mittagspause heim, ich wollte als erster einen Kreis dort erkennen, und es sah auch gar nicht so schlecht aus. Diese Erfolgsmeldung ging dann sofort weiter an Marina und am Abend war alles klar und der Kreis geschlossen. Wir werden Eltern, das konnte man ganz klar erkennen. Unsere Freude war groß und das Glück vollkommen.

Wir machen einen Sprung, wir schreiben das Jahr 2012, und das griechische Drama spitzt sich zu. Über die Krise in Marinas Heimatland wird täglich berichtet. Verhandlungen stehen an, es geht immer wieder um weitere Zahlungen an den scheinbar maroden griechischen Staat. Und die Verhandlungen dürften schwierig werden. Die Wirtschaft bricht stark ein, statt den geplanten 2,8% Plus zeichnet sich ein Minus von fast 7% ab. Ministerpräsident Samaras, neu gewählt, möchte deshalb das Konsolidierungsprogramm von 2014 auf 2016 strecken. Ende August wird weiteres Geld gebraucht. Zusagen wurden erneut nicht eingehalten. Wie auch, wenn der Tourismus immer weiter einbricht, besonders aus Deutschland kommen immer weniger Urlauber. Uns erreichen täglich schlechte Nachrichten über die Situation dort. Das Bild von uns Deutschen wird immer schlechter. Warum? Man kann es einfach nicht verstehen, man versucht doch, zu helfen. Aber wenn uns hier in Deutschland Nazibilder von dort erreichen, dann reist man einfach nicht gerne dort hin. Und dann immer wieder diese Streiks und die Angst, ob man auch wieder wie geplant aus dem Urlaub zurückkommen kann.

Im Jahr 2008 waren wir an einem Abend fünf Stunden in Thessaloniki unterwegs, um von einem Ende zum anderen zu kommen. Gestreikt hat der öffentliche Nahverkehr, die Stromgesellschaft und was weiß ich noch alles. Es war so schlimm, dass sogar die Polizei keine Chance mehr hatte, einzugreifen. Für einen Autofahrer der absolute Horror. Dann kamen wir im Hotel an, es gab kein Licht, alles blieb dunkel, die Taverne daneben hatte zum Glück ein Notstromaggregat, nur so konnte man den Betrieb noch einigermaßen am Laufen halten. Diese Autofahrt werde ich sicher nie in meinem Leben vergessen! Man sah die ganze Zeit nur Lichter von stehenden oder nur schleichend fahrenden Autos, und das über mehrere Kilometer. Alle Kreuzungen waren verstopft mit Autos, nur auf vorsichtigste Tuchfühlung konnte man langsam vorwärts kommen. Die Anspannung war groß, die Hoffnung auf ein Ankommen im Hotel gering. Zusätzlich stieg der Hunger, wir hatten lange nichts mehr gegessen. Und Marina kam ohne Gepäck an, für eine Frau eine Katastrophe. Ja, der Koffer war verschollen!

Wer so etwas erlebt hat, der kommt entweder nicht mehr, oder man liebt einfach solche Abenteuerreisen und das Land. Gut, dass der Mensch negative Erlebnisse besser und schneller verarbeitet als positive, also weg damit. Um so schöner ist es dann beim nächsten Mal, wenn wieder alles funktioniert.

Im Mai 2012, wir verbrachten fünf Wochen auf „unserer" Insel Thassos, genossen wir die fast abnormale Ruhe. Die schönsten Buchten waren nur schwach belegt, wenige Liegen unter den Sonnenschirmen besetzt. Wer es gerne ruhig hat, findet hier trotz Hochsaison viele leere Plätze. Aber, was für den Urlauber gut ist, ist schlecht für die Hotels und die Tavernen. 2011 kamen noch etwa 2,3 Millionen Deutsche nach Griechenland, die stärkste Gruppe aller

Touristen. Diese Zahlen sind in 2012 regelrecht eingebrochen. Und das, obwohl die Preise gesenkt wurden. Verschiedene Reisevermittler beurteilen aktuell Reisen nach Griechenland mit einem sehr guten Preis-Leistungs-Verhältnis.

Wir haben erlebt, dass selbst Preise von fest gebuchten Zimmern nach unten angepasst wurden. „Wir erleben zur Zeit eine Krise, daher machen wir Krisenpreise“, so eine Inhaberin einer schönen, aber einfachen Pension direkt am Meer. Diese Familie ist sehr gastfreundlich und das Haus war in dieser Zeit schon voll. Ausgebucht mit Gästen, die seit über 20 Jahren kommen, Gäste überwiegend aus Deutschland.

Griechische Hotelbesitzer gehen nun verstärkt nach Bulgarien, Rumänien und Serbien, um Werbung für ihre Häuser vor Ort zu machen. Seit einigen Jahren sieht man immer mehr Autos aus diesen Ländern auf Thassos, die bulgarische Grenze ist von Kavala nur 80 km entfernt.

Selbst Gäste aus der Türkei sind willkommen. So ändern sich die Zeiten, aber die meisten Griechen haben es verstanden, sich schnell auf diese neue Situation einzustellen.

Was bleibt ihnen auch anderes übrig? Die Häuser, die teilweise in die Jahre gekommen sind, leer stehen lassen? Nein, Untätigkeit bringt keine Gäste! Und nach dem klar ist, dass die konservative Nea Dimokratia mit dem sozialdemokratischen Koalitionspartner Pasok Hellas auf Europakurs halten will, sind die Buchungen wieder angestiegen. Der Ausgang der Wahl am 7.6.2012 wird allgemein positiv bewertet und sorgt auch für etwas Zuversicht. Es wird teilweise härter gearbeitet, wenn auch weniger verdient wird. Der Tourismus ist Griechenlands wichtigster Wirtschaftszweig, und da wirken Streiks oder auch schon Streikdrohungen wie tödliches Gift. Also will und muss man dagegen ankämpfen.

Wir waren vier Jahre verheiratet und dann kam unsere Tochter auf die Welt. Bei der Einlieferung in das Krankenhaus wurde ich von der Hebamme, es war 1976, unfreundlich abgewiesen. Also fuhr ich wieder nach Hause. Kaum kam ich dort an, erfolgte schon der Anruf dieser so „netten" Dame, dass „das Töchterchen" da sei. Eine Rückfrage war nicht möglich, da nach dem ersten Luftholen das Telefon schon wieder aufgelegt wurde. Also eine Tochter, also statt einem Timo eben die Tina, das war mir auch sehr recht. Ich wurde Vater, ein weiterer Traum ging in Erfüllung! Meiner Frau und jetzt auch Mutter Marina schrieb ich ein Gedicht, das dann so endete: „Dieser kleine schwarze Zwerg, entstanden im schönen Adelberg, ist ein deutsch-griechisches Gemeinschaftswerk!"

Meine erste Reise nach Griechenland

Es entstand bei uns beiden immer mehr der Wunsch, doch bald nach Griechenland zu fahren. Marina hatte dort noch zwei Jajas (Omas) und einen Papu (Opa), die sie noch einmal sehen wollte. Aber so eine Reise mit einem kleinen Kind? Eine so weite Strecke fahren? Meine Mutter machte dann den Vorschlag, dass die kleine Tina, bis dahin knapp über ein Jahr alt, bei ihr bleiben könnte. Und was entschieden wir Rabeneltern? Wir machen das so! Aus heutiger Sicht ist es unfassbar und auch nicht mehr vorstellbar.

Ich hatte schon länger mit einem VW-Bus geliebäugelt, den man als Campingbus ausbauen könnte. Auf unserer meist wöchentlichen Fahrt von Adelberg nach Frickenhausen, wo meine Mutter wohnte, stand an einem Rathaus in der Nähe von Göppingen genau so ein Bus. Er sah wunderschön aus, hatte vorne Einzelsitze und die Farben weiß und orange, also ganz nach unserem Geschmack. So schrieb ich einen Zettel mit meiner Telefonnummer, den ich unter den Scheibenwischer klemmte: „Wollen Sie Ihr Auto verkaufen? Ich hätte Interesse!" Und eine Woche später war dieser Bus MEIN Bus und ich überglücklich! Genau so ein Fahrzeug wollte ich haben, ein Traum ging in Erfüllung! Sogleich organisierte ich einen geeigneten Bausatz, um das Fahrzeug als Campingbus umzubauen. Ohne vorherige Erfahrung ging ich mit Begeisterung ans Werk. Hilfe bekam ich beim Anschluss der Gasflasche, das war mir dann doch etwas zu gefährlich. Nicht dass wir gleich beim ersten Kochen in die Luft fliegen. In dem Bus konnten wir wunderbar schlafen, kochen, sitzen und damit auch super fahren, ich konnte das alles kaum fassen!

So unternahmen wir innerhalb von Deutschland und bis nach Österreich Testfahrten vor der großen Reise. Trotz nur 50 PS machte das Fahren viel Freude, alles lief bestens und die Spannung für die große Reise stieg. Ich hatte mein Traumauto, hatte das, was ich immer wollte, trotz Wiederstände meiner Frau!

Also haben wir unsere Tochter bei der Oma abgegeben. Mein Stiefvater hat mit viel Mühe ein großes Plakat gemalt mit der Aufschrift: „Balkan-Express Adelberg - Athen“. Das wurde auf der Rückseite von unserem Bus aufgeklebt und wir beide fuhren los, ohne Kind. Über Österreich ging es nach Ljubljana in Slowenien, wo wir die erste Übernachtung einlegten, dann weiter durch das damalige Jugoslawien auf dem gefürchteten und unfallträchtigen Autoput, eine speziell in den Sommermonaten sehr stark befahren Strecke.

Besonders die Gastarbeiter aus Griechenland und der Türkei benutzen diese Strecke. Sie wollten ihre Fahrtzeit vom letzten Jahr noch unterbieten, also wurde gefahren, was das Auto hergibt. Viele dieser Fahrzeuge waren mit Familienmitgliedern, Gepäck und Mitbringseln für die Angehörigen oft total überladen, originelle und abenteuerliche Aufbauten auf den Dächern zeugten davon. Bei harten Bremsmanövern kam es auch vor, dass die ganze Dachladung auf der Straße lag. Ich fuhr also immer auf Sicht, so gut es ging.

Kinder oder Beifahrer hatten da kaum Gelegenheit auszutreten oder eine Pause zu machen. Dazu gab es einfach keine Zeit, die Uhr lief. Die Fahrer empfanden es als einen Wettbewerb, der Schnellste war auch der Größte. Und damit wurde bei der Ankunft auch geprahlt. 17 Stunden, 18 Stunden oder 19 Stunden, so lauteten die Fahrtzeiten, die es zu unterbieten galt. Wer das nicht schaffte, galt als Schwächling. Oder er konnte nicht Auto fahren, aber diese Blöße wollte sich keiner geben, besonders dann nicht, wenn er Grieche war.

Entlang dieser Strecke lagen oder standen teilweise ausgebrannte oder total demolierte Autos, um die sich nach den Unfällen keiner kümmerte. Daher wollten wir nur bei Tag fahren, Nachfahrten empfanden wir auf dieser Strecke einfach als zu riskant. Immer wieder gab es Staus, wenn ein Überholvorgang nicht erfolgreich abgeschlossen wurde und es gescheppert hat. Die Straße befand sich teilweise in einem sehr schlechten Zustand. Aber wir wurden bewahrt und sind über Belgrad und Skopje gut in Griechenland angekommen. An dem Grenzübergang in Efzoni wollte Marina dann gleich griechischen Boden küssen, war sie viele Jahre nicht mehr in ihrer Heimat gewesen. Die Zöllner dort benahmen sich sehr unfreundlich und haben Auto und Pässe sehr genau kontrolliert. Darüber waren wir erstaunt, ja fast erschrocken, da Marina einen griechischen Pass hatte. Ein „Herzlich willkommen in der Heimat" hätten wir schon erwartet. Aber mit dem dürftigen Servicegrad der Griechen fing es schon an der Grenze an, ein Vorgeschmack auf das, was noch so kommen sollte!

In dieser Zeit „bewaffnete" ich mich immer mit einigen Geldbeuteln. Neben D-Mark hatten wir Schilling für Österreich, Lire für Italien und mindestens die ersten Drachmen für Griechenland dabei. So hat heute der Euro schon seine Vorteile. Hoffen wir, dass es nicht die einzigen sind. Im damaligen Jugoslawien bezahlten wir mit Dinar oder dann in Euro. Bei einer späteren Reise durch Jugoslawien mit unseren Kindern hatte ich Dinar dabei. Es war eine Zeit der galoppierenden Inflation. Der vereinbarte Preis am Abend von 1,2 Millionen hat sich am nächsten Vormittag beim Bezahlen der Rechnung auf 1,6 Millionen Dinar erhöht. Ob das wirklich nur mit der Inflation zu tun hatte? Vermutlich lag es auch daran, dass am späteren Abend alle Zimmer ausgebucht waren.

So sind wir beide also in Griechenland angekommen, der Heimat meiner Marina. Die Landschaft sah sehr schön und sauber aus, positiv aufgefallen sind mir auch die Blumen entlang der Autobahn und der Landstraßen. Aber was machte meine Marina auf einmal für Handbewegungen? Unglaublich, aber sie veränderte ihre Gestik und Mimik. Es waren griechische Verhaltensweisen, die ich schon von ihrem Vater kannte. Also unbekannte Armbewegungen, die mir bisher bei ihr nicht aufgefallen sind!

Dann kam die erste von noch vielen Herausforderungen: Wir mussten mit dem Auto durch Thessaloniki fahren, mitten durch die Stadt. Verkehrsregelungen oder eine disziplinierte Fahrweise konnten wir nicht erkennen, es herrschte also ein einziges Durcheinander. Dass die Hupe am Auto funktioniert, war wichtiger als etwa die Bremse, der Blinker oder das Licht, so kam mir das auf jeden Fall vor. Und dann die Schilder mit den Geschwindigkeits-Begrenzungen, absolut überflüssig. Wenn man es gewohnt ist, bei einem 50 KM-Schild dann auch 50 oder auch bis zu 70 km schnell zu fahren, dann erschrickt man schon, wenn gehupt wird und der Hintermann mit über 100 Sachen überholt und sogar noch „den Vogel" zeigt. Und das in einer Stadt! Macht die Polizei dort öfter Mittagsschlaf?

Völlig entnervt frage ich bei der Ankunft meinen Schwager, warum die Griechen denn überhaupt die Schilder aufstellen. Seine Antwort kam ganz lapidar: „Ja, die Schilder stehen halt so rum, daran muss man sich doch nicht halten!“ Noch weniger an solche Schilder halten sich die Taxifahrer, und das ist noch heute so. Waren Sie schon mal in Griechenland mit einem Taxi unterwegs? Das ist immer ein Erlebnis, besonders dann, wenn man ohne Unfall sein Ziel erreicht. Ohne wackelige Knie beim Aussteigen geht das aber nicht, das bleibt keinem Touristen erspart.

So hatten wir auch Thessaloniki erfolgreich und ohne Zwischenfall passiert und es ging weiter auf der Landesstraße, auf der der komplette Verkehr in Richtung Türkei verläuft. Nach etwa zwei Stunden folgten wir einer schönen Küstenstraße, die später durch die Innenstadt von Kavala führt. Also mussten alle PKW, LKW und was sonst noch auf dieser Strecke unterwegs war durch das Zentrum dieser Stadt fahren. Das Überqueren der Straße kam damals einem riskanten Abenteuer gleich. Die Tavernen befinden sich zum großen Teil direkt an der Straße. Die Tische stehen oft so nahe der Straße, dass die Autofahrer nur durch kunstvolle Lenkungsmanöver verhindern können, die Füße der Gäste nicht zu überrollen. Aber für die Griechen ist das normal, das ist „Kosmos“, also Leben, Getümmel, viele Menschen, immer da sein, wo etwas los ist. Je belebter, je lauter, umso besser! Ganz im Gegenteil zu unserem Empfinden. Wir suchen in der Regel eher einen ruhigen Platz, nicht der Grieche, der will „Kosmos“.

Sehr selten sieht man griechische Ehepaare, die ohne Anhang zum Essen gehen. Nein, ohne Freunde oder Bekannte geht das nicht, man geht fast immer zusammen. Gemeinsam ist es schöner, auch da muss immer etwas los sein, es darf nicht zu ruhig sein, „Kosmos" eben.

Dann kommt der Ober, der eigentlich immer ein Mann ist. Es wird zuerst die obligatorische Papier-Kunststoff-Tischdecke ausgerollt, nachdem alle Utensilien abgeräumt sind. Dann legt der Gast, also der Grieche, in der Regel drei Dinge auf den Tisch: Handy, Zigaretten und Feuerzeug. Speisekarten sind tabu und werden nur auf besonderen Wunsch herausgerückt. Die Kosten spielen beim Ausgehen anscheinend keine Rolle. Krise in Griechenland? War da was? Ja schon, aber nicht beim Essen, beim Ausgehen oder sonstigen Vergnügungen!

Und dann wird bestellt, alle reden durcheinander und der Ober schreibt und schreibt. Keiner hat auch nur annähernd einen Überblick. Am Schluss ist es immer zu viel, keiner kann so viel essen, wie die Griechen bestellen. Eine Platte nach der anderen wird auf dem Tisch mehr oder weniger „gestapelt", dann geht das Essen los. Jeder greift kreuz und quer über den Tisch, um etwas Essbares zu angeln, die Zigaretten werden nicht ausgemacht, sondern nur zurückgelegt. Neben Nero (Wasser) wird eine Anzahl von Ouzo-Fläschchen gereicht, dazu einige Kübel Eis. Kalte Getränke sind absolut wichtig, alles muss knapp über dem Gefrierpunkt sein. Heineken Bier oder Amstel ergänzen die Getränke, Frauen trinken oft Retsina, den griechischen Harzwein, den man nur in Griechenland trinken kann. Das Essen ist meist nur lauwarm und am Schluss sicher immer kalt. Man isst, trinkt, raucht, diskutiert, telefoniert, gestikuliert durcheinander. Ich frage mich oft, wer eigentlich noch zuhört, wenn alle reden und reden und das in einer Lautstärke, die mehr an einen Streit als an ein Gespräch erinnert. Wenn in der Taverne die meisten Tische belegt sind, entwickelt sich ein ohrenbetäubender Lärm, dem man sich nicht entziehen kann. Viele telefonieren, und das auch nicht zu leise. Es kann sein, dass von vier Leuten am Tisch zwei oder drei mit irgendjemand ewig telefonieren. Bei uns wären das schlechte Sitten, nicht in Griechenland. Irgendwann ist Schluss mit dem Essen und es geht an das Bezahlen. Es kommt eine Rechnung, der Betrag wird überprüft und dann werfen die Männer so lange verschiedene Scheine auf den Tisch, bis der Endbetrag erreicht ist. Diese Geldscheine hat jeder lose und ohne System in der Tasche stecken. Ich habe ehrlich noch keinen Griechen mit einem Geldbeutel gesehen, das sieht man nur bei denen, die in Deutschland leben oder gelebt haben.

Man wartet nicht auf den Ober, sondern man steht auf und geht. Und das Bild der verlassenen Tische ist für unser Verständnis recht ungewöhnlich. Die Teller sind immer noch gut voll, die Platten, die viel zu üppig bestellt wurden, kaum angebrochen und die Getränkeflaschen immer noch mindestens halb voll oder halb leer, je nachdem, wie man es sieht. Ein richtiges Chaos und unverständlich für ein Land, in dem eigentlich gespart werden muss.

Mit dem restlichen Wasser werden von dem griechischen Ober die umstehenden Blumen gegossen, die anderen Flaschen werden abgeräumt, leere Plastikflaschen kommen zusammen mit den Resten der Speisen auf das Einweg-Tischtuch und dann wird alles zu einem dicken Klumpen zusammengerollt und als Müll beseitigt. Wie genau diese Müllbeseitigung funktioniert, habe ich noch nicht so richtig durchschaut. Die schlimmen Müllhalden auf der Insel, die ich mit dem Fahrrad besichtigt hatte, wurden in der Zwischenzeit aufgelöst, nach langen Protesten der Inselbewohner. Heute wird der Müll gepresst und in großen Lastwagen auf das Festland transportiert. Seit 2015 und nun verstärkt 2016 wird immer mehr Glas, Blech, Papier und Kunststoff separat gesammelt, es tut sich also was. Aber man muss dieses System auch verstehen, das klappt nicht immer, so wie man sieht. Aber seither gab es auf der Insel keine gefährlichen Schwelbrände mehr, die dann oft in heißen Sommern sehr gefährlich waren. Es geht also in die richtige Richtung, wobei die Entsorgung irgendwann auch mal hier auf Thassos stattfinden muss, alles andere ist zu aufwendig und damit auch zu teuer. Aber noch fehlt das Bewusstsein für eine sinnvolle Müllbeseitigung, das wird sicher noch lange dauern.

Wir passieren Kavala, rechts immer im Blick „unsere“ Insel Thassos. Schnell erreichen wir dann die schöne Stadt Xanthi, die Heimat meiner griechischen Frau Marina. Ihr Vater hat in der Zwischenzeit dort schon angefangen, ein größeres Haus zu bauen. Unten mit viel Platz für eine Autowerkstatt und darüber mit zwei Wohnungen. Ohne Auslandsaufenthalt wäre so eine Investition für ihn unmöglich gewesen. Dabei lebten er und seine Familie immer sehr bescheiden.

Vater und Mutter haben gearbeitet, oft mit Überstunden. Das Ziel bestand darin, in einer überschaubaren Zeit so viel Geld zu verdienen, dass man später in der Heimat besser leben konnte. Selbstverständlich waren die Kinder ein fester Bestandteil von diesem Plan. Sie sollten auf jeden Fall wieder mit zurückkommen, griechisch heiraten und Kinder bekommen, die dann ihre Namen tragen. So sagt es die Tradition und so sollte es auch in dieser Familie sein. Das ist auch ein Grund, warum es in Griechenland kaum neue Namen gibt. Die Großeltern erwarten ganz einfach, dass man die Kinder auf ihre Namen tauft. In der Regel wird das für sie aber recht teuer, denn es gibt Goldketten, viel Schnickschnack und später vielleicht mal eine Wohnung oder einen Bauplatz, je nach dem, was vorhanden ist. Man tut alles für die Kinder und die Enkel. Ob dann auch die entsprechende Anerkennung oder Liebe zurückkommt, ist eher unwahrscheinlich. Egel, wir machen das alles für unsere (lieben) Kinder!

Das Haus oder der kleine Hof, wo die Eltern zusammen mit den Großeltern wohnten, liegt etwas außerhalb der Ortschaft Diomidia, ca. 6 km von Xanthi entfernt. Ich steuerte unseren „Balkan-Express", so nannten wir ja unseren Bus, über immer schlechter werdende Straßen. Marina kannte den Weg und gab mir die entsprechenden Anweisungen. Es wurde immer unwegsamer. Was, da sollte noch ein Haus kommen, noch jemand wohnen? „Bist Du Dir auch sicher, dass das der richtige Weg ist?" Die Landschaft sah ja nicht schlecht aus, alles war grün und fruchtbar, aber konnte man da auch wohnen? Die letzten Meter verliefen absolut abenteuerlich. Ein kaum befahrener Feldweg führte vorbei an einer verfallenen Mauer und dann zu einem Tor als Eingang zu dem Grundstück. Und da wohnte ihre Familie, da ist meine Marina aufgewachsen, da war sie zu Hause. Ich kam aus dem Staunen nicht mehr heraus.

Der Empfang war riesig, selbst ihre Eltern umarmten und küssten mich herzlich. So hatte ich das noch nie erlebt. Empfanden sie nun wirkliche Freude mir gegenüber oder wollten sie vor ihren Eltern eine heile Welt simulieren? Egal, wir waren da und die Freude groß, mein Erstaunen ebenso. Es gab ein Häuschen vorne am Eingang und eines am Ende des mit einer alten Mauer umzäunten Geländes. Ein Haus bewohnten die Eltern, das andere die Großeltern. Alles wirkte alt, aber doch sehr romantisch, ja gemütlich, man konnte sich richtig wohlfühlen. Es war ruhig und rundherum angenehm grün. Nur die aufgescheuchten Hühner konnten wir hören, die über den Hof rannten. Vermutlich fühlten diese sich durch unser Eindringen gestört. In der Mitte stand ein wunderschöner, alter Wasserbrunnen, die einzige Wasserquelle auf dem Gelände. Zum Waschen musste man immer zu zweit sein, einer pumpt, der andere kann sich waschen, und das immer unter Aufsicht der Eltern oder Großeltern. Es war ungewohnt, aber alles hat dann doch sehr gut funktioniert.

Aber wo sollten wir unseren Bus parken, wo können wir schlafen? Für mich stand fest: Geschlafen wird im Auto, bei aller Gastfreundschaft, das war mir wirklich lieber. Also musste ich die Höhe des

Busses abschätzen und dann ganz vorsichtig in den Hof einparken. „Pass auf die Hühner auf!“, rief man mir zu, aber die flüchtete schon wieder in die andere Ecke des Hofes. So konnten wir einen doch ganz guten Platz an der Mauer finden und alles wurde für die Übernachtung vorbereitet. Wir waren nach der doch recht anstrengenden Fahrt sehr müde, die Hitze hat für den Rest gesorgt.

Nach der herzlichen und lieben Begrüßung wurden wir so richtig „herumgereicht“. Ich habe irgendwann aufgehört zu zählen, aber ich schätze, so um die 30 Tanten und Onkel mussten besucht werden. Alle wollten uns sehen und uns selbstverständlich umfangreich bewirten. Überall gab es Ouzo oder sonst einen klebrigen Likör und dazu wurden Pralinen gereicht, die übersüß schmeckten. Aber es ist halt in Griechenland unhöflich, nein zu sagen, also mussten wir überall essen und trinken, bis wir einfach nicht mehr konnten. Und dann die immer lauten und hektischen Gespräche, mir brummte der Kopf bis zum Platzen. Oft wusste ich nicht mehr, ob es von den lauten Gesprächen oder von dem vielen Ouzo kam. Und dann verstand ich ja überhaupt nichts von allem, einfach dumm, wenn man die Sprache seiner Frau nicht kann. Das alles ging drei lange Tage so, bis ich wirklich nicht mehr konnte, ich war einfach fertig, mein Kopf nicht mehr aufnahmefähig. Auch den Ouzo konnte ich nicht mehr riechen. Marina ist da, das hatte sich schnell im Dorf herumgesprochen und so mussten alle besucht werden, da gab es keine Entschuldigung, alles andere wäre eine Missachtung gewesen und das geht einfach nicht! Das mit dem

Ouzo-Trinken klappt heute jedoch wieder ganz gut, man hat sich daran gewöhnt, und der darf auch nicht ausgehen.

Dann musste ich meiner Marina ein Ultimatum stellen. Entweder wir setzen unsere geplante Griechenland-Reise fort oder wir müssen wieder zurück nach Deutschland fahren, wenn wir noch einige Tage hierbleiben. „Aber wir haben doch die und die und die Tante noch nicht besucht, die werden mir das nie verzeihen! Und der Onkel Vasili wollte doch heute Abend ein Schaf für uns schlachten und, und, und ..."

So haben wir das geschlachtete und gegrillte Schaf „mitgenommen". Nachträglich betrachtet war es eine gute und weise Entscheidung, es hat wunderbar geschmeckt. Aber dann hieß es Abschied zu nehmen, besonders von Marinas zwei Jaja's (Omas) und dem Papu (Opa). Ein Abschied, der vermutlich endgültig ist, da wir höchstwahrscheinlich nicht mehr so bald nach Griechenland fahren werden. Es gab noch beide Oma's und einen Opa, die Tränen flossen wie Sturzbäche über so viele Wangen. Spüren die Alten, dass sie die Enkelin, die sie so sehr lieben, wahrscheinlich nicht mehr sehen werden? Deutschland ist für sie doch so weit weg, ja fast unerreichbar weit. Was geht in ihnen in so einem Moment vor? Ich mahnte immer wieder zum Gehen, ich wollte weiterfahren, wollte mit Marina jetzt nach der Hektik allein sein, mich von den Strapazen erholen. Aber es dauerte und dauerte, ich brauchte viel Geduld. Die Eltern werden wir ja dann in Deutschland wieder sehen, trotzdem gab es auch hier ein großes Schauspiel, bis wir endlich starten konnten. Im Auto herrschte dann lange Zeit absolute Ruhe, jeder hing auf seine Art den Gedanken nach. Besonders für meine griechische Frau war dieser Abschied nicht so leicht zu verkraften. Und ich war so froh, dass wir im Auto saßen und freute mich auf das Unbekannte, das vor uns lag. Vieles kann ich heute besser nachvollziehen, damals war ich sehr ungeduldig und ich wollte einfach weiter.

So fuhren wir los, zuerst zurück in Richtung Thessaloniki. Unterwegs sahen wir einen schönen Strand, also nichts wie runterfahren, um zu baden und etwas auszuruhen. Wir genossen diese Wohltat, und dann diese unbeschreibliche Ruhe, einfach herrlich! Jetzt kann der Urlaub, die große Reise beginnen, so hing ich meinen Gedanken nach. Die „Pflicht", also die Verwandtschaft, war erledigt, jetzt kommt die „Kür", die Reise durch Griechenland. Ich hatte mich recht gut vorbereitet und wollte meiner Griechin Griechenland zeigen, welch eine Vorfreude! Getrübt wurde die Freude, nachdem sich die Räder unseres „Balkan-Express" zu tief in den Sand eingegraben hatten. Ein Wegfahren war somit nicht möglich, nichts ging mehr. Bei jedem Vor- und Zurückfahren bohrten sich die zwei Hinterräder weiter und weiter ein. Was tun? Wir waren ganz allein, kein Mensch weit und breit zu sehen. So wollten wir es ja nach dem ganzen Trubel haben, aber sooooo ruhig? Angst machte sich breit und keine Lösung war in Sicht. Wir saßen fest, zuerst bei der Verwandtschaft und nun im Sand. Ich hatte mir das alles so schön vorgestellt – und nun das! Sollten wir hier übernachten müssen, warten, bis doch mal jemand kommt? Aber bei der Schieflage des Autos wäre an Schlaf nicht zu denken gewesen, das hätte ganz einfach nicht funktioniert. Aber die Sorge, dass wir hier nicht mehr wegkommen, ließ uns einfach nicht los.

Dank einiger herumliegender Bretter waren wir dann doch in der Lage, unsere Fahrt fortzusetzen. Erleichtert ging es weiter und so durfte ich die Grenzen der Befahrbarkeit von Sandstränden erlernen. Wie schön, dass wir heute über ein Auto mit Allrad-Antrieb verfügen.

Wir passierten erneut Thessaloniki, die zweite Großstadt nach Athen in Griechenland. Und wir mussten wieder mitten durch die Stadt. Damals gab es noch keine Autobahn oder Umgehungsstraße, wie es heute der Fall ist. Weiter waren die Beschilderungen sehr mangelhaft, kaum lesbar oder überhaupt nicht vorhanden. Aber es gab keine andere Möglichkeit, wir mussten mitten durch die Stadt fahren. Die Hitze der Mittagszeit umgab uns. Klimaanlagen in den Autos gab es noch nicht, auf jeden Fall nicht in unserem „Balkanexpress“. Aber irgendwie mussten wir dieses Hindernis Thessaloniki bewältigen. Ich wusste schon, dass griechische Autos auch Hupen haben. Aber dass nur gehupt wird, wusste ich noch nicht. Ohne Hupe in Griechenland Auto zu fahren, ist undenkbar. Auch die Warnblinkanlage ist so eine Lieblingseinrichtung der griechischen Autofahrer. Immer wieder sieht man links oder rechts oder auch in der Straßenmitte Autos mit Warnblinkanlagen stehen, egal, ob man direkt auf dem Weg ist oder nicht. „Da stehe jetzt ich, ich bin mal kurz auf der Post, einem Amt, an einem Kiosk oder gar im ‚Kaffeenion‘. Also nehmt Rücksicht, das muss jetzt halt sein und ein geeigneter Parkplatz ist nicht vorhanden oder zu weit entfernt!" Zu weit zu laufen ist absolut verpönt in Griechenland. Am liebsten parkt man direkt vor einer Tür, auch wenn da schon einer steht, egal, irgendwie geht es schon!

Eigentlich sollte es doch so leicht sein, durch eine Stadt wie Thessaloniki zu fahren, wenn die richtigen Hinweis-Schilder in der uns bekannten Sprache an den passenden und gut sichtbaren Stellen klar und deutlich vorhanden wären. So war es aber nicht, auch heute steht man oft noch vor so manchen Rätseln. Und so ist es dann auch passiert, dass wir zu lange in Richtung Chalkidiki gefahren sind, weil die Beschilderung nach Athen nicht gut zu erkennen war. Also wieder zurück in der Hoffnung, dass es nun besser funktioniert. Gut, wenn man eine Griechin als Beifahrer hat. So konnte ich nach einigen Stopps Thessaloniki in der richtigen Richtung verlassen. Unser heutiges Tagesziel war die Stadt Vòlos, eine sehr schön gelegene Stadt vor der Insel Eùboea. Vòlos ist auch der Ausgangspunkt auf den Pileon, eine wunderschöne Halbinsel mit herrlichen Dörfern, die in den Bergen oder auch direkt am Meer liegen. Schon damals hatten dort Landsleute aus Deutschland Häuser gekauft oder auch neu gebaut. Dies konnte nur durch einen griechischen Mittelsmann ermöglicht werden, Ausländer konnten dort nicht direkt ein Haus oder ein Grundstück erwerben. So ein Kauf war aber immer mit einem großen Risiko verbunden, da sich nicht alle griechischen „Mitkäufer" an die Abmachungen gehalten haben. Die Preise waren jedoch zum großen Teil unglaublich günstig. Schon für

10.000.- DM konnte man alte Steinhäuser erwerben, zwar einfach, aber bewohnbar.

Am nächsten Tag fuhren wir dann weiter über Lamia bis kurz vor Athen. Unser Ziel für den kommenden Tag sollte natürlich die jedem bekannte Akropolis von Athen sein. Da mussten wir auf jeden Fall hin, darauf waren wir schon gewaltig gespannt. Viel habe ich vorab darüber gelesen, sie sollte zu den Höhepunkten unsere erlebnisreichen Reise nach Griechenland gehören.

Aber dann kamen mir auch wieder Zweifel. Wie sollte ich mit dem Auto durch Athen kommen? Bei dem Verkehr, bei der Hitze? Wir hatten in dieser Zeit so um die 40 Grad, ohne Klimaanlage.

Aber welch ein Glück, meine Hupe, die hat gut funktioniert! Da konnte ich so richtig mit den Einheimischen mithalten. Also fuhren wir nach einer Übernachtung am frühen Morgen in Richtung „Center“. Regelrechte Luftverpester bevölkerten die vielbefahrenen Straßen in Athen. Wir fanden einen Parkplatz und es ging los in Richtung Akropolis. Der Aufstieg gestaltete sich als sehr mühsam, die Sonne lieferte ihre absolute Leistung. Der Smog sorgte für einen recht trüben Blick. Aber man muss sie einfach besucht haben, die Akropolis, die „Spitze der Stadt“, die Haupt-attraktion Athens. Der Felsen, auf dem sie steht, ist 156 m hoch, 270 m lang und 156 m breit. Überall, abgesehen von der Westseite, erhebt sich der Felsen mit schroffen Steilhängen über die Ebene. Dieser Felsen diente zunächst als Platz für eine befestigte Burg und später als erhabener Sitz für die Tempel der Götter.

Der Ausblick auf Athen ist sehr beeindruckend, ja er ist geradezu gewaltig. Auch heute nach über 40 Jahren hat man noch viele Bilder im Kopf, es war ein tolles Erlebnis. Seit etwa 3000 Jahren beherrscht die Akropolis das Stadtbild von Athen. Aber es ist eine ständige Baustelle. Gerüste sind aufgebaut und Kräne stehen herum. Ob die wohl alle noch funktionieren? Man sieht mehr Rost als Farbe und alles scheint schon längere Zeit nicht in Betrieb zu sein. Glatt geschliffen sind nur die Treppen und Wege von den Millionen Besuchern aus aller Welt, die sich jedes Jahr hier tummeln.

Dann geht es wieder zurück nach unten und in die Stadt hinein. Die Hitze in Verbindung mit dem Smog machen uns müde, gefüllte Wasserflaschen sind erforderlich. Wir besichtigen das Parlamentsgebäude, das sich König Otto aus Bayern und seine Gemahlin Amalia aus Oldenburg in den Jahren 1835 bis 1838 als Schloss erbauen ließen. Die damals vorhandene Idee, auf der Akropolis einen Königspalast zu bauen, wurde fallen gelassen. Das heutige Parlamentsgebäude diente bis 1910 als königliche Residenz, 1935 wurde es zum Parlamentsgebäude umgebaut. Vor dem Gebäude halten Soldaten in einer von der Königin Amalia entworfenen Tracht Wache vor dem Grabmal des unbekannten Soldaten. Eine wirklich interessante Wachablösung findet zu jeder vollen Stunde statt, und das bei diesen Temperaturen! Das ist immer wieder ein tolles Schauspiel für die vielen Touristen, die die Hauptstadt Athen besichtigen.

Ende April im Jahr 1833 zogen die letzten türkischen Soldaten aus Athen ab. Die Stadt zählte gerade mal 5.000 Einwohner. Heute sind es über 5 Millionen, nahezu die Hälfte aller Griechen leben im Großraum Athen-Piräus. Athen ist ein richtiger Moloch, unüberschaubar, besonders, wenn man von den Ruinen der Akropolis nach unten blickt. Durch die aktuellen Ereignisse ist uns auch der Sýntagma-Platz (Verfassungsplatz) bekannt. Es ist Athens größter und bedeutendster Platz. Von ihm aus kommt man gut über die Plàka zur Akropolis. Dieser Platz ist durch die vielen Protestveranstaltungen über die ständigen neuen Regierungsbeschlüsse im Jahr 2012 aus den Nachrichten bekannt geworden, leider auch sehr negativ. Man sieht immer wieder Bilder von blutigen Ausschreitungen mit massivem Polizeieinsatz, Bilder, die sicher auch in nächster Zeit zu sehen sein werden. Die Unruhen in Griechenland werden nicht aufhören, die einfache Bevölkerung wird durch die vielen Sparbeschlüsse an den Rand der Existenz gedrückt, also gehen die Menschen auf die Straße.

Einen Tag hatten wir für diese gewaltige Stadt eingeplant, was natürlich viel zu kurz ist. Den Rest können wir ja später noch anschauen, später, ja, später. Aber bis heute besuchten wir Athen nicht mehr. Ich denke, das wird auch so bleiben.

Wir haben das lärmende Athen erschöpft in Richtung Korinth verlassen. Bei einem Halt unterwegs machten wir noch ein paar Fotos, und schon hatten wir gewaltigen Ärger mit der Polizei. Mir war wirklich nicht bekannt, dass sich dort in der Nähe ein Militärgelände befindet. Und sofort standen wir unter Spionageverdacht, der Polizist wollte umgehend den eingelegten Film vernichten, also DIE Bilder von Athen und der Akropolis, die ich mit großem Aufwand von den verschiedensten Sehenswürdigkeiten gemacht hatte.

Hier erwies es sich wieder als großer Vorteil, wenn man in so einer Situation eine Frau an Bord hat, die Griechisch kann und sogar Griechin ist. Mit Engelszungen konnte meine Marina erklären, erläutern und fest versprechen, dass wir nur Bilder von der Ruine gemacht hatten! Man hatte uns dann abgenommen, dass wir nur ganz normale Touristen und wirklich keine Spione waren. Also durften wir irgendwann weiterfahren, und zwar mit dem Film in der Kamera. Welch eine Erleichterung, welch eine Anspannung, welch ein Geschenk! Wir haben eine wirklich brenzlige Situation, verbunden mit einer gereizten Atmosphäre, gut überstanden!

So war es ein gutes Gefühl, dieser Stadt den Rücken zu kehren. Eine traumhafte Reise durch den Peloponnes lag vor uns. Voller Spannung ging es weiter, schöne und noch unbekannte Ziele lagen vor uns. Wir besuchten Na'uplia, eine wunderschöne, aber eben kleine Stadt im Vergleich zu Athen. Dort gibt es herrliche Badebuchten. Anziehungspunkt der Stadt ist die weitläufige Befestigungsanlage Palamidi, die über 1.000 schweißtreibende (bei tatsächlichen 40 Grad) Treppenstufen zu erreichen ist. Solche „Ausflüge" durfte ich immer gerne allein unternehmen, Marina wartete im Auto oder sonst irgendwo im Schatten auf mich, aber ich war nicht zu halten, wollte jeden alten Stein besichtigen, immer in der Sorge, ich könnte etwas verpassen!

20 Kilometer entfernt liegt Mykene, das durch das tonnenschwere Löwentor bekannt ist. Dort hat Heinrich Schliemann, bewundert als populärer Altertumsforscher und belächelt als archäologischer Abenteurer, ganze Arbeit geleistet. Seine Ausgrabungen haben auch die legendären Goldmasken freigelegt, die heute im Archäologischen Nationalmuseum in Athen zu besichtigen sind.

Aber ein Höhepunkt, wenn nicht DER Höhepunkt der Reise hieß Epidauros. Die berühmte Kultstätte der Antike liegt in einer weiten Ebene, umgeben von saftigen Hügeln. Hauptattraktion des Geländes ist das über 2300 Jahre alte Theater, das jeden Sommer während des Theaterfestivals zu neuem Leben erwacht. Vom Rang des Theaters, ja, ganz oben, kann man Stimmen oder Geräusche von der Bühne des Theaters so gut hören, wie es keine Lautsprecheranlage der modernsten Bauart übertragen kann. Auch heute sind wir noch begeistert von diesem Erlebnis, einfach unglaublich. Wie hoch muss eine Kultur sein, um schon vor so langer Zeit so etwas zu „konstruieren“? Da fehlen doch einfach die Worte, wenn man heute in dieses Land blickt.

Wo ist die Zeit geblieben, wo die Menschen, die zu solchen Werken fähig waren? Griechenland müsste eigentlich blühen, wenn die Entwicklung da weitergegangen wäre, wenn man dieses Wissen, diese Erfahrungen weiter ausgebaut hätte, schade!

Wir fuhren weiter nach Sparta, wo von einer einst tollen Stadt nur noch Mauerreste zu sehen sind.

Interessanter ist Mistra, eine byzantinische Stadt. Hier sieht man zahlreiche Kirchen mit Fresken der mittel- und spätbyzantinischen Zeit sowie Häuser reicher byzantinischer Familien. Beeindruckend ist auch die gewaltige Ruinenanlage des Despotenpalastes, vermutlich Reste aus der Zeit von 1249 bis 1263, die man wunderbar besichtigen kann. Dieser Aufstieg von etwa 30 Minuten ist in der Sommer-Mittagshitze sehr anstrengend, aber absolut lohnend. Man hat von dort eine herrliche Aussicht in die lakonische Tiefebene und sieht bis nach Sparta.

Die Erinnerungen an diese Zeit im August 1978 sind nicht mehr so intensiv vorhanden. Trotzdem ist mir noch sehr bewusst, dass wir einen total heißen Sommer erwischt haben müssen. Eine solche Reise sollte man nicht unbedingt im August machen, aber es hatte sich bei uns einfach so ergeben.

Nun wollten wir nach diesen interessanten, aber auch sehr anstrengenden Aktivitäten wieder an und besonders IN das Meer. Also ging die Fahrt weiter in Richtung Kalamata, das man heute auch sehr bequem mit dem Flugzeug erreichen kann. Die Fahrt verläuft durch eine wunderschöne und damals sehr ruhige Landschaft, wir schraubten unseren 50 PS starken VW-Bus bis auf nahezu 1600 Höhenmeter hinauf, den ängstlichen Blick zuerst auf die ungesicherten Straßen und dann auf die Wasser-Temperaturanzeige im Auto gerichtet. Der Zeiger bewegte sich oft am oder schon leicht über dem roten Anschlag. Warmes Wasser zu erzeugen, wäre also kein

Problem gewesen, aber wer braucht bei so einer Hitze schon warmes Wasser? Hier hatten wir keinen Bedarf. Trinkwasser kauften wir nur da, wo die Flaschen direkt aus dem Gefrierfach kamen, gefüllt mit Wasser UND Eis.

So erreichten wir auch bald Kalamata, eine Stadt mit ca. 50.000 Einwohnern. Dort fanden wir einen herrlichen Campingplatz am Meer. Die vielen Bäume sorgten für den notwendigen Schatten. Dort befand sich eine Taverne direkt am Meer, ein wunderschöner Platz in einer noch schöneren Landschaft. Direkt vor uns lag das blaue Meer, im Hinterland Olivenbäume und die Berge. Was braucht man mehr? Es war traumhaft! Wir genossen es, weit und breit keine Verwandtschaft zu sehen, keine Onkel, keine Tanten, einfach niemand!

Damals bezahlte man ja noch in Drachmen. Das Essen war gut und wirklich sehr preiswert. Für eine Flasche Coca Cola musste man umgerechnet noch -.50 DM bezahlen, ein Essen inklusive Salate und Getränk für uns zwei kostete in der Regel nicht mehr als 10.- DM, also keine 5.-€ aus heutiger Sicht. Ganz so billig ist das nun nicht mehr. Im Vergleich dazu muss man heute zwischen 20 bis 30.-€ rechnen, wobei auf Grund der Krise auch günstigeres Essen möglich ist. Nur der Service lässt sich in der Regel verbessern, das ist auch heute noch so. Die Unterhaltung von zwei Kellnern kann ja gerade so interessant sein und die Zigarette ist auch noch nicht zu Ende geraucht, also muss man halt warten, bis man an der Reihe ist.

Seit dem Jahr 2012 hat sich jedoch in den Tavernen, die von der eigenen Familie geführt wird, einiges geändert. Die Preise wurden reduziert und die Leistung verbessert, man kämpft um jeden Gast. Positive Auswirkungen der Wirtschafts- und Finanzkrise - gut für uns Urlauber.

Nun waren wir „Rabeneltern" schon über zwei Wochen hier in Griechenland unterwegs, ich durfte das Land meiner Frau Marina gemeinsam mit ihr kennen lernen. Unsere kleine Tochter mit erst einem Jahr und drei Monaten verbrachte die Zeit bei Oma und Opa, also meinen Eltern. Wir hatten immer wieder zu Hause angerufen, was damals, wenn man so unterwegs war, sich gar nicht so einfach gestaltete. Telefonieren konnte man oft in kleinen Läden oder Geldwechselstuben, ob die Anzeige dann immer so korrekt war, konnte ich nie feststellen, wir waren einfach froh und dankbar, immer wieder eine Möglichkeit zu finden, mit der Oma zu telefonieren. Auch heute plagt uns noch oft das schlechte Gewissen, wie wir so etwas nur machen konnten.

Trotz aller Umstände hatten wir es nicht so eilig, wieder nach Hause zu kommen, die Reise war einfach zu interessant für mich, für uns. Auch später reisten wir mit unseren Kindern viele Jahre mit dem Wohnwagen durch Deutschland, Österreich, Italien, die Schweiz, Frankreich, Schweden und andere Länder. Aber es war alles nicht so erlebnisreich und so ein Abenteuer wir unsere Reise mit dem selbst ausgebauten Campingbus durch Griechenland. Leider haben wir es auch später nie mehr geschafft, diese oder eine ähnliche Reise durch das herrliche Griechenland zu machen, was wirklich schade ist.

Nach zwei schönen und ruhigen Tagen in Kalamata fuhren wir weiter zur Südseite des Peloponnes. Dort hatten wir noch ein großes und bedeutendes Ziel, die Stadt Olympia. Wir hatten viel gehört und viel darüber gelesen, da mussten wir noch hin, das gehörte einfach dazu. Auch als Sportler wollte ich diese Stadt unbedingt besuchen.

Olympia liegt etwa 100 km vom Meer entfernt in der fruchtbaren Hügellandschaft des Westpeloponnes. Die heutige Ortschaft Olympia hat nicht viel mehr als 1.000 Einwohner und ist ein vielbesuchter Fremdenverkehrsort. Seit dem Jahr 776 vor Christi Geburt wurden schon in Abständen von vier Jahren, so wie heute, Olympiaden durchgeführt. Auf die dort rankenden Mythen möchte ich in diesem Buch nicht eingehen, das können andere besser erzählen. Aber es ist belegt, dass damals schon Wettkämpfe wie Kurzstreckenlauf (1 Stadion ist 192 m), Langstreckenläufe, Waffenläufe, also ein Lauf in Rüstung, Ringen, Boxen und Freistil stattgefunden haben.

Der Fünfkampf (Pentathlon) mit Lauf, Weitsprung, Diskus, Ringen und Speerwerfen war damals DER Höhepunkt der Veranstaltung neben dem noch wichtigeren Wagenrennen mit zwei beziehungsweise vier Pferden. Daran beteiligten sich oft Prinzen oder Herrscher, die den Sieg dann für ihre Zwecke nutzten. Die kultischen Feiern, also die Opferprozessionen, fanden nachts bei Vollmond statt. Sie wurden als Zeus-Fest bekannt. Die Sieger wurden nicht mit Gold, Silber oder Bronze belohnt, sondern mit Olivenzweigkränzen geehrt. All dies hat sich also noch vor Christi Geburt abgespielt, der Höhepunkt ereignete sich im 4. Jahrhundert vor Christi. Olympia war lange Zeit ein Treffpunkt der Massen und Schaulustigen und zugleich eine politisch brisante Begegnungsstätte.

Im 6. Jahrhundert nach Christi wurden die Kultstätten durch ein Erdbeben verwüstet und später von den dort vorhandenen Flüssen Alfios und Kladaos überschwemmt und unter einer meterhohen Schlammschicht begraben. Erst um 1875 begann nach einer Wiederentdeckung die Ausgrabung. Vieles, aber sicher nicht alles wurde nach Recherchen wieder freigelegt und bezeichnet. Olympia ist auch noch heute einen Besuch wert. Das Gelände ist riesengroß und sehr beeindruckend. Wie wurden wohl die Säulen aufgebaut? Wie auf diesem Vierkant verankert, der in den großen und mächtigen Ringen zu sehen ist? Viele Fragen. Leider können sie nicht vollständig beantwortet werden, aber dass enorme Leistungen dahinterstehen mussten, das war sehr schnell klar. Viele der Säulen wurden nach den Ausgrabungen, jedoch mit modernen Geräten, wieder aufgestellt.

Beeindruckt haben mich auch die Reste einer Badeanlage im Bereich des Priesterhauses. Selbst ein Schwitzbad aus dem 5. Jahrhundert vor Christi mit einem kreisrunden Becken, also ein Vorgänger der heutigen Sauna, wurde freigelegt. Auch Reste eines Sitzwannenbades mit zum Teil noch erhaltenen steinernen Badewannen sind gut zu erkennen.

Noch lange Zeit hätte man sich hier aufhalten können, immer in Gedanken, was sich hier vor vielen

Jahren abgespielt hat. Die griechische Geschichte, ja die unglaubliche Kultur mit ihren Schätzen ist schon sehenswert, gerade auf dem Peloponnes gibt es unzählige Stellen und Städte davon. Aber wir mussten weiter, wir waren auf dem Rückweg in unsere Heimat. Die Sehnsucht nach unserer Tochter hat uns getrieben, was ja auch verständlich ist. Das nächste Ziel hieß Patras, wo wir mit einer kleinen Fähre auf das Festland fahren konnten. Heute gibt es eine Brücke, die den Peloponnes mit dem Festland verbindet, ein gewagtes Bauwerk, das wir Jahre später bestaunen konnten.

Nun wäre es ein Leichtes gewesen, bei der Ankunft auf dem Festland links über Arta oder Preveza nach Igoumenitsa und dann mit der Fähre weiter nach Italien zu fahren, ja, einfacher, angenehmer und schneller. Aber an so etwas haben wir damals noch nicht gedacht, außerdem war es auch mit Kosten verbunden.

Heute fahren wir mindestens einmal im Jahr von Venedig oder Ancona sehr komfortabel bis nach Igoumenitsa und zurück, die Schiffsreise ist immer noch ein schöner Höhepunkt einer Reise nach Griechenland.

Nein, wir bogen nach rechts ab und fuhren über Lamia, Volos zurück nach Thessaloniki. Es ging also wieder mitten durch die Stadt hindurch. Heute streift man Thessaloniki nur am Rande, man muss die neu gebaute Autobahn nicht mehr verlassen. Von Igoumentisa bis nach Kavala, dem Ausgangspunkt der Fähren nach Thassos, sind es etwa 550 km, man fährt ganz entspannt auf der neuen und wenig befahrenen

Ägnatia Odos und braucht für die Fahrt etwa vier bis fünf Stunden.

Auch das haben wir ganz gut geschafft, es wurde aber spät und wir wollten noch in Griechenland übernachten, die Grenze zum damaligen Jugoslawien war noch über 100 km entfernt. Also runter von der Autobahn und ab ins Gelände, wo wir einen günstigen Platz zum Übernachten fanden. Und am nächsten Vormittag ist es passiert: Wir hatten einen Unfall. Ich habe als Fahrer nicht richtig reagiert, aber trotz allem ist es noch ganz gut abgelaufen. Die unbefestigte Straße, die uns wieder zu der Autobahn führen sollte, war eine offizielle Straße mit Verkehrszeichen, aber sie befand sich in einem sehr schlechten Zustand. Also hätte ich einfach nur langsamer fahren müssen, was ich nicht gemacht habe.

Wir fuhren so um die 80 Stundenkilometer und auf der rechten Seite stand ein Schild mit dem Symbol einer „Querrinne", also genau so ein Schild, wie wir es auch hier kennen. Und was machen wir, wenn wir so ein Schild passieren? Gehen wir nur vom Gas runter oder bremsen wir auch ab? Ich ging vom Gas runter, ich fuhr ja nicht schnell, und ließ das Auto ungebremst weiterlaufen. Und dann kam also diese „Rinne", die dazu diente, Wasser nach einem Regen auf die Felder zu leiten, also ein richtiger Bewässerungskanal mit entsprechenden Ausmaßen.

Zuerst ging es etwa einen halben Meter nach unten, dann über zwei Meter gerade, bevor es wieder diesen halben Meter nach oben auf Straßenhöhe ging. Das war dann diese griechische Querrinne, die uns in Angst und Schrecken versetzte. Was war passiert?

Wir schanzten regelrecht mit großer Wucht in die Tiefe, landeten sehr unsanft auf den Vorderrädern und nachdem die Hinterräder auch unten angekommen waren, ging es vorne schon wieder steil nach oben und so wurden wir gewaltig durchgeschüttelt. Meine Marina landete mit dem Kopf (damals war man in der Regel ja noch nicht angeschnallt) am Dachhimmel, ihr kam das etwas demolierte Dach entgegen. Warum? Das auf einem Träger befestigte Ersatzrad schlug nach diesem Luftsprung durch den Aufprall mit voller Wucht auf das Dach und verursachte eine regelrechte Beule, das tat so richtig weh. Selber schuld, wenn man auf solchen Straßen nicht angeschnallt ist, und das noch bei so einem Fahrer …

Trotz allem sind wir doch wieder gut „gelandet". Der Kopf schmerzte und auch der Rücken hat diese Erschütterung nicht so ohne weiteres weggesteckt, Tränen flossen ihr über das Gesicht. Ja, das sind die griechischen Straßen. Heute gibt es für solche Fälle Geld aus Europa, das stand damals leider noch nicht zur Diskussion.

Aber es war bitter und wir und unser schöner Bus fühlten uns durch diesen Aufprall in den Entwässerungsgraben gewaltig von der Rolle. Konnten wir jetzt einfach weiterfahren? Ist das Auto überhaupt noch fahrtüchtig? Wie kommen wir nach Hause? Können wir überhaupt aussteigen? Nein, keine Chance, und unser Ziel und unsere Tochter befanden sich etwa 2.000 km von uns entfernt, wie soll das gehen? All diese Gedanken gingen mir durch den Kopf, unfassbar.

Nach dieser ungeplanten Flugeinlage mit glücklicher Landung standen wir total geschockt und leicht angeschlagen in einem wilden Gelände. Wir konnten nicht mehr aussteigen, die Türen hatten sich durch den Aufprall verzogen, wir waren regelrecht eingesperrt. Auch das Lenkrad konnte ich nicht mehr nach links oder rechts bewegen, das untere Schutzblech hatte sich, wie wir später feststellten, regelrecht um die Kardanwelle gewickelt und somit jede Bewegung des Lenkrades unmöglich gemacht. Meine schönen Hänge-Einbaumöbel, die ich in stundenlanger Arbeit mühsam in das Auto eingebaut hatte, lagen auf der hinteren Sitzbank. Also hatte ich sie doch nicht so fachmännisch eingebaut, wie ich dachte? Ich war so stolz, und nun das.

So, da standen wir nun, gefangen, nicht mehr manövrierfähig, weit weg von der Heimat und unserem Kind. Bisher hat doch alles so gut geklappt, wir hatten eine wunderbare Reise hinter uns, haben so viel gesehen, tolle Landschaften genossen, ja, einfach sehr viel erlebt. Und immer wurden wir bestens bewahrt, es gab keine Panne und auch sonst keine Probleme, die Menschen, die wir überall trafen, waren einfach nur nett und immer hilfsbereit.

Und jetzt das! Dieser Zwischenfall traf uns total unvorbereitet und wie ein Blitz aus heiterem Himmel. Also was tun? Überall waren nur Felder und Wiesen, Störche sahen wir dort, sie suchten Nahrung. Aber es arbeiteten auch einige Leute auf dem Feld, gar nicht so weit weg von unserer „Unfallstelle“. Sie hatten uns wohl beobachtet und näherten sich unserem Bus. Ich signalisierte, dass die Türen nicht mehr zu öffnen sind. So hat man von außen kräftig gezogen und schon war die Fahrertüre wieder offen. Ich konnte aussteigen und alles von außen betrachten.

Durch den sehr unsanften Aufprall hat sich die Karosserie leicht (zum Glück nur sehr leicht) über die Länge verzogen, das Fahrzeug hatte sich also leicht konkav verbogen. Das Fahrgestell selbst war, wie die erste Inspektion zeigte, völlig in Ordnung. Aber konnte ich darauf wirklich vertrauen? Sollten wir so die noch ca. 2.000 vor uns liegenden Kilometer bewältigen können?

Die freundlichen, hilfsbereiten Griechen haben den Schaden mit der Lenkung dadurch behoben, dass sie das Schutzblech unten abschraubten, also konnte ich wieder lenken. Ich kam aus dem Staunen nicht mehr heraus. Dann wurden die Türen mit viel Muskelkraft und kurzer Überlegung so „justiert", dass man diese wieder ganz ordentlich bewegen konnte. Und man konnte beide Türen wieder brauchbar schließen! Wie dankbar waren wir diesen Menschen, die sofort ihre Feldarbeit unterbrochen haben, um uns in dieser schlimmen Situation zu helfen. Mit viel Mühe schraubte ich dann die Hängeschränke wieder so an das Dach, dass man sich normal im Auto bewegen konnte. Und dann sagten meine Helfer auf Griechisch zu Marina, dass wir wieder fahren könnten. „Was?", fragte ich sie. „Hast du sie auch richtig verstanden? Wir können wirklich wieder fahren?" Konnten sie das auch richtig einschätzen? Ich hatte schon die größten Sorgen, wie wir jetzt mit einem beschädigten Bus wieder nach Hause kommen. Dass wir damit wieder normal fahren könnten, war unvorstellbar!

Also startete ich ganz sachte mit dem ersten Gang, machte kleine Lenkbewegungen und der Bus setzte sich doch wirklich recht problemlos in Bewegung. Unfassbar! Wir fuhren doch tatsächlich wieder und ich spürte keine Beeinträchtigung. Langsam und sehr vorsichtig steigerte ich die Geschwindigkeit auf 20, 30, 40 und später auch noch mehr. Ich traute der Sache einfach nicht so richtig, aber es lief alles wieder problemlos. Ich empfand es als unglaublich nach so einem „Flug" über eine griechische Bewässerungsrinne. Erst später realisierte ich, dass wir zum Glück die Gasflasche, die ja im Auto eingebaut war, gut zugemacht hatten. Ich wagte nicht daran zu denken, was alles hätte passieren können, wenn die Flasche offen gewesen wäre. Aber gut, wenigstens hier hatte ich doch einen guten Gedanken, als wir am Vormittag nach dem Frühstück unsere Reise fortgesetzt hatten. Wie gerne hätte ich mich bei diesen lieben und hilfsbereiten Griechen noch einmal bedankt. Schade, dass wir deren Adresse in der Hektik nicht mitgenommen haben.

Wir verließen sehr nachdenklich Marinas Heimat und tuckerten auf dem Autoput recht problemlos durch das damalige Jugoslawien, aber immer Richtung Heimat. In Kärnten machten wir auf einem schönen Campingplatz noch Halt, bevor es unaufhaltsam mit unserem angeschlagenen und leicht verbeulten Bus in Richtung Heimat ging, die Sehnsucht nach unserem Kind wurde immer größer. Vielleicht war es auch das schlechte Gewissen, das uns jetzt so schnell nach Hause trieb.

Wie dankbar durften wir sein, unsere kleine Tochter wieder in die Arme zu nehmen. Ja, sie brauchte doch etwas Zeit, um sich wieder an uns zu gewöhnen. Vielleicht waren es auch Ärger und Enttäuschung, dass es Eltern gibt, die ihre Tochter so lange bei den Großeltern ließen. Ein Dankeschön nachträglich an meine Eltern, die die große Verantwortung damals auf sich genommen hatten. Nach so einem Unfall kommen Eltern dann doch andere Gedanken.

Und immer wieder die Krise oder „Das griechische Drama nimmt seinen Lauf"!

Wir schreiben den 8. Juli 2013 und Griechenland ist wieder in aller Munde. Warum? Es geht um weitere Hilfszahlungen an das Heimatland meiner Marina, das Land, das ich in der Zwischenzeit so richtig lieb gewonnen hatte. Dazu hat die wunderschöne Reise durch fast das komplette Festland von Griechenland einen großen Teil beigetragen. Aber seit einigen Jahren ist dieses Land in großer Not. Zu lange hat man über seine Verhältnisse gelebt. Viele Jahre hat man dort mehr ausgegeben, als man eingenommen hat, und das kann einfach nicht gutgehen. Viel Geld ist aus Europa bereits nach Griechenland geflossen, viele Zusagen wurden über die Jahre von der Regierung gemacht, aber passiert ist nicht viel. Die Schuldentragfähigkeit der Griechen wurde nur auf dem Papier hergestellt, der Wunsch hat sich als Wirklichkeit maskiert!

Immer wieder gibt es große Demonstrationen gegen weitere Kürzungen und Entlassungen, besonders bei den Beamten muss gehandelt werden. Dieser

Apparat ist viel zu groß und arbeitet nicht effizient. Das hatte die Troika, die immer wieder zu Gesprächen in Athen ist, schon sehr früh festgestellt. Aber Griechenland hat sich immer mehr zu einem Kranken entwickelt, dem ein Bein amputiert werden muss. Man hat aber nicht den Mut, einen großen Schritt dazu zu machen, immer wieder werden von diesem Bein nur kleine Stücke abgeschnitten. Damit verlängerte man den Schmerz unnötig, ohne dass am Schluss dabei etwas herauskommt.

Aber es muss sich etwas ändern, und zwar gewaltig und schnell. Doch welcher ist der richtige Weg? Darüber wird gestritten und es gibt immer wieder große Streiks und Demonstrationen, Athen ist immer wieder in den Schlagzeilen. An allen Ecken hört man von Zahlungsschwierigkeiten, jetzt auch sehr schmerzhaft im griechischen Gesundheitssystem. Die Schulden der Krankenhäuser werden auf etwa 2 Milliarden und mehr geschätzt. Aktuell spitzt sich die Situation weiter zu, immer mehr Menschen können sich die notwendigen Medikamente nicht mehr leisten. Die Einkommen und die Renten gerade der kleinen Leute, die keine Lobby haben, sind seit Beginn der Krise um etwa 40% gesunken. 46% der griechischen Pensionäre erhalten weniger als 500.-€ Rente!

War es wirklich so, dass unsere Kanzlerin Angela Merkel, die in Griechenland überall gehasst und für alles verantwortlich gemacht wird, im Frühjahr 2010 gesagt hatte: „Die Reformen in Griechenland müssen den Griechen wehtun“? Heute muss ich klar feststellen: „Ja, es tut weh, es tut sogar gewaltig weh.

In den vergangenen 3 Jahren haben knapp 1 Million Menschen ihre Arbeit verloren, die Arbeitslosenquote stieg von 7,7 % in 2009 auf 27 % in 2015, unter den 25 Jährigen sind fast 2/3 der Leute ohne Arbeit. Junge Menschen, die zum Teil eine gute und aufwendige Ausbildung abgeschlossen haben, bekommen von der Gesellschaft keine Chance. Ist das nicht unglaublich? Ich denke schon. Aber wo sollen diese Leute auch unterkommen, wenn man bedenkt, dass seit 2011 nicht weniger als 70.000 Firmen Insolvenz angemeldet haben.

Und was sind die Folgen? Diese sind verheerend für die Menschen in Griechenland. Es gibt dort kein soziales Netz, so wie wir das in Deutschland hier kennen. In der Regel werden für maximal 1 Jahr 360.-€ Arbeitslosengeld pro Monat ausbezahlt, danach ist Schluss. Es gibt also kein Hartz 4 wie bei uns, auch keine ähnliche Regelung. Der Schritt ins Elend ist somit tatsächlich sehr klein. Man schätzt, dass heute schon ca. 38 % der Griechen unter der Armutsschwelle leben müssen.

Wir wissen, dass hier besonders die Menschen hart getroffen werden, die in den Städten leben, wo es kaum Alternativen für die Selbstversorgung gibt. Auf dem Land haben die Leute „Land", also Gärten, die mit viel Sorgfalt bewirtschaftet werden. So kann man doch wenigstens in den Sommermonaten Gemüse anbauen oder Obst ernten. Auch die Gewinnung von Honig ist besonders auf der Insel Thassos sehr populär. Die Bienenschwärme werden punktuell auch auf das Festland verlegt, je nach Intensität der Blüten. Ab November werden die Oliven gepflückt und für die Winterzeit so eingelegt, dass diese nicht nur gut schmecken, sondern auch lange halten. Der große Teil dieser Oliven wird zu „Ladi", also einem wunderbaren, biologischen und kaltgepressten Olivenöl, weiterverarbeitet.

Wenn man bedenkt, dass in den letzten Jahren ca. 60 % des griechischen Olivenöls nach Italien verkauft wurde, dann muss man sich nicht wundern, dass nicht Griechenland an diesem Verkauf den besten Ertrag erwirtschaftet. Hier fehlen die Verbindungen zum Verbraucher in Europa und der restlichen Welt, es fehlt (noch) an guten Ideen der Selbstvermarktung, es fehlt ganz einfach am Marketing. Und vielleicht ist es auch eine Image-Frage, weil eben das Olivenöl aus Italien bekannter und auch teurer ist. Und wenn es teuer ist, dann MUSS es ja auch besser sein. Aus Erfahrung wissen wir, dass das biologisch angebaute und kaltgepresste Olivenöl von der Insel Thassos eine hervorragende und anerkannte Qualität besitzt. Das Preis-Leistungsverhältnis ist absolut gut und internationale Dokumente bestätigen dies auch. Nun, und da sind wir wieder bei Marketing und Service ... Diese Dokumente werden nicht richtig publiziert, sie verschwinden eher in den Schubläden der Ölproduzenten.

Doch die Menschen halten immer noch ganz gut durch. Hängt das mit Geduld zusammen oder ist es bereits eine gewisse Resignation, die in den Gesprächen zu spüren ist? Das politische System steht auf jeden Fall vor einer schweren Zerreißprobe. Politische Rattenfänger wie etwa der Linkspopulist Alexis Tsipras sind aktuell hoch im Kurs. Er fordert unter anderem, Griechenland soll doch seinen Schuldendienst einfach einstellen. Damit findet er Beachtung und wird für solche Sprüche von einem Großteil der frustrierten Bevölkerung so richtig gefeiert. Doch noch schlimmer ist der Aufstieg der Neonazi-Partei „Goldene Morgenröte“. Diese „Partei“ hat bei der letzten Wahl beachtliche 7 % der Stimmen erhalten, aktuelle Umfragen liegen bei 11 %.

Woher kommt das alles? Warum musste es soweit kommen? Das Vertrauen in die etablierten Parteien mit ihrer unglaublichen Klientenwirtschaft ist verspielt. Mit diesem System, wenn man hier von einem System reden kann, wurde dieses wunderbare Land mit dieser herrlichen Landschaft, den schönen Inseln und dem sauberen Meer vor die Wand gefahren. Wo soll da das Vertrauen herkommen? Und welchem Politiker kann man da aktuell noch vertrauen? Was gibt es für Alternativen?

Die veranschlagten 2,6 Milliarden Euro für Privatisierungen stehen nicht, oder noch nicht, zur Verfügung. Die griechische Privatisierungs-Agentur versucht seit einiger Zeit, hunderte staatliche Grundstücke, Firmen, Yachthäfen und auch Flughäfen zu Geld zu machen, nahezu alles ist bisher gescheitert. Auch der Verkauf des nationalen Gasversorgers an den russischen Gazprom-Konzern ist bislang nicht zu Stande gekommen. So fehlt Griechenland wieder Geld, ja, sehr viel Geld. Laut Spiegel vom 8.7.2013 über 11 Milliarden Euro bis zum Jahr 2015.

Dabei haben die Euroländer schon Hilfszusagen von über 200 Milliarden Euro gemacht. Trotz reduzierter Staatsausgaben sind die griechischen Wirtschaftsvertreter überzeugt, dass es ohne einen erneuten Schuldenschnitt nicht geht. Das Land kann so nicht überleben.

Aber dieses Thema ist heikel, besonders hier in Deutschland. Ein solcher Schuldenschnitt träfe dieses Mal auch die öffentlichen Gläubiger, da ein großer Teil der deutschen Hilfskredite damit unwiederbringlich weg wäre. So langsam wird klar, dass mit Geld allein Griechenland nicht zu helfen ist, zu tief sind die strukturellen Probleme in diesem Land.

In Griechenland wird oft endlos über Politik und die Folgen diskutiert, hauptsächlich von Männern bei einem oder mehreren Gläsern Uzò oder Zypro, meist in Tavernen, die nur von Männern besucht werden. Jeder weiß es besser und die Gespräche werden immer lauter, je nach der Anzahl der leeren und dann sofort nachgefüllten Gläser. Ich frage mich in solchen Situationen: Wer hört denn da überhaupt noch zu, wenn alle reden? Da werden die tollsten Thesen aufgestellt, aber schuld sind dann immer die anderen. Für Selbstkritik oder Selbsterkenntnis ist wenig Platz. Man sieht sich selbst gerne als „Alexander den Großen“ oder zumindest als Onassis. Man bewegt sich zu oft außerhalb der Realität.

Weiter aus dem Buch von Dimou: „Die Übertreibung ist nicht nur ein nationaler Fehler, sie ist die Lebensform der Griechen. Sie ist die Konstante ihres Nationalcharakters. Sie ist der Hauptgrund ihres Unglücks, aber auch ihre Glorie. Wie übertriebenes Selbstwertgefühl Ehrgefühl genannt wird. Übertriebenes Verhalten nennt man Großartigkeit“, so Dimou.

Auf der Rückseite des Buches steht der Satz: „Ein Grieche tut alles, was er kann, um die Kluft zwischen Wunsch und Wirklichkeit zu vergrößern“ und „Einsichten für alle, die Griechenland lieben und doch an ihm verzagen!“

Für mich stimmt die erste Aussage vollkommen. Ja, ich liebe Griechenland, ich habe dort viele Freunde und es ist für mich immer wieder wunderbar, dort „Zu Hause“ anzukommen. Ich wurde noch nie als Deutscher (griechisch „Germanos“) dort abgelehnt oder missachtet, nein, ich fühlte mich immer und überall willkommen! Die Gastfreundschaft der Leute zu erleben, ihre Freude, ihre Liebe und ihre Hilfsbereitschaft ist immer wieder herzerwärmend. Selbstverständlich gibt es auch Enttäuschungen, wenn man etwa dort ein Haus baut, aber verzagt habe ich an Griechenland oder den Griechen noch lange nicht.

Wenn ich in Griechenland bin, dann stelle ich nicht nur meine Uhr auf die griechische Zeit um, sondern ich stelle auch meine INNERE Uhr um. Also griechisch denken, fühlen und handeln. Das ist ganz wichtig, denn die Griechen leben in einer anderen Welt als wir. Wir müssen, um dort wirklich klarzukommen, unser präzises, eng strukturiertes Denken vergessen und in der Zeit, die wir hier verbringen, über den Haufen werfen. Tun wir das nicht, dann ist ständiger Ärger vorprogrammiert. Wir vergleichen stets und sehen vieles zu negativ. Ein Handwerker dort hat eben nicht so ein perfektes Zeitmanagement wie ein deutscher Handwerker, es kann schon mal sein, dass dieser erst nach dem vierten, fünften oder auch sechsten Termin auf die Baustelle kommt. Nach meiner Ermahnung, dass bei uns der Handwerker in der Regel zu dem versprochenen Termin kommt (was ja auch nicht immer so richtig ist), bekam ich die Antwort, „Dann musst Du in Deutschland mit deutschen Handwerkern bauen, hier ist es eben so." Das sollte man dann auch einfach so akzeptieren, so sind eben in Griechenland die Spielregeln.

Und damit hat er Recht. Am Anfang habe ich krampfhaft versucht, „meine" Griechen zu erziehen, aber ich musste schnell erkennen, dass das nicht funktioniert. Je besser man sich auf die Lebensgewohnheiten, auf die Mentalität der Menschen einstellt, umso besser kommt man hier zurecht, umso besser ist man hier zufrieden.

Die griechische Politik und mehr!

Geht es jetzt politisch in Griechenland voran? Kann es die aktuelle Regierung schaffen, Ordnung in den Staat zu bringen? Können die Menschen dort überleben, wenn alle Maßnahmen, die noch zu treffen sind, eingeleitet werden? Fragen über Fragen, auf die wir heute keine Antworten wissen. Was nützen Erfolge bei gesunkenen Lohnstückkosten, wenn es immer weniger zu produzieren gibt? Werden Konzerne wie Unilever, Philip Morris oder Hewlett-Packard oder andere die angekündigten großen Investitionen durchführen? Ministerpräsident Samaras sprach recht übermütig bei einem Besuch in Peking schon von seiner „griechischen Erfolgsgeschichte".

Doch was passiert? Die nach außen getragenen Sanierungserfolge gehen wie so oft vor allem auf Kosten der kleinen Leute, also einer Gruppe, die leider keine Lobby hat.

Warum werden die reichen und privilegierten Griechen nicht stärker an der Finanzierung des Staates beteiligt? Warum schreckt hier die Regierung vor diesen großen und mächtigen Lobbygruppen zurück? Wie ja bekannt ist, tragen zum Beispiel die griechischen Reeder wenig zur Gesundung bei. Ihre sicher oft üppigen Einkünfte aus der Schifffahrt sind jedenfalls steuerfrei! Aber warum ist das so? Ja, es steht anscheinend in der Verfassung, aber warum will das keiner ändern? Was ist der Grund dafür?

Und welche Rolle spielt die griechische Kirche? Die Kirche hat, wie bekannt ist, Geld, sogar viel Geld und sehr viel Grund und Boden. Kann die Kirche hier nicht helfen? Steht Machtstreben über der Menschlichkeit?

Weiter lesen wir im Spiegel in der Ausgabe 28/2013: „Das politische System in Griechenland ist vergiftet" so die Aussage aus der Universität aus Athen, „Schmiergelder und Beziehungen waren wichtiger als jede Leistung". Mächtige Lobbygruppen konnten über Jahre Privilegien erstreiten, die nun erbittert verteidigt werden. Als der Staat etwa die überteuerten Lizenzen für Lkw-Fahrer abschaffen wollte, legten die Lastfahrer den kompletten Verkehr von ganz Griechenland lahm. Das Militär musste eingesetzt werden, um zum Beispiel die Versorgung der Krankenhäuser zu sichern.

Der aufgeblähten Verwaltung verdanken viele Beamte ihren Job. Politische Gefälligkeiten sind wichtiger als ihr Können. Das ist auch zu spüren, wenn man mit den Behörden in Griechenland zu tun hat. Obwohl wir „Ausländer“ in Griechenland investieren und auch wenigstens temporär dort wohnen, werden wir in der Regel von den Behörden nicht gerade freundlich oder zuvorkommend behandelt. Es ist sehr umständlich, wenn man auf eine Behörde gehen muss. Zeit mitzubringen ist oberstes Gebot. Heute haben wir dort einen Steuerberater, der uns viel abnimmt, sodass wir eigentlich nicht mehr auf das Finanzamt gehen müssen, welch ein großer Vorteil! Die „Besuche“ dort über viele Jahre waren zeitintensiv, anstrengend und nervig. Normal macht man dort keinen Termin, also hinein in das Gebäude, eine kurze Orientierung und dann geht die Suche los nach der zuständigen Stelle. Alle drängeln sich vor und reden durcheinander, jeder bekommt auch das Anliegen des anderen mit und sieht in der Regel auch noch, wie viel Steuer man dieses Jahr zu bezahlen hat. Der Stärkere, der Frechere setzt sich durch, als „Germanos“ hat man dort wenig Durchsetzungskraft. Also warten und warten und immer wieder anständig fragen, wann man endlich an der Reihe ist.

Bis 2015 soll nun dieser Beamtenapparat gewaltig schrumpfen. Etwa 15.000 Beamte sollen zudem durch junge, gut qualifizierte Leute ersetzt werden. Doch an Entlassungen wagte man sich lange nicht heran, neue Streiks drohen. Die Gewerkschaftsführung hält es jedoch für einen „Mythos“, dass der Staat zu viele Mitarbeiter habe.

Reformen scheitern immer wieder an der Widerstandskraft des alten Systems. Genehmigungen für

Investitionen, die für das Land so wichtig wären, kommen nicht voran.

Zu viele Stellen sind zu durchlaufen, vermutlich wollen alle mitreden, aber keiner kann die Entscheidung treffen. Damit werden viele Vorhaben schon in einem frühen Stadium wieder abgeblasen. Berechnungen der Troika über die künftige Entwicklung wirken da wie Kalkulationen aus Wolkenkuckucksheim. Denn laut den Berechnungen oder Zielen soll das Land 2017 wieder 3,5% Wachstum vorweisen können. 2022 sollen die Schulden von derzeit 175 % des BIP auf deutlich unter 110 % sinken. Wie das aber gehen soll, kann ich mir als „bescheidener" Griechenland-Kenner und „Teilzeitbewohner" beim besten Willen nicht vorstellen.

Noch schlimmer ist es, wenn man ein Grundstück kauft und einen Notar braucht. Für so einen Akt muss man sich ebenso viel Zeit nehmen und gute Nerven mitbringen. Aber dazu gibt es später noch einiges Interessantes zu erzählen …

An Ideen, wie man das Land wieder aufbauen könnte, mangelt es nicht. Denken wir an die Schifffahrt, wo sicher noch Potential vorhanden ist. Hier müsste man nur weitere Anregungen entwickeln, um auf diesen funktionierenden Wirtschaftszweig aufzubauen. Und dann die Tourismusbranche, das eigentliche Juwel von Griechenland, einem Land voller Schönheit und einer interessanten Kultur und Geschichte. Was wäre da noch alles zu machen! Die Zahlen des deutschen Reisemarktes für Griechenland lag 1999 noch bei 4 %, im Jahr 2011 waren es gerade noch 2,6%. Durch die vielen antideutschen Demonstrationen sank diese Zahl im Jahr 2012 weiter ab auf nur noch 1,9%. Wie geht es da weiter?

Die Menschen hier sind durch die Presse verunsichert, das kann man ja auch gut nachvollziehen. Komme ich überhaupt noch rechtzeitig nach Hause, wenn mal wieder gestreikt wird? Was passiert, wenn sich dann niemand um mich kümmert, ich keine Nachrichten erhalte, was in so einem Fall zu tun ist? Fragen über Fragen, und so sucht man sich andere Reiseziele aus, was wirklich sehr schade ist.

Ich werde hier in Deutschland immer wieder gefragt, wie denn die Situation aktuell in Griechenland so ist, man hört ja das und dies, aber eigentlich hört man nur das Negative. So brauche ich oft viel Zeit, um alles zu erklären. Aber auch ich habe aufgehört, immer wieder begeistert Werbung für „mein Land" oder „meine Insel" zu machen. Denn bei einem möglichen Streik sind wir die Schuldigen und dieses ständige Bangen, dass ja alles klappt, ist ja auch nicht besonders erholsam für uns. Wie oft stand ich am Hafen und konnte nicht auf die Insel kommen! Die Schiffe waren belagert von den Mitarbeitern mit Streikflaggen. Also wieder zurück in das Hotel, wieder warten und hoffen, dass es dann vielleicht morgen klappt. Gut, dass es in den Sommermonaten bisher ganz gut funktioniert hat.

„Meine“ Insel Thassos

Was mich auf Thassos immer wieder wundert, ist, dass die Insel nur vier bis maximal fünf Monate so richtig belebt ist. Eigentlich haben wir nur vier Monate, in denen man von einer relativ gut besuchten Insel reden kann. Juli und August ist die Insel voll, oder besser ausgedrückt, überbelegt! Es ist wirklich schade, aber die Insel ist sonst fast leer. Wenn ich im Oktober dort bin, kann ich bei einer Wassertemperatur zwischen 20 und 22 Grad in den schönsten Buchten, meist ganz allein, schwimmen. Die Herbstzeit ist oft besonders schön, da das Wasser durch die Sommerwärme noch sehr angenehm ist. Wanderungen oder Mountainbike-Touren sind in dieser Jahreszeit einfach herrlich. Eigentlich schade, dass man dann in den Bergen und auch am Meer ganz allein unterwegs ist. Ruhe zu haben ist ja schon angenehm, aber wenn, besonders in den Bergen, weit und breit niemand zu sehen ist, wird man doch unruhig. Die Tage sind in dieser Zeit auch sehr kurz, das sollte man bei einer Planung in dieser Zeit berücksichtigen. Und die Nächte können schon recht kühl sein.

Ein Sturz mit dem Mountainbike, besonders wenn man ganz allein unterwegs ist, könnte schlimme Folgen haben. Für später, wenn ich mal in der Rente bin, würde ich gerne Radtouren und Wanderungen dort organisieren. Versicherungsfragen und Fragen der Haftung müssten gut geprüft werden. Aber das würde mir gefallen, mal sehen, wie sich das entwickelt.

In den Jahren 2006, 2007 und 2008 haben wir Freizeiten auf Thassos unterstützt. Marina kümmerte sich um Unterkunft und Verpflegung. Weiter war Sie die Verbindungsperson zwischen Freizeitleitung, den Teilnehmern der Freizeit und den Eigentümern des wunderschönen Hotels. Meine Aufgabe bestand in der Planung und Durchführung von Ausflügen und Wanderungen. Der absolute Höhepunkt war immer die Jeeptour über die gesamte Insel. Auf abenteuerlichen Wegen kann man bis zum höchsten Punkt, den Ypsarion, hinauffahren. Von Meereshöhe 0 geht es dann bis auf über 1.200 Meter hinauf. Hier muss man sich gut auskennen, wenn man wieder heil unten im Hotel ankommen möchte. Besonders problematisch kann es werden, wenn Wolken oder Nebel die Sicht beeinträchtigen. Die Landschaft ist bizarr und von tollen Ausblicken auf das Meer und das umliegende Festland geprägt. Mit sechs oder gar sieben Jeeps sind wir unterwegs, besonders für die jungen Leute ist es DAS Erlebnis. Und selbst mir macht das auch immer wieder viel Spaß und Freude, obwohl ich solche Touren häufig machen muss - oder besser - machen darf.

Wo genau liegt eigentlich Thassos? Thassos ist eine Insel mit etwa 14.000 ständigen Einwohnern im Nordosten von Griechenland, etwa acht Kilometer von der thrakischen Küste entfernt. Mit einer Fläche von 380 Quadratkilometer ist Thassos die zwölftgrößte Insel Griechenlands. Im Norden, Süden und Osten sind ihr drei kleine, unbewohnte Inseln vorgelagert. Drei Bergzüge beherrschen die Insel, der Ypsarion-Gipfel ist mit einer Höhe von 1.204 Metern der höchste Punkt.

Es handelt sich um ein imposantes, richtig alpines Gebirgsmassiv, das man in 2,5 Stunden sehr gut besteigen kann. Dieser Aufstieg ist viel interessanter als die Fahrt bis hinauf auf den Gipfel mit einem Jeep. Der Ausgangspunkt, Panagia, liegt auf einer Höhe von 200 Metern.

Im Sommer sollte man sehr früh aufbrechen, da sonst die Sonne voll und ohne Schutz in die Aufstiegswand brennt. Das Mitnehmen von Wasser ist unabdingbar, sonst schafft man den Aufstieg kaum. Hütten oder Wegmarkierungen, wie wir das aus den Bergen in Deutschland, Österreich oder der Schweiz kennen, gibt es hier nicht. Auch die Almkühe fehlen, leider! Wenn überhaupt, dann trifft man Ziegen, und das oft in großer Zahl. Es ist unglaublich, wenn man diese Tiere in den Felsen beobachtet. Mit einer wahnsinnigen Präzision klettern sie mit ihren vier Beinen nahezu jeden Hang hinauf und auch wieder hinunter. Gerade wenn sie überrascht werden, dann wird einem schon vom Zusehen angst und bange, aber bisher hatte ich noch keinen Absturz erlebt.

In diesem wunderschönen Gebirgsmassiv kommen sogar auch Kletterer auf ihre Kosten, Thassos bietet einfach alles. Man kann baden, wandern, bergsteigen, mit dem Rad fahren, segeln und vieles mehr. Deshalb habe ich mich vor 30 Jahren in diese wunderschöne Insel verliebt.

Interessant ist auch, dass man die Insel nur mit einer Fähre, also nur „schwimmend" erreichen kann. Diese Fähren fahren in ca. 40 Minuten von Keramoti nach Limenas (Thassos Stadt) oder von der wunderschönen Hafenstadt Kavalla in ca. 80 Minuten nach Skala Prinos. Die Verbindung Keraomiti - Limenas ist zu bevorzugen, im Sommer fahren hier die Schiffe mindestens stündlich oder in noch kürzeren Abständen. Es werden neben Personen auch Autos, Busse und LKW mitgenommen, die zurück auf das Festland in der Regel mit schweren weißen Marmorblöcken beladen sind. Thassos ist bekannt für den „weißen" Marmor, der bis nach Ägypten oder China verkauft wird.

Das Festland

Meine Marina stammt aus Nordgriechenland, aus dem kleinen Dorf bei Xanthi in Thrakien. Die Flüsse Nestos und Evros ermöglichen dort ideale Möglichkeiten für eine gute Landwirtschaft. Angebaut werden Melonen, Kiwis, Tomaten, Gurken und andere Gemüsesorten, die Wasser brauchen. Im Frühjahr wird in Deutschland Spargel in großen Mengen aus Keramoti angeboten. Leider kann man den dort nicht direkt kaufen, nur auf dem Markt wird Spargel in geringen Mengen angeboten. Griechen sind von diesem Angebot noch nicht begeistert, ich sage mal, noch nicht! Flussläufe, mächtige Platanen und auch Pappeln prägen das Bild der weiten Wiesen- und Feldareale im Landesinnern. Es ist eine schöne, wasserreiche und ruhige Gegend, ideal zum Wandern und Radfahren.

Diese Region Griechenlands wurde über 400 Jahre von den Türken und den Bulgaren besetzt. Der muslimische Einfluss ist vor allem in der Hauptstadt Xanthi nicht zu übersehen. Noch heute ruft dort der Muezzin die islamisch-türkische Minderheit regelmäßig zum Gebet. Überall ragen auch in den kleinen Ortschaften schlanke Minarette heraus, auf den Feldern arbeiten tief verschleiert die Frauen in der drückenden Sonne. Auffällig sind auch die vielen Schafherden und die Störche auf den Telefonmasten, die in den Ortschaften ihre Nester gebaut haben.

Bei den in der Regel jährlichen Besuchen der Eltern und Großeltern in Xanthi und Umgebung haben wir mit Marinas Bruder im Jahr 1990 oder kurz vorher einmal die Insel Thassos besucht. Die Ruhe, die schönen Strände, die Berge und die wunderschöne Natur haben mich damals gleich begeistert. Keine großen Hotels, so wie man sie in den Prospekten von anderen Inseln kennt, nichts davon war zu sehen. Es gab Hotels, überwiegend in den Dörfern der Insel, die sich in Familienbesitz befanden. Sonst sah man nur kleine und private Pensionen mit freundlichen Gastgebern, wo wir uns immer und überall wohl gefühlt haben. Klar, die Zimmer sind karg ausgestattet. Außer einem oder zwei Betten, einem Schrank und vielleicht noch einem Stuhl, mehr war nicht vorhanden. Die Balkone waren so schmal, dass man fast über das Geländer steigen musste, um seinen Sitzplatz zu wechseln. Und dann das „Bad“, ja, das war wirklich ein „Bad“, ein kleines Schwimmbad nach jeder Dusche. Alles, ja alles war voll mit Wasser, einschließlich dem WC. Ein Duschvorhang, geschweige eine Duschkabine war nicht vorhanden. Solche Zimmer gibt es noch heute auf Thassos, die hauptsächlich von Urlaubern aus den Balkanländern bevorzugt werden.

Urlaub auf Thassos

Aber wann ist man im Urlaub auch im Zimmer? Eigentlich nur zum Schlafen! Alles andere, auch der Mittagsschlaf, findet im Freien statt. Und so sind wir immer wieder nach Thassos gefahren, am Anfang noch mit unseren kleinen Zelten, in denen man es aber im August vor Hitze kaum ausgehalten hat. Ohne schattenspendende Bäume ging da nichts, aber diese Plätze waren in der Regel alle schon „ausgebucht", wenn wir auf dem Campingplatz angekommen sind. Eine Art Abkühlung konnte nur noch das in der Nähe liegende Meer bringen. Und so waren wir dann doch auf der Suche nach einer schönen Pension, die direkt am Meer liegt. Viele Jahre „wohnten" wir dann bei Jorgo in Thimonia, einem Heizungsbauer aus Kavala, der das einmalige Grundstück schon als junger Mann für umgerechnet 5.000 Deutsche Mark gekauft hat. Später hat er mit seiner Familie dort sehr schöne Reihenhäuser gebaut, die er an Touristen vermietet. Gleich um die Ecke hatten wir unseren kleinen Privatstrand, wo wir in der Regel den ganzen Tag allein waren, einfach ein Traum.

Sandstrand, Schatten durch eine Höhle, herrlich blaues Wasser, immer mal wieder Wellen – also ein Paradies, besonders für die Kinder, die nicht mehr aus dem Wasser herauskommen wollten. So muss Urlaub sein, die Kinder sind versorgt und das Wasser erfüllt dazu alle Anforderungen. Und dann der viele Sand, Sand bis zum Abwinken, Sand, wo man hinsieht.

Da ist nicht nur so ein kleiner Sandkasten, nein, hier ist wirklich sauberes Wasser, umzingelt von schönstem, feinem Sand. Und dann die vielen farbigen Steine, die gar nicht mehr so schön aussehen, wenn man sie aus dem Wasser holt. Trotz allem, man kann sich den ganzen Tag mit dem Sammeln dieser Steine beschäftigen. Und später macht man sich auf zum Essen. Ich frage Jorgo, den Chef der wunderschönen Anlage, wo man denn gut (und günstig) essen kann.

„Ihr geht etwa 1,5 Kilometer die Straße entlang, dann kommt ihr an eine Bushaltestelle und von dort hört man schon einen Motor, also sein Stromaggregat brummen.“ Das war etwa 1990 und die Insel hatte in dieser Gegend noch keinen Strom, also musste man diesen selbst produzieren. Bis heute heißt diese wunderschöne Taverne an der tollen Aliki-Bucht bei uns ganz einfach „Tuck-Tuck“, weil der Motor solche oder ähnliche Geräusche von sich gab. Wie die Taverne wirklich hieß oder heute heißt, das wissen wir nicht. Aber bei „Tuck-Tuck“ war es immer schön, gut und auch für unsere Verhältnisse sehr preiswert. Also sind wir dann jeden Abend dahin gelaufen und alle waren begeistert.

Auch in unserer Anlage wurde mit so einem Aggregat der Strom „produziert“, allerdings mit dem Nachteil, dass man den ganzen Tag das Gebrumme hören musste. Die Lärmdämmung war sehr einfach, eben griechisch. Etwas anderes war ja nicht zu erwarten. Jorgo besuchte nie das Ausland, geschweige Deutschland. Woher sollte er auch lernen, wie man so etwas dichtmachen kann. Aber es hat funktioniert, und das ist in Griechenland eben das wichtigste! Es muss funktionieren. Form, Farbe und Baustil interessieren hier keinen. Warum auch!

Dadurch ist bei mir verstärkt der Wunsch entstanden, hier auf dieser wunderschönen grünen Insel ein Grundstück zu kaufen. Ein Grundstück mit Meerblick, wo man später ein Haus darauf bauen könnte. Eigentlich war das ein Traum, aber wie sollte das funktionieren? Wir haben 1980 als noch sehr junge Familie in Deutschland ein Haus gebaut und hatten selbstverständlich noch Schulden. Damit war an eine weitere Investition in Griechenland nicht zu denken. Aber ich träumte meinen Traum, und Träume darf man ja haben. Und dieser Traum verfolgte mich. Und das war gut so!

Mein Traumplatz

Marina hatte in Prinos eine Tante, die wir in unseren Urlauben auf Thassos immer wieder gerne besucht haben. Eines Tages fragte sie uns, ob wir sie mal wieder in ihr altes Dorf, wo sie aufgewachsen ist und wo sie auch mit ihrem verstorbenen Mann gelebt hat, begleiten wollten. Ich war sofort begeistert und so luden wir die betagte Frau in unser kleines Mietauto ein und fuhren los, immer die Straße hoch hinauf nach Kazviti. Da sie schwer zu Fuß war, quälten wir das Auto über kaum befahrbare Wege bis ganz nach oben. Es handelte sich um ein Mietauto, mit dem man solche Wege eigentlich nicht fahren durfte, geschweige mit so einer schweren Fracht.

Wir stiegen aus und die Tante zeigte uns das Haus - oder besser - die Ruine, wo sie einmal gewohnt hat. War das wirklich mal ein bewohnbares Haus? Der Eingang war verwachsen und eher für Liliputaner geeignet, ich musste nicht nur den Kopf einziehen, um in das Innere der Ruine zu gelangen. Alte Töpfe, verrostete Messer, Kannen und viel Schrott lagen verstreut herum, die Tante jubelte vor lauter Begeisterung. Es muss viele Jahre her sein, als sie dem Haus den letzten Besuch abgestattet hat. Keiner, auch nicht ihre Söhne, war anscheinend in der Lage, sie hierher mitzunehmen. Warum auch? Was sollte sie hier machen, es sind doch nur alte Erinnerungen, mehr nicht. Alles gehörte in der Zwischenzeit sowieso der Bank und nicht mehr ihr. Was da genau passiert ist, ist mir oder uns nicht bekannt und wurde auch nicht weiter hinterfragt. Auch das gehört zu diesem Land, Fragen und keine Antworten, sogar in der Verwandtschaft oder besonders gerade dort.

Und dann wurde es richtig interessant. Wir liefen, wie es eben gerade noch so ging, mit der alten Tante den Weg immer weiter hinauf zu einem Haus, in dem ein älteres Ehepaar zu Hause war. Die Tante hatte es mit ihren schwarzen Kleidern, sie ist seit etwa 20 Jahren Witwe und einmal schwarz bleibt immer schwarz. Sie kannte die beiden noch von früher, als sie mehr oder weniger Nachbarn in diesem

Dorf waren. Heute ist dieses Mikro Kazaviti, also das kleine Dorf, kaum mehr bewohnt. Dieses ältere Ehepaar ist vor vielen Jahren nach Schweden ausgewandert und nur in der Sommerzeit hier im alten Haus. Wir wurden freundlich auf einen Kaffee eingeladen und das griechische Plaudern nahm seinen Lauf. In solchen Situationen machte ich mich gern aus dem Staub und so erkundete ich auch in diesem Fall die nähere Umgebung. Schon als Kind haben mich Ruinen und alte oder verfallene Häuser angezogen. Mit Begeisterung unternahm ich mit meinem Vater Ausflüge auf der Schwäbischen Alb und keine Burg oder Burgruine war sicher vor uns. Immer wieder fanden wir Topfscherben oder auch wunderschöne, verrostete Pfeil- oder Lanzenspitzen. Schätze, auf die ich heute noch stolz bin.

Und so erkundete ich das alte, romantische Dorf Mikro Kazviti. Direkt neben einem Haus, aus dem eine lautstarke griechische Unterhaltung in ganz Kazaviti zu hören war, ragte ein weißes Schild mit Zahlen und komischen Buchstaben, die ich nicht lesen konnte. Eine Vermutung aber hatte ich selbstverständlich. „Marina, Marina, auf, komm, was steht auf diesem Schild?“ Also doch! Dieser Platz, dieser „Urwald“ der war wirklich und tatsächlich zu verkaufen, ich hatte es doch gewusst! Die Zahlen deuteten ganz eindeutig auf eine Telefonnummer hin. „Marina, bitte ruf sofort die Nummer an. Ich möchte wissen, was dieses Gelände kostet. Man weiß ja nie.“ Sofort bahnte ich mir mit Stöcken einen Weg durch das Dickicht. Über alte, verfallene Mauern kletterte ich, bis ich an den oberen Teil des Grundstückes gelangte.

Wie war die Aussicht von dort? Konnte man das Meer sehen? Zerkratzt von den vielen Dornen kam ich oben an – und was sah ich da? Aus dem unendlichen Grün rings um mich her hatte man einen herrlichen Blick hinunter auf das schöne blaue Meer. Es war ein Traum, ich hatte meinen „Traumplatz" gefunden! Leider, und das war so schade, leider konnte ich diese Begeisterung nicht auf Marina übertragen, und so wurde meine Freude etwas getrübt; Fragen schossen mir durch den Kopf:

Ein Platz so ganz in der Wildnis? Kann man da überhaupt ein Haus bauen? Eine Baugenehmigung erhalten? Ist das überhaupt ein Bauplatz? Ist es da nicht doch zu einsam? Wie sollte das Material hergebracht werden, wie ein Bagger dort arbeiten? Muss man alles von Hand herschaffen?

Fragen über Fragen, aber Marina musste noch am gleichen Tag die Leute anrufen, ob der Platz noch zu verkaufen sei und was er kosten soll. Komisch, sie ließ sich von meiner Begeisterung überhaupt nicht anstecken und ging in eine totale Abwehrhaltung. Es war nicht nur die Einsamkeit oder die Abgeschiedenheit, es war auch der Hinweis der Nachbarn, dass dort ab und zu auch mal Schlangen gesehen wurden. Oh, auch das noch! Warum ging diese Information an meine Frau, die Schlangen ja überhaupt nicht mag, aber welche Frauen lieben schon Schlangen?

Trotz Schlangen und Abgeschiedenheit kam es zum Glück zu einem Treffen mit den Eigentümern des Grundstücks. Alternativen waren damals kaum vorhanden, da ein Grieche eigentlich kein Grundstück verkaufte. Mir wurde mehrfach gesagt, dass ein

Grieche KAUFT und nicht VERKAUFT. Da haben wir es wieder: die armen und doch reichen Griechen, die kaufen, besonders für ihre lieben Kinder und Enkel, die immer so anständig zu den Eltern oder Großeltern sind.

Der von den Eigentümern geforderte Preis betrug unter 20.000 Deutsche Mark. Den Euro gab es noch nicht, Zahlungsmittel in Griechenland war die Drachme, die heute so viele dort wieder haben wollen, wie auch unser damaliger Finanzminister Schäuble, wenn auch nur zeitweise.

Ich konnte mich durchsetzen und wir wurden mit den lieben Griechen handelseinig. Geerbt hatten diesen Platz zwei Schwestern, die Verhandlungen führten aber selbstverständlich ihre Männer! Ein Notartermin wurde vereinbart und der große Tag nahm seinen Lauf, ich kaufte mein erstes Grundstück auf meiner Insel Thassos in Griechenland.

Kurz vor dem Treffen mit dem Notar wurde uns noch erkläret, dass der Wert auf offiziell DM 10.000 festgesetzt wurde, somit sparen wir und auch die Verkäufer Steuern. In Griechenland sei das eben so üblich, also 10.000 Mark über die Bank und 10.000 Mark „unter dem Tisch“, einfach so, also ohne in den Papieren zu vermerken. Ja wenn das dort so ist und wir auch noch Geld sparen, dann machen wir das so. Also wurden die Vertragsbestandteile fast feierlich geschrieben und dann vorgelesen. Dann kam der betagte Notar, sein Raum bestand aus einem alten Schreibtisch und einem verrosteten Blechregal, in dem wahllos Bündel von Papieren herumlagen. Wieder wurde lautstark und aufgeregt diskutiert und ich bat um Übersetzung, damit ich nachvollziehen kann, um was es aktuell geht. Also, erklärte mir meine Übersetzerin, der Notar ist der Meinung, dass 10.000 DM (also der schon einmal halbierte Preis) für so einen Platz viel Geld sei und er schlage vor, den Preis im Vertrag auf DM 5.000 zu halbieren, dann sparen wir beide, also Verkäufer und Käufer, Geld! So wurde also der vereinbarte Kaufpreis von 20.000 auf aktuell im Vertrag 5.000 Deutsche Mark zweimal reduziert. Bemessungsgrundlage für die zu entrichtende Steuer waren somit 5.000 DM, obwohl 20.000 Mark (heute etwa 10.000 Euro) als Kaufpreis von mir zu bezahlen waren.

Ja, das ist Griechenland. Der Notar halbiert den schon halbierten Preis. Wie soll so ein Land auf die Beine kommen? Es war ein Abenteuer, richtig ungewohnt. Es passierten Dinge, die kann man sich eigentlich nicht vorstellen. Nach dem Kauf wurden wir zu einem wunderbaren griechischen Essen eingeladen, wo auch der selbstgebrannte Zipro (nicht zu verwechseln mit Zipras) in großen Mengen genossen wurde. Wir erlebten einen schönen, feuchten und lustigen Abend und wenn man sich wieder einmal trifft, gibt es ein sehr herzliches „Jassu!“ (Zum Wohl)

Jetzt besaß ich mein Grundstück und darauf war ich mächtig stolz. Wir hatten das Jahr 1995 und der Bau eines Hauses lag noch in weiter Ferne. Ich war in Deutschland beruflich stark eingespannt und auch viel unterwegs bei Kunden und auf Messen. Einen längeren Urlaub von zwei bis maximal drei Wochen konnten wir uns zeitlich nicht leisten, also lohnte sich auch kein Ferienhaus. Dazu kam, dass meine Marina diesen Platz in Mikro Kazaviti nie so geliebt hatte wie ich. Für mich war die Lage inmitten von Grün, mit Blick auf die Berge und auf das Meer einfach herrlich. So hatte ich beides, also die Berge, die ich schon immer geliebt habe, und das Meer, das ich immer mehr lieben durfte, eine wunderbare Kombination.

Aber ich kann verstehen, dass eine Frau, besonders wenn sie als Griechin in Griechenland lebt, auch Kontakt mit Menschen haben möchte. Unser Bauplatz lag schon sehr ruhig, wohin sich kaum mal jemand verirrt. Also blieb das Grundstück so, wie es war: ein Urwald, der wuchs und wuchs. Nur wenig Freunde oder Bekannte, denen ich das Gelände zeigen konnte, wurden von meiner Begeisterung angesteckt. Aber damit konnte ich trotzdem ganz gut leben, denn ich hatte meinen Platz, einen Platz auf Thassos, einen Platz, der mir gefiel.

Jahre später, wir waren mal wieder bei einem für mich anstrengenden Besuch des Bruders mit Familie von Marina in Xanthi, kam das Thema Bauplatz wieder auf den Tisch. Argirios, Marinas Bruder, der dort eine Karosserie-Werkstatt betreibt, kannte eine Frau aus Thassos, die einen, so wurde erzählt, schönen Bauplatz in Limenaria verkaufen wollte. Marina wurde hellhörig, denn Limenaria ist die Touristenhauptstadt, wo immer etwas los ist. Wir bekamen die Adresse und trafen die liebe Frau in ihrem Metzgerladen in Limenaria. Ich war gespannt, denn dort wollte ich eigentlich nicht hin, mir war damals schon zu viel los. Limenaria, in so eine Stadt, mit so viel Trubel? Erstaunlicherweise lag aber das uns gezeigte Grundstück außerhalb auf einer wunderschönen und ruhigen Anhöhe mit einem noch schöneren Blick auf das sehr nahe Meer und die Bucht von Limenaria. Etwa 80 Kilometer entfernt konnte man den Berg Athos (knapp 2.000 Meter hoch) wunderbar erkennen, also ein atemberaubender Ausblick, der sicher noch schöner wäre, wenn man vom Balkon eines schönen Hauses blicken könnte.

Der Bauplatz in Limenaria

Uns wurde dieser wunderschön gelegene Bauplatz gezeigt und wir haben uns nach kurzer Verhandlung mit der Besitzerin geeinigt, obwohl mir der Platz eigentlich zu klein erschien. Erst später haben wir mitbekommen, dass der ursprüngliche Platz mit etwa 1.000 qm auf die drei Schwestern aufgeteilt wurde, wobei der Platz in der Mitte keine eigene Zufahrt hatte und so ein späterer Ärger vorprogrammiert war. In der Tat waren wir einfach blind und naiv, wir hätten diesen Platz trotz der schönen Lage nicht kaufen dürfen. Aber wenn man nur eine kurze Zeit in so einem Land ist, dann braucht man schnelle Entscheidungen, die vielleicht nicht immer richtig sind. Aber so geschah es eben und kurzfristig vor der Rückreise wurde ein Notar-Termin gefunden. Also ging es ein paar Tage später nach Limenas zum zuständigen Notar und der Vertrag wurde erfolgreich abgeschlossen, was beim ersten Besuch oft nicht so funktioniert, da die Papiere in der Regel nicht komplett vorhanden sind. Oft gibt es zu viele Eigentümer, eventuelle Einsprüche sind abzuwarten. Aber in diesem Fall hat es geklappt, alles war gut vorbereitet. So konnten wir den Rückflug mit einem weiteren Kaufvertrag über einen Bauplatz im Koffer antreten. Was für ein Gefühl: Ein weiterer kleiner Teil von Thassos gehört jetzt uns! Noch im Flieger wurden die ersten Pläne gemacht und so verlief der Flug kurzweilig und sehr interessant. Ob das alles so klappt? Haben wir uns etwa zu schnell entschieden, über alles gut nachgedacht? Ist der Platz nicht zu klein? Ja, nachträglich muss man sagen, dass der Platz wirklich zu klein, viel zu klein war. Aber das ist uns später erst bewusst geworden, zu spät! Die Konflikte nahmen ihren Lauf.

Ein Haus entsteht!

Vorher schon besichtigten wir Häuser, an denen wir uns orientieren konnten. Diese Tipps gingen an den von uns ausgewählten Architekten. Es war ein vermeintlich „heißer Tipp“ eines Deutschen, der mit diesem „Fachmann“ ein Haus gebaut und über gute Erfahrungen berichtet hat. Ein Trugschluss, wie es sich später gezeigt hat, aber dazu später mehr, sogar viel mehr! Ich konnte es kaum erwarten, bis die ersten Vorschläge per Fax bei mir in Deutschland eintrafen. Alles sah ganz gut aus und war auch wirklich überzeugend und so legten wir im Jahr 1998 los, alles per Fernsteuerung, alles von Deutschland aus. Ich hatte damals einen anspruchsvollen Job und konnte deshalb nicht mal schnell nach Thassos fliegen. Genau das stellte sich als Fehler heraus. Andere berichteten mir, dass sie während der Bauphase vor Ort waren und alles überwacht haben, das war bei mir aber nicht möglich. So kamen bald die ersten Bilder von unserem Rohbau und ich war begeistert, kaum zu halten, das alles schnell zu besichtigen. Was machen wir nicht alles möglich, wenn wir hier in Deutschland unser Haus bauen, wir fahren doch jeden Tag einmal vorbei, um zu prüfen, ob alles nach unseren Vorstellungen umgesetzt wurde. Aber wenn man ein Haus in Griechenland baut, über 2.000 Kilometer entfernt und eigentlich nur mit dem Flieger erreichbar, dann sieht das alles anders aus. Der Rohbau war dann soweit fertig und die ersten Gelder wurden überwiesen, also mussten wir doch so schnell wie möglich hinfliegen. Marina konnte mit unserer Tochter schon eine Woche vor mir abfliegen und ich war gespannt, was sie mir am Telefon zu berichten hatte.

Und dann kam DER Anruf, voller Spannung von mir erwartet. Marina und unsere Tochter waren selbstverständlich kurz nach ihrer Ankunft zu unserem „Haus" gefahren. Aber was sahen sie da? Auf dem von uns gekauften Platz stand KEIN Haus, nein, der Platz war leer. Aber etwa 100 Meter daneben stand ein Haus, das dem von uns geplanten ganz ähnlich sah. Das war schon etwas eigenartig! Bei näherem Betrachten bestätigte sich der Verdacht, dass dieses Haus dem unseren völlig entsprach. Was war passiert? War es nur ein Zufall? Nein, solche Zufälle, die gibt es nicht. Also wurde recherchiert, und nach einigen Gesprächen stellte es sich heraus, dass man uns damals den „falschen" Bauplatz verkauft hatte. Es war eine Verwechslung, aber niemand hatte uns informiert, was da passiert ist, man begann einfach damit, auf dem anderen Platz das Haus zu bauen.

Wenn man in Griechenland ein Haus baut, dann kommt zuerst der Bagger und es wird untersucht, ob archäologische Mauern auf dem Gelände vorhanden sind. Wenn ja, dann darf nicht weitergebaut werden und es rücken die Archäologen an. Das ist nicht gut, denn alles verzögert sich oder der Bau wird komplett eingestellt.

Die Eigentümer des Platzes haben diesen Bagger auf „ihrem" Grundstück entdeckt und sofort nachgefragt, was das denn soll. Ein Bagger auf ihrem Grundstück, das müssten sie doch wissen. Also auf dem Grundstück, das eigentlich wir gekauft hatten. So wurde die Verwechslung festgestellt. Leider hatte man uns das falsche Grundstück gezeigt. Und was hat unser Architekt unternommen? Nichts, nein, einfach nichts. Der Bau wurde auf dem dann richtigen Grundstück begonnen, das leider nicht DIE schöne Lage hatte wie das ursprüngliche Grundstück. Das erfuhr ich beim Anruf nach Deutschland und bin dabei fast von meinem Stuhl gefallen. Das darf doch nicht wahr sein! Aber Täuschung ist auch in Griechenland möglich, man mag sich wundern, wie man will, aber es ist genau so passiert. Die Lernphase mit dem Bau von einem Haus in dem wunderschönen Griechenland nahm ihren Lauf. Weitere Überraschungen werden folgen, man darf gespannt sein!

Aber was wollten wir tun? Wir konnten uns nur beschweren, aber auch das hat keinen interessiert, es ist eben passiert und keiner war schuld! Selbst der beste Vertrag hätte uns da nicht weitergeholfen, da bin ich mir sicher. Ich war beunruhigt und wollte so schnell wie möglich nach Kavala fliegen. Also wenn das kein Grund ist! So wurde schnell ein Flug gebucht, egal wie hoch die Kosten waren. Termine wurden verschoben und ich konnte fliegen, immer mit dem Gedanken an ein Haus auf einem Platz, den man nicht kennt. Projekte, etwas Neues machen, Neues erleben, ja, das macht Spaß! Aber so etwas? Das ist ja keine Kleinigkeit, nachdem wir schon einige Euro nach Thassos überwiesen hatten.

Vergleichen wir dieses Geschehen mit Deutschland. Undenkbar wäre so etwas, oder? Ich habe mich richtig geschämt, dieses unglaubliche Erlebnis hier zu erwähnen, aber auch das gehört zu Griechenland. Mit so einer Situation stellt man die Griechen in ein Licht, das eigentlich nicht zu den Griechen passt, was sie nicht verdient haben. Aber uns ist das passiert. Mit dem Kauf von diesem Grundstück hatten wir ganz einfach Pech und das auf der ganzen Linie!

Der Rohbau wird doch noch zum Haus

Ich bin angekommen und alles zeigte sich nur noch halb so schlimm! Vielleicht war der Platz doch nicht schlechter oder im Gegenteil sogar noch besser? Es sollte halt einfach so sein und wir haben es dann auch so angenommen. Also ging es in die Planung mit dem Innenausbau, viele Besichtigungen und Gespräche mit „Handwerkern“ waren notwendig. Bei dem Begriff „Handwerker“ müssen wir jedoch andere Maßstäbe als in Deutschland anlegen. Der Fliesenleger besaß vorher eine Taverne, die nicht lief, also wurde er Fliesenleger, aber was für einer! Das Gefälle auf den Balkonen wurde in die falsche Richtung gelegt, so dass das Wasser bei starkem Regen in den Zimmern stand. So mussten wir neue Abläufe auf der anderen Seite der Balkone bohren, was natürlich toll aussah. Wegen der Aussicht befand sich das Wohnzimmer oben im dritten Stock, herrlich und wunderschön lichtdurchflutet. Aber trotzdem sind fast alle unsere Besucher, die zum ersten Mal da waren, flach liegend im Wohnzimmer gelandet. Warum? Die letzte Treppenstufe war zwei bis drei Zentimeter höher als alle anderen Stufen und so ist es dann immer wieder passiert. Erst als wir rot/weiße Markierungen angebracht haben, gab es weniger Stürze. Es war uns richtig peinlich. Schade, wenn man so schöne Fliesen mit Warnstreifen verkleben muss.

Dass die Fliesen der Garage im Schlafzimmer verlegt wurden und umgekehrt, hat uns nur kurz geärgert. Wenn man nicht vor Ort ist, passieren eben solche Dinge. Ein weiteres Problem trat besonders im Sommer auf: Wasserknappheit und ein zu geringer Wasserdruck. Duschen im Juli und August war so nicht möglich. Was tun? Wir mussten eine Druckpumpe einbauen und vor dem Duschen ging es in den Keller und die Pumpe musste in Betrieb gesetzt werden. Das notwendige Wasser lief bei Nacht in einen 1.000 Liter Tank. Das ist zwar alles recht kompliziert, aber irgendwie hat es doch funktioniert. Die ganze Infrastruktur fehlt, es ist nicht so, wie wir es kennen, dass zuerst ein neues Baugebiet angelegt werden muss und dann kann gebaut werden. Nein, man baut ein Haus, dann kommt so ein kleiner Bagger, der einen Graben zieht, und irgendwann später wird recht abenteuerlich eine Art Wasserleitung in Form eines schwarzen Schlauchs verlegt. Die Wasseruhr hängt irgendwo auf einem Nachbargrundstück circa einen halben Meter in der Luft. Ok, das ist nicht immer so und ein griechischer Bauherr passt hier schon besser auf. Aber bei so einem Ausländer wie bei mir? Der soll doch zufrieden sein, wichtig ist doch, dass es funktioniert.

Der Möbeltransport nach Griechenland

Irgendwann im Jahr 2000 kam die Information, dass das Haus fertig ist und wir einziehen können. Die notwendigen Möbel lagen schon seit längerer Zeit in der Garage hier in Deutschland und so wurde das richtige Auto organisiert. Wir haben die Fähre über Italien gebucht und es ging los. Das Auto, ein größerer Transporter, war bis zum Dach komplett vollgepackt, jede noch vorhandene Lücke wurde ausgefüllt. Ein Verrutschen der Ladung während der Fahrt war ausgeschlossen.

Und dann die Fahrt! Wir erlebten sie als ein richtig spannendes Abenteuer. Ich hatte unterwegs immer den Eindruck, das Auto sei überladen. War es sicher auch. Im Rückspiegel habe ich mit Sorge den etwas platten Hinterreifen gut beobachten können. Dumm, wenn man das ständig macht.

Oh je, wenn das gut geht, so meine ständige Sorge. Hoffentlich halten die Reifen durch. Wehe, wenn wir da noch eine Reifenpanne haben. Ich wusste auch nicht, wo der Ersatzreifen zu finden wäre. Und wenn ich dann das ganze Auto ausladen muss? Nicht auszudenken! Aber wir sind trotz allem ganz gut in Venedig am richtigen Fährhafen gekommen. Und im Hafen stand ein richtig altes Schiff. Die Aufschrift auf dem wirklich sehr betagten Ungetüm hat mit unserer Buchung übereingestimmt. Ist das wirklich richtig? Sollte das das Schiff sein, das uns von Italien nach Griechenland bringen soll? Aber warum sollte der alte Kahn gerade mit uns und unserer ganzen Ladung untergehen? Dieses in China gebaute Schiff war so alt, „dass nur noch der Lack alles so einigermaßen zusammengehalten hat“, so ein deutscher Lkw-Fahrer, den wir später kennen lernen konnten. Unsere Innen-Kabine ohne Fenster aber mit Stockbett hätte sicher auch viel zu erzählen gehabt. Aber irgendwie war es dann auch ganz gemütlich. Am nächsten Morgen stellten wir fest, dass wir so richtig gut und lange geschlafen haben. In so einer Innenkabine verliert man jegliche Orientierung und man hat auch kein Zeitgefühl.

Die Überfahrt dauerte damals noch über 35 Stunden, heute sind es 16 - 20 Stunden, die Schiffe werden schneller und komfortabler. Wir sind am zweiten Tag abends um etwa 23 Uhr in Iguomentisa angekommen. Es ging runter vom Schiff und auf der damals noch alten und kurvenreichen Strecke in

Richtung Thessaloniki. Immer wieder führte uns die Straße auf und ab, die höchste Erhebung war der gefürchtete Katarra-Pass mit über 1.700 Metern über dem Meeresspiegel. Dort standen am Straßenrand noch die Schneeräumer und bei einem Halt stellten wir fest, dass es auch mitten in der Nacht erbärmlich kalt war. Gut, dass die Reifen das alles mitgemacht haben, und so fuhren wir die ganze Nacht hindurch. Die vielen Kurven haben mich wach und aktiv gehalten. Es war eine nicht ungefährliche Strecke, da selbst große Lkws immer wieder Lust zum Überholen hatten. Die Ladung musste zu einem bestimmten Termin beim Empfänger sein, also wurde gerast, was das Zeug hält. Unfälle waren oft nicht zu vermeiden.

Heute gibt es eine wunderbare und fast immer leere Autobahn, die von Igoumentisa über Thessaloniki, Kavala bis in die Türkei verläuft. Mit Geld aus Europa wurden viele Tunnel und Brücken gebaut. Es ist ein Genuss, auf dieser Straße zu fahren. Dort wurden in der Zwischenzeit Mautstellen gebaut, es muss also bezahlt werden, was bei so einer Straße auch Sinn macht. Lästig ist nur das ständige Anhalten.

Damals aber mussten wir uns noch auf dieser alten und abenteuerlichen Straße fortbewegen, was wirklich mühsam war, gerade mit so einem vollbepackten Transporter und dann noch bei Nacht. Zusätzlich gab es in Thessaloniki, wie schon erwähnt, noch keine Umgehungsstraße und es ging mitten durch die Stadt. Total übermüdet und geschafft kamen wir trotz aller Strapazen in Kavala an, wo schon die Fähre nach Thassos auf uns wartete. Das Thermometer kletterte im Lauf des Tages immer höher und eine Klimaanlage in diesem Auto war selbstverständlich nicht vorhanden. Aber die Freude auf unser neues Heim hat uns fit gehalten. Gut, dass wir noch nicht wussten, was uns erwartet.

Wir kommen an

Wir sind auf der Insel und dann den Weg zu unserem Haus hochgefahren, alles sah fertig und zum Einziehen aus, auf den ersten Blick! Aber was kam dann? Von wegen! Das Haus wurde geputzt? Von wegen! Wir haben Wasser? Nichts war erledigt! An einen Einzug konnten wir leider noch nicht denken. Wir waren von der Fahrt total erschöpft und mussten dann diese große Enttäuschung verkraften. Da baut man ein tolles Haus und muss dann in einem kleinen Zimmer im Keller hausen. Am Tag beschäftigten wir uns mit putzen und aufräumen vom Bauschutt. Das Wasser dazu mussten wir sehr aufwendig in unser Haus schleppen, alles ohne fremde Hilfe.

Irgendwann konnten wir dann einziehen, auf fließendes Wasser mussten wir jedoch noch verzichten. Aber wo wollen wir duschen? Alles kein Problem, wir haben ja dort Freunde, die eine Pension betreiben und ein Zimmer zum Duschen war immer für uns frei. Etwas umständlich, aber es hat funktioniert und irgendwann hat es ja dann auch geklappt und die notwendige Pumpe wurde angeschlossen. Was für ein herrliches Gefühl, so eine Dusche im eigenen

Haus, und das alles trotz kaltem Wasser und dem Geräusch der Druckpumpe, die wir vor dem Duschen aktivieren mussten.

Aber wir sind jetzt „zu Hause“ und alles wird immer schöner. Freunde halfen beim Ausladen und Aufstellen der Möbel und wir lebten uns ein. Deutsche Freunde in einem fremden Land zu haben, das ist ganz wichtig, vor allem, wenn diese sogar technisch begabt sind und die notwendigen Werkzeuge besitzen. Leider ist dieses Ehepaar jetzt wieder in Deutschland, das Haus in Astries wurde verkauft. Trotzdem möchten sie immer wieder zurück nach Thassos kommen.

Wir lebten uns ein und genossen die wunderbare Aussicht auf das herrliche blaue Meer. In ca. 80 Kilometern Entfernung thronte der „heilige“ Berg Athos, also der dritte Finger von Halkidiki, ein wunderbarer Blick.

Noch steht unser Haus recht einsam auf diesem Hügel, der nächste Nachbar ist gut 200 Meter entfernt. Ein älteres Ehepaar, Griechen, die hier ihren Lebensabend, mindestens im Sommer, verbringen. Eine wunderbare Ruhe ist um uns herum. Es ist schön, so hatte ich mir Griechenland vorgestellt, dachte ich, aber das sollte sich (leider) ändern.

Marina hat in diesen Tagen viel, ja sehr viel gearbeitet, abends war sie so richtig geschafft.

Eines Abends berichtete sie mir von Schmerzen im linken Arm. Also wurde abgetastet und sie spürte etwas, was uns Angst machte. Was war das? Woher kommen diese Schmerzen? Wurden diese nur durch das viele Putzen verursacht oder steckt mehr dahinter? Also beobachten und immer wieder kontrollieren, was das wohl sein konnte. Und dann kam die Angst, sie spürte eine Verhärtung, eine Art Knoten. Was hat das zu bedeuten? Sorgen begleiteten uns dann die letzten Tage vor der Abreise mit unserem Transporter. Sollten wir schnell einen Flug für sie buchen, damit sie zu Haus sofort zu einem Arzt gehen könnte? „Nein, es wird schon nicht so schlimm sein, lass uns zusammen wie geplant zurückfahren", so ihre Reaktion. Gut, dass die Fähre gebucht war und so ging es Anfang Juni wieder zurück nach Deutschland. Unterwegs machten wir noch Halt an den Meteora-Klöstern, die wir vor etwa 20 Jahren bei unserer ersten Griechenland-Reise besichtigt hatten. Es ist immer wieder ein Erlebnis, dort zu sein und die Bauten auf den steilen Felsen zu bestaunen. Ich kann nur jedem empfehlen, hier eine Pause einzulegen, wenn man auf dieser Strecke unterwegs ist. Sinnvoll ist, dort mindestens eine Übernachtung einzuplanen, gastfreundliche Hotels und Pensionen sind genügend vorhanden. Und so konnten wir uns auf der Fahrt doch ganz gut ablenken, wir bekamen neue Eindrücke und das tat gut. Trotzdem waren die Gedanken und Sorgen ein ständiger Begleiter auf der Fahrt, die hohen Temperaturen gaben einen zusätzlichen Beigeschmack. Außerdem ist so eine Fahrt mit einem Transporter ohne Klimaanlage ja auch nicht besonders komfortabel.

Die Ereignisse überschlagen sich

Wir sind trotz aller Umstände wieder gut zu Hause angekommen und schnell wurde der schon aus Griechenland ausgemachte Termin bei Marinas Arzt wahrgenommen. Die Anspannung war enorm, viel ist in den letzten Tagen passiert, zu viel. Nach der ersten Diagnose folgten weitere Untersuchungen und eine erste kleine Operation. Gewebeentnahmen bestätigten dann den Verdacht auf Brustkrebs, also mussten schnellstens die befallenen Lymphknoten in einer weiteren Operation entfernt werden, ständig waren Entscheidungen zu treffen. Wir wurden von dieser Entwicklung regelrecht überrollt und hatten kaum Zeit, um in Ruhe Gedanken zu fassen. Nach der Operation bat mich der Arzt zu einem Gespräch, das in einer fensterlosen Abstellkammer stattfand. Die Diagnose erfuhr ich von ihm, sitzend auf Getränkekisten, die Eindrücke hängen noch heute an mir fest. Er machte mir keine allzu großen Hoffnungen, die einzige Chance aus seiner Sicht wären enorm harte Therapien, die er sofort vorschlagen würde. Er erklärte mir die Situation etwa so: „Stellen Sie sich einen Strauch, ein Gebüsch im Garten vor. In diesem Gebüsch sitzt ein kleiner Vogel und dieser kleine Vogel ist das Geschwür. Und nun nehmen wir ein Maschinengewehr (also die Chemo-Behandlung) und ballern in dieses Gebüsch in der Hoffnung, diesen Vogel, also das Geschwür, zu treffen. Selbstverständlich werden durch diese Maßnahme auch gesunde und für das Weiterleben wichtige Elemente beeinträchtigt oder gar zerstört!“ Benommen und doch „total aufgeklärt“ gingen wir auseinander, für Fragen war keine Zeit vorhanden, wobei es mir nach so einer Erklärung wirklich die Sprache verschlagen hat. Ich taumelte regelrecht aus diesem unmöglichen „Zimmer“. Und in diesem Zustand sollte ich meine Frau aufbauen und sie auf das vorbereiten, was auf uns und was besonders auf sie zukommt? Das ist doch unmenschlich, das war einfach zu viel, zu viel auf einmal. Mein Kopf brummte und ich konnte nicht mehr normal denken. Wie soll man das in so einer kurzen Zeit verarbeiten und gleichzeitig wieder stark und gefasst zurück in das Zimmer gehen? Aber es ist erstaunlich, irgendwie oder besser von irgendwo bekommt man doch die Kraft dazu, um (fast) normal zu sein.

Gleich danach wurden acht sehr harte Behandlungen mit Chemotherapie durchgeführt – mit allen Konsequenzen. Was muss, was kann ein Mensch aushalten, so dachte ich. Aber Marina war sehr tapfer, sie hat gekämpft und bei diesen Behandlungen im Krankenhaus noch andere Patienten getröstet und aufgebaut. Eine ganz große Hilfe in dieser Zeit war unsere Tochter, die immer bei diesen Terminen ihr Musikstudium in Weimar unterbrochen hat und mit dem Zug nach Hause kam, um der Mutter beizustehen. Als ständiger Begleiter war sie bei allen Behandlungen anwesend, kein Termin war ihr in dieser Zeit wichtiger, als bei ihrer Mutter zu sein, sie zu trösten und zu stärken. Dazu kamen über 35 Bestrahlungen, Spuren davon sind heute noch sichtbar.

Doch was war die größte Hilfe in dieser Zeit für Marina, ihre wirkliche Hoffnung, ihr Halt? Selbstverständlich waren wir als Familie da, haben geholfen, wo wir nur konnten, aber das wichtigste war ihr starker Glaube an Jesus Christus. Er hat sie in allen Situationen getragen. Selbst die Ärzte haben oft erwähnt, dass hier nur noch einer, DER da oben, helfen könnte. Und „Den da oben", den kannte sie damals schon gut. „Ihm" hatte sie alles anvertraut und in erster Linie alles mit „Ihm" besprochen. Er war ihr eigentlicher Halt. Bei allen Krankenhaus-Aufenthalten gehörte die Bibel als fester Bestandteil einfach dazu. Nie durfte dieses „Buch" fehlen, wenn sie unterwegs zu ihren Behandlungen oder Operationen war. Und so kam sie auch mit den anderen Patienten, den Schwestern oder auch Ärzten ins Gespräch und konnte auch so ihren Glauben bezeugen.

Zur Erinnerung, das alles spielte sich im Jahr 2000 ab. In dieser Zeit gab es bei mir eine große berufliche Veränderung. In bin 50 Jahre alt geworden. In diesem Alter kommen Gedanken über das, was man so tut, und das, was man gerne machen würde. Es wurde sehr ruhig bei uns zu Hause, unsere zwei Kinder hatten ihre Ausbildung abgeschlossen und waren ausgezogen. Weitere Verpflichtungen bestanden weder in meiner noch in Marinas Familie, es lebte nur noch ihr Vater bei seinem Sohn in Griechenland. Was gab es für Möglichkeiten, um unseren Wohnsitz in Griechenland nicht nur für drei oder vier Wochen im Jahr zu nutzen? Mit 50 in Rente gehen? Nein, das kam nicht in Frage, dazu fühlte ich mich noch zu jung und das entsprach auch überhaupt nicht meinen Vorstellungen. Und außerdem sind wir ja nicht in Griechenland! Noch hatte ich Ideen, noch war ich aktiv und auch, Gott sei Dank, gesund. So gründete ich meine eigene „Ein-Mann-

Firma", das war der Start in die Selbständigkeit. Aber wird das auch funktionieren? Kann ich damit so viel Geld verdienen, dass wir leben können? So führte ich die ersten Gespräche und war überrascht, wie schnell die ersten Verbindungen hergestellt werden konnten, also ging es los.

Ich startete als Handelsvertreter für eine Firma im Steckverbinder-Bereich. Das ist seit Jahrzehnten meine Welt, da kenne ich mich aus. Noch wichtiger ist, dass ich da meine Verbindungen hatte. Heute berate ich Mittelstandsfirmen im Bereich Marketing und Vertrieb, ich kümmere mich um die Verbindungen zu den entsprechenden Kunden und bin für den Vertrieb in diesem Bereich zuständig. So habe ich viel auch mit jungen Menschen zu tun, junge Menschen, die Verantwortung für die Firma übernehmen sollen. Diese Leute kommen auch immer wieder mit Fragen auf mich zu und gemeinsam suchen wir nach den richtigen Lösungen. Das macht mir sehr viel Spaß und Freude, so dass ich auch heute im Jahr 2018 noch nicht an ein komplettes Aufhören denken möchte. Warum auch, wenn man gesund ist und seine Arbeit mit Begeisterung machen darf. Das ist für mich ein großes Geschenk, für das ich täglich sehr, sehr dankbar bin. „In meinem Büro steht eine große Kiste mit der Bezeichnung ERFAHRUNGEN", so mein Argument an diese jungen Leute.

Im Jahr 2000 sind wir in unser schönes und auch großes Haus in Limenaria eingezogen, 2005 ging es dann doch nach Mikro-Prinos beziehungsweise nach Kazaviti in die Berge. Wie ist es dazu gekommen? Was war der Grund für diese Veränderung? In Griechenland, hier auf Thassos? Vermutlich haben wir mit unserem Haus, das recht einsam an diesem schönen Hang lag, viele, ja zu viele Griechen angezogen. Man hatte den Eindruck, dass auf einmal alle auch auf die Idee kamen, dort in unserer unmittelbaren Nähe ein Haus zu bauen. Und das noch größer als unseres und vor allem auch noch höher als unseres. Schon die Bauphasen waren durch den verursachen Lärm oft nicht so einfach auszuhalten. Es gibt dort ja keine Baukrane, wie wir sie kennen, nein, alles wird noch mit viel Kraft und Aufwand bewältigt. Und so dauert alles auch länger und es sind mehr Menschen auf dem Bau beschäftigt. Und dann die Unordnung um den Rohbau herum. Bei Sturm und Wind fliegen Styropor, Pappe, Plastikplanen und so weiter durch die Gegend, keiner kümmert sich um seinen „Abfall", der bei so einem Hausbau eben entsteht. Das schöne Gelände um unser Haus herum glich keinem Leckerbissen mehr. Es entstand ein Wohngebiet und zwar besonders für die Griechen, die im Ort eine Bäckerei, ein Café oder ein Bistro betreiben.

Bei den Überlegungen das Haus zu verkaufen, spielte selbstverständlich auch die Erkrankung von Marina eine Rolle. Wir hatten aktuell ein Haus mit zwei Gästezimmern und viel Platz im Untergeschoss. Also haben wir Freunde und Bekannte eingeladen, uns in der Zeit, wo wir auf Thassos lebten, zu besuchen. Und was ist passiert? Die Leute kamen und gingen und andere kamen, und so ging es weiter, wir waren ja da. Also wurde am Vormittag das Frühstück organisiert. Meine Aufgabe bestand darin, vorher zum Bäcker zu fahren und das Notwendige einzukaufen. Für mich als begeisterten Radfahrer sollte das eigentlich eine Freude sein, aber wenn man jeden Vormittag gehen MUSS? Dann wurden Wünsche geäußert, was man denn heute gerne machen würde, was man noch gerne anschauen könnte oder wo es schön und ruhig zum Baden wäre, also immer volles Programm. Und dann sollte am Abend noch etwas im Kühlschrank sein und Wäsche gab es natürlich auch. So zwischen den Zeilen hörte man dann oft: „Ihr seid ja noch sechs oder acht oder auch noch zehn Wochen da, aber wir müssen ja nächste Woche schon wieder zurück in die Heimat." Und so hatten wir lange Zeit, immer schön abwechselnd, ganz liebe Besucher bei uns zu Gast. Sollte denn das so weitergehen? Das war mir ganz einfach zu viel und für meine Marina in ihrer Situation nicht mehr machbar. So hatten wir uns die schöne Sommerzeit in Griechenland dann doch nicht vorgestellt.

Dazu kam eine griechische Nachbarschaft, die sich sehr problematisch entwickelte. Wie schon erwähnt, wurde das ursprüngliche Grundstück vererbt und auf drei Parteien aufgeteilt. Ganz schlimm hat es die Familie in der Mitte erwischt, denn die hatten keine direkte Zufahrt, waren also auf „ihre" Nachbarn angewiesen, sollten sie nicht über einen Hubschrauber verfügen. Und obwohl ich eine wunderschöne und praktische Garage im Haus hatte, konnte ich nicht in diese hineinfahren. Warum? Der freundliche Nachbar über mir, der Betreiber eines Kiosks im Dorf, hat sein Tor zugeschlossen, sodass eine Einfahrt in meine Garage nicht möglich war. Es gab vor dem Baustart keine Erschließung des Baugebietes. Alle

Versuche, ihn zu bewegen, das Tor zu öffnen, sind gescheitert. Leider wurde im Vorfeld bei der Umlage der Grundstücke auch, wie wir später erfahren haben, geschummelt und betrogen. Wir hatten keine Chance. So haben wir die Garage als Keller genutzt und das Auto vor dem Haus geparkt, was blieb uns auch anderes übrig. Toll, man hat also ein Haus mit Garage, kann aber in diese nicht mit dem Auto hineinfahren. Es handelte sich eben um eine „griechische“ Garage!

Wo ist das Wasser?

Im Jahr 2002 kamen wir im April mal wieder auf Thassos an und sahen, dass ein weiterer Nachbar, er hatte damals ein Grundstück ohne Haus, über einen Wasseranschluss verfügt. Das war schon erstaunlich und er hat fleißig das dürre Gras auf seinem Platz gegossen. Nanu, so dachten wir, welch ein Fortschritt, jetzt hat er auch einen Wasseranschluss. Aber nachdem wir in unser Haus kamen und das Wasser aufdrehen wollten, hat sich alles schnell wieder relativiert, nämlich in der Form, dass bei uns KEIN Wasser ankam. Bevor ich mich auf den Weg zum Wasseramt machte, um die Sache zu klären, kontrollierte ich die Zuleitung zu unserem Haus. Und was sehe ich da? Dieser Nachbar, der da so fleißig seinen Rasen gegossen hatte, vermutlich schon seit einigen Monaten, benutzte MEIN Wasser. Er hat meine Leitung angezapft und seinen wunderschönen und neu gekauften Schlauch dort angeschlossen. Wir stellten ihn zur Rede, aber er hatte überhaupt kein schlechtes Gewissen und war auch nicht zu bewegen, den alten Zustand wieder herzustellen. Warum auch, so seine Aussage, der Anschluss zu unserem Haus geht ja über SEIN Grundstück und so kann er dieses Wasser oder den Anschluss auch benutzen. Erst viel später hat er nachgegeben und verlangt, dass wir unseren Anschluss doch bitte außerhalb von seinem Grundstück zu verlegen hätten. Klar, was unsere Architektin da gemacht hat, war nicht in Ordnung, aber sie hat das damals eben so veranlasst. Und wir dachten, dass auch das in Griechenland „normal" ist, war es aber in diesem speziellen Fall, wie erlebt, nicht.

So bestand auch zu dieser Nachbarschaft leider kein sehr freundschaftliches Verhältnis, schade, denn es war bekannt, dass auch diese Leute demnächst vorhatten, dort ein großes Haus zu bauen.

So waren wir umzingelt von Menschen, mit denen man eigentlich nicht so gerne zusammen leben will. Wenn ich da an unsere Heimat denke, einfach eine Nachbarschaft wie aus dem Bilderbuch, ohne Gartenzäune und sonstige Grenzen, wo man sich hilft und unterstützt, wenn der eine oder der andere etwas braucht. Nein, hier ging das in eine andere Richtung.

Klar, ich, der Deutsche, hatte ein Haus mit drei Stockwerken gebaut und der Nachbar unter mir, der ohne Zufahrt, hat ein Haus mit nur einem Stock. Wie schlimm musste es für ihn sein, wenn er immer wieder zu uns hinaufschauen musste. Er, der stolze Grieche, ganz unten und der ungeliebte Deutsche schaut auf ihn herunter. Im Nachhinein kann ich das sogar irgendwie verstehen, dass das auf die Dauer nicht gutgehen konnte.

An einem späteren Nachmittag, ich war im Garten mit leichten und auch wirklich leisen Arbeiten beschäftigt, geht bei ihm auf einmal der Rollladen auf und wie von einem Blitz getroffen stürmt er aus dem Haus und brüllt los wie ein Löwe. Es war etwa um 17.30 Uhr und ich hatte ihn anscheinend geweckt, das konnte nicht gut gehen. Mit einem Holzschemel schlägt er ständig auf mein Eingangstor und die Beschimpfungen nehmen kein Ende. Gut, dass ich das alles nicht verstanden habe, aber was mir meine Marina dann später übersetzt hat, war das schon hart an der Grenze oder doch schon darüber. Nein, mit diesem Menschen war keine angenehme Nachbarschaft denkbar. Er, von Beruf Fischer, hatte einen eigenartigen Tagesablauf. Vor 1.00 Uhr in der Nacht kam er selten nach Hause und kaum war er auf seinem Gelände, dann wurde sein Hund halb totgeschlagen und laut beschimpft. Leider befand sich unser Schlafzimmer-Fenster genau gegenüber und so sollte uns nichts entgehen. Die Nacht verlief mal wieder nicht so angenehm, was man sich ja gut vorstellen kann.

Unterhalb von uns wurde ein weiteres Haus gebaut, sehr groß und mit wuchtiger Treppe, so wie viele Griechen einfach bauen. Hätten sie gewusst, dass ihre spätere Regierung mal eine Immobilien-Steuer verlangt, dann wären viele Häuser sicher kleiner ausgefallen. Aber es wurde damals halt sehr protzig gebaut, in der Regel immer mit einer gewaltigen Eingangstreppe. Die Nachbarn mussten ja sehen, dass es dem Bewohner gut geht, oft wurde regelrecht Neid gezüchtet. Neben dem Rohbau wurde ein Hundezwinger mit drei Einstellplätzen aufgestellt und zwei Hunde untergebracht. Wie erwähnt, man war noch lange nicht eingezogen, es war nur der gewaltige Rohbau zu bewachen. Immer kurz vor Sonnenuntergang kam ein Pick-Up-Fahrzeug vorgefahren und das für die Hunde notwendige Futter wurde aus dem Fenster vor ihre Füße geworfen und weg war der Pick-Up wieder. Ich bin leider kein Freund von Hunden, ich hatte bei meinen Wanderungen auch in Deutschland zu viele unliebsame Begegnungen mit Hunden, aber was hier teilweise gemacht wird, das ist schon haarsträubend. Man kann sich gut vorstellen, dass diese Hunde jede Nacht ein gewaltiges „Bell-Konzert" aufgeführt haben und alle in der Nachbarschaft wohnenden Hunde wurden angesteckt und beteiligten sich entsprechend. Ja, ein Grieche „trägt" gerne Hund, aber wie man damit umgeht, das ist oft eine gewaltige Tierquälerei. Nur sehr selten sieht man einen Hundehalter, der mit seinem Hund „Gassi" geht. Und wenn, dann ohne Leine. Aber vielleicht gibt es dort gar keine Hundeleinen? Wer weiß, das könnte eine Geschäftsidee sein, ich muss mal darüber nachdenken.

Die Decke kommt runter

Es geschah an einem Nachmittag. Ich saß ganz gemütlich in meinem Sessel und las ein interessantes Buch. Dann stand ich auf und ging auf einen der

Balkone, der uns um diese Zeit Schatten spendet. Ich hatte kaum das Wohnzimmer verlassen, schon gab es einen unbeschreiblichen Lärm hinter mir. Ich drehte mich um und sah nur noch Staub, mehr war nicht wahrzunehmen. Was ist passiert? Schon am Abend vorher sah ich an der Betondecke einen unscheinbaren Riss, der sich gebildet hatte. Ja, ich hätte das besser beobachten müssen, habe es aber nicht getan. Tatsche ist, dass ein Teil der Betondecke mit über einem Meter Durchmesser auf den Sessel herabstürzte, auf dem ich gerade noch gesessen hatte. Unser Radio war genauso Schrott wie die Bilder, die wir dort aufgestellt hatten, und viele andere Dinge auch. In diesem Bereich war die Betondecke so schlecht verarbeitet, dass der Verputzer dort zu viel Putz hat auftragen müssen. Und dieser krachte in großen und kleinen Stücken komplett herunter. Hätte ich noch dort so gemütlich gesessen, dann, ja dann, man darf nicht daran denken, was alles hätte passieren können. Der Schreck hatte gesessen! Das war eine Aufregung! Und das alles ein Jahr nach Marinas Erkrankung. Sie hätte eigentlich in Kur gehen sollen, aber dann entschied sie sich doch für das ruhige und angenehme Griechenland, ihr Heimatland. Und dann passiert so etwas!

Erst nach mehreren Anrufen kam unsere liebe Architektin und wollte sich umgehend um die Sache kümmern. Mein Vertrauen in die Arbeit des Verputzers war weg und ich verlangte, dass alles abgeschlagen und eine Trockenbau-Konstruktion gebaut wird. Also sollten alle Möbel auf die Balkone verschoben werden und wir warteten und warteten, bis dann zwei Leute, ausgestattet mit Hammer und Meißel, gekommen sind. Alles andere Werkzeug mussten wir stellen und dann ging es los. Schnell mussten wir noch alles abdecken, was möglich war. Vor lauter Staub konnte man die Arbeiter, selbstverständlich aus Albanien, nicht mehr erkennen. Dazu kam das ständige Klopfen und Hämmern den ganzen Tag. Erst am frühen Abend war der komplette Putz wieder abgeschlagen, entsprechend schlimm sah es danach in unserem Wohnzimmer aus.

Und dann begann das Aufräumen und Reinigen. Von der angeforderten und auch zugesagten Unterstützung beziehungsweise Hilfe war nichts zu sehen, also mussten wir alles allein erledigen. Ich machte mir große Sorgen um meine Marina, denn die Operation war ja noch nicht so lange her. Dieser Ärger, das war Gift für ihren Zustand.

Nach etwa einer Woche (immerhin) ging es dann mit dem Trockenbau weiter. Dieser Handwerker, ein Grieche, war nicht schlecht, man spürte, dass er Erfahrung in solchen Dingen hatte. Gelernt hatte der diesen Beruf in Deutschland. Leider konnten wir bei ihm jedoch keine so große Motivation spüren, da er noch nicht sicher war, ob er Geld für seine Tätigkeit bekommt.

Aber er machte seine Arbeit gut und wir konnten uns nicht beschweren. Trotzdem wohnten wir einige Wochen auf einer Baustelle und wir waren froh und dankbar, dass es keinen Regen gab, denn die Möbel standen die ganze Zeit ohne ausreichenden Schutz im Freien.

Nach einigen Tagen war die Decke im Rohbau fertig, aber jetzt warteten wir wieder Tage auf den Maler, der einfach nicht kam. Irgendwann knatterte doch ein Moped den Berg herauf, beladen mit einem Mann, Farbe, Leiter und allem, was man auf so einem Fahrzeug transportieren kann. Und dann ging es auch weiter. Schlimm war der Staub, denn die Decke musste ja mehrfach abgeschliffen werden, damit später keine Fugen zu sehen waren. Nach über drei Wochen waren wir dann fertig und dank der guten Hilfe unserer deutschen Freunde aus Astries konnten wir eine Generalreinigung durchführen. Dieses liebe und immer hilfsreiche Ehepaar stand uns 15 Jahre immer zur Seite, wenn etwas zu tun war, ganz lieben Dank euch auch an dieser Stelle. Leider haben die Zwei 2015 ihr Haus verkauft und sind nach über 20 Jahren wieder zurück nach Deutschland gezogen. Ihr fehlt uns und ihr werdet uns auch in Zukunft fehlen.

Wir sind wieder in unser Wohnzimmer eingezogen. Die meisten Schäden waren beseitigt, Spuren von diesem Erlebnis aber noch auf verschiedenen Möbeln zu sehen. Alle anderen Decken im Haus, besonders im Schlafzimmer, wurden immer wieder auf Schäden untersucht, aber bisher hat alles gehalten. Eine Unsicherheit blieb aber bestehen, trotz dem ständigen Abklopfen der Decken im ganzen Haus.

Es gäbe noch so vieles zu berichten, was uns oft an den Rand der Verzweiflung gebracht hat. Aber ich wollte meine Marian schützen, wollte, dass sie das alles nicht so an sich heranlässt. Wir und besonders sie waren immer wieder enttäuscht über Versprechungen, die nicht eingehalten wurden. So stellten wir uns die Erholung auf unserer Insel nicht vor. So artete es oft in richtigem Stress aus und die Freude an unserem Aufenthalt reduzierte sich immer mehr. Was sollten wir tun? Weiter warten, bis alles besser wird? Wie lange und auf was müssen wir warten? Fragen über Fragen, aber es gab keine gute und vernünftige Lösung.

Immer wieder brachte ich dann meinen schönen und absolut ruhigen Bauplatz in Kazaviti ins Gespräch, aber Marina hatte die Nase voll, am liebsten hätte sie alles aufgegeben und die Zelte auf Thassos komplett abgebrochen. Aber so wollte ich nicht aufgeben und sah auch meine Chance, doch noch im ruhigen Kazaviti, dort in den Bergen, meinen Traum von einem schönen und kleinen Steinhaus zu erfüllen. War die Zeit reif dazu oder musste ich noch warten? Ich war schon immer von dieser Landschaft dort überwältigt, eine Symbiose von Bergen und Natur mit Meerblick, einfach wunderschön. Alles ist grün, es gibt große Bäume, die für den Schatten zuständig sind, es gibt dort auch viel Wasser, gutes Wasser und hohe und steile Felsen im Hintergrund. So hatte ich mir das einmal vorgestellt, und nun war ich so nah dran. Wie lange sollte ich noch warten? Ich brauchte Geduld, musste demütig sein, Marinas Verfassung war noch nicht stabil.

Und dann kam der Startschuss

Endlich durfte ich mich mit dem Bau eines Hauses befassen, Marina hat die Ampel endlich auf „Grün" gestellt und ich war zufrieden und glücklich! Es geschah im August 2003 und ich fing an, das Gelände zu säubern. Überall wuchsen Hecken mit Dornen, wild gewachsene Bäume standen im Weg und versperrten den Überblick über das Gelände. Es war heiß und deshalb sehr mühsam, aber ich habe mich im „Schweiße meines Angesichts" immer wieder durchgekämpft, sogar das Blut lief an Händen und Beinen herunter, verursacht durch die vielen Dornen. Aber es war mir egal. Immer mehr von „meinem" Gelände wurde sichtbar und ich war zufrieden und schlug jede Hinweise aus, doch einen Albaner als Hilfe zu nehmen. Nein, das wollte ich schon selbst erkunden, da wollte ich mir nicht helfen lassen. Mein damaliger Nachbar schaute immer wieder voll Mitleid von seinem Balkon auf mich herunter und bot mir Kaffee und Wasser an, eine wirklich tolle Hilfe bei über 30 Grad. Wir konnten uns kaum unterhalten, aber was zu sagen war, verstand ich doch immer ganz gut. Besonders wenn er von einem „Architekto" sprach, wurde ich besonders hellhörig. Dass „Aftokinito" Auto heißt, das war mir bekannt. Immer wieder zeigte er nach unten, also marschierte ich spontan in diese Richtung zu dem „Aftokinito", das einem Architekten gehören soll. Ein Auto stand auch da, aber wo war der Architekt? Keinen Menschen konnte ich sehen und kein Haus diesem Auto zuordnen, also ging ich von dort eine schmale Gasse entlang und suchte weiter.

Jemand fragen? Wen sollte man fragen, wenn niemand zu sehen ist? In diesem Dorf leben nicht allzu viele Menschen, nein, es war wie ausgestorben. Aber ich hatte Glück, ich fand diesen Architekten. Durch seine Zeit, die er in Deutschland studiert, gearbeitet und gelebt hatte, sprach er meine Sprache. Das gibt es doch nicht! In so einer verlassenen Gegend einen Architekten zu finden, der in Deutschland studiert hat und mit dem man sich so einfach und verständlich unterhalten konnte, ich war so richtig im Glück, ein Volltreffer. Wie es sich über die Jahre herausstellte, wurde es noch viel, viel besser. Schon kurze Zeit nach diesem ersten Treffen standen wir auf dem Gelände und haben uns über verschiedene Möglichkeiten, wo man oder wie man ein Haus dort bauen könnte, unterhalten. Er zeigte sich fasziniert und gleichzeitig herausgefordert, denn das Gelände war nicht so einfach zu bebauen. Es war sehr steil und auch trotz einer „Straße“ nicht so leicht zugänglich, der Weg dorthin eng und mit Balkonen überbaut. Wie sollte da ein Lastwagen das Baumaterial transportieren? Egal, wir verabredeten uns für die nächste Woche, wo wir über weitere Ideen sprechen wollten. So gingen wir auseinander beziehungsweise ich wieder an meine Arbeit. Weiter legte ich alte Mauern frei, die Bewohner haben damals jeden Meter zum Anbau von Gemüse genutzt und das Gelände terrassiert. So konnte ich die Struktur von dem Grundstück immer mehr erkennen und es war einfach eine wunderbare Arbeit für mich, trotz der Hitze. Immer wieder musste ich ausruhen und genoss den herrlichen Blick zum Meer auf der einen und den Blick in die Berge auf der anderen Seite.

Schon in Gedanken wohnte ich da, ja, ich war zu Hause, welche ein gutes Gefühl! Irgendwann musste ich dann jedoch wieder in Richtung Limenaria aufbrechen, also dahin, wo wir aktuell wohnten.

Wir kamen zu dem Entschluss, einen Makler aufzusuchen, um unser Haus zu verkaufen. Die ersten Gespräche verliefen recht erfolgversprechend und wir waren voller Hoffnung, dass die richtigen Interessenten schon kommen werden, und diese kamen auch. Das Haus war ausgestattet mit Zentralheizung, was in Griechenland noch nicht so üblich ist. Viele Häuser sind als reine Sommersitze, also ohne Heizung, gebaut worden, ein Überwintern somit nicht möglich. So konnten wir recht schnell einen Erfolg verbuchen und ein englisches Ehepaar wurde nach einem „Notar-Marathon", der sich über einen kompletten Tag hinzog, Eigentümer unseres Hauses, obwohl auch sie beim ersten Besichtigungstermin auf Grund der letzten etwas erhöhten Treppenstufe im Wohnzimmer „lagen". Sie waren aber immer noch begeistert. Sofort nach dem Notar-Termin ging es auf die Bank und das Geld wurde auf mein Konto übertragen, welch ein gutes Gefühl. Das alles geschah im Dezember 2004 kurz vor Weihnachten. In dieser Zeit war es recht kalt und windig, nein stürmisch, und zwar so gewaltig, dass ich kaum von der Insel zurück auf das Festland kam. Gut, dass ich schon einen Tag früher losgefahren und somit zeitliche Reserve hatte. In der Winterzeit muss man über Thessaloniki fliegen, der Flughafen Kavala wird im Winter aus Deutschland nicht angeflogen, es lohnt sich einfach nicht. Also wollte ich bereits am Tag davor auf die

Fähre, aber da gab es keine Fähre, der Sturm fegte zu gewaltig und das Auslaufen der Schiffe wurde nicht genehmigt. Immer mehr Menschen drängten sich vor dem Kiosk, wo man die Tickets kaufen kann, aber es ging nichts und man konnte auch keine Auskunft bekommen, ob und wann ein Schiff fahren wird. So eine Wartezeit kann schon zermürbend sein, gerade wenn man befürchten muss, dass das Flugzeug „allein" abhebt. Also war Warten angesagt und das bei Sturm und Kälte. Im Sommer wäre das viel leichter zu ertragen, aber im Winter? In der Kälte? Bei so einem Sturm? Das macht wirklich keinen Spaß. Und dann immer wieder die Hoffnung, dass es doch noch klappt mit der Überfahrt.

Immer wieder, wenn die Fähre nach Plan fahren sollte, stürmten die Menschen von Neuem in Scharen in Richtung Tickethäuschen. Um 16 Uhr war es dann soweit, man spürte eine positive Bewegung und es kam Leben auf das Schiff, das vor mir und den vielen Leuten lag. Alle drängten sich vor, jeder wollte nun schnell einen Platz für sein Auto ergattern. Wäre der Kiosk nicht fest am Boden verankert gewesen, so hätten die vielen Menschen dieses Kassenhäuschen einfach weggeschoben, so groß war der Andrang. So kam auch ich irgendwann an die Reihe. Die Freude und die Erleichterung waren riesengroß, als ich meinen kleinen Mietwagen auf der Fähre parken konnte. Ein richtig gutes Gefühl machte sich breit, ich konnte die Insel verlassen und einem erfolgreichen Heimflug stand nicht mehr viel im Wege.

Als das Schiff ablegte, waren die Auswirkungen des Sturms intensiv zu erleben. Ich konnte mich nur wie ein betrunkener Passagier von der einen auf die andere Seite bewegen. Das Meer rüttelte mit großer Kraft das ganze Schiff durcheinander.

Trotz allem erlebte ich eine abenteuerliche Stimmung, gewaltige Wellen und die untergehende Sonne. So erreichten wir rechtzeitig das rettende Festland. Also Passagiere und Autos runter vom Schiff. Jeder freute sich, dass es doch noch geklappt hat. Man sah nur entspannte Gesichter, das tat der Stimmung so richtig gut. So ging es auch gleich weiter in Richtung Thessaloniki, immer am Meer entlang, eine herrliche Straße, mir ging es richtig gut. Das Haus ist erfolgreich verkauft worden und ich bin auf dem Festland. Die Sonne verabschiedete sich immer mehr, aber ich genoss die Fahrt in vollen Zügen. Ich war auf dem richtigen Weg und das Zimmer in Agia Triada, etwa zehn Kilometer vom Flughafen entfernt, gebucht. Die hohen Wellen schlugen an die Felsen und schossen in die Höhe wie eine gewaltige Fontäne. Trotz geschlossenem Autofenster konnte ich das Schauspiel nicht nur sehen, sondern auch hören. Ich war sehr dankbar, ich habe es geschafft, der Heimreise stand nichts mehr im Wege, es konnte nicht mehr viel passieren. Nach etwa zwei Stunden Fahrt bin ich in meinem kleinen Hotel angekommen. Die oft überfüllte Ringstraße um Thessaloniki war fast leer, es war Nacht. Nach dem Einchecken ging es sofort in die nächste Taverne, in der Zwischenzeit hatte ich einen gewaltigen Hunger und ich freute mich auf das letzte Fisch-Essen für längere Zeit. Der Sturm hatte sich etwas beruhigt, aber es war doch recht kalt und ungemütlich, nicht vergleichbar mit einem lauen Sommerabend, so wie man ihn normalerweise kennt. Von diesem Standort Agia Triada hat man einen wunderbaren Blick auf die Stadt Thessaloniki und den Flughafen. Es ist schön, wenn man in der Wärme sitzen darf und hinausschaut in die Nacht. Der Wirt hat mir ein wunderbares Essen hingestellt und meine Zufriedenheit erreichte fast schon Höchststand. Auch der Wein schmeckte einfach sehr gut und ich bekam die notwendige Bettschwere. Ein spannender, interessanter und glücklicher Tag ging zu Ende.

Die griechische Autowerkstatt, ein Traum!

Vor etwa zehn Jahren hatte in der Nacht ein Marder große Freude an meinem damals noch recht neuen Auto. Bei der Fahrt am Tag darauf in ein Bergdorf stieg die Wassertemperatur so stark an, dass ich umgehend anhalten musste. Schade, dass das Grillgut zu Hause lag, die Hitze auf der Motorhaube hätte dazu gut ausgereicht. Also, anhalten, abwarten auf eine Abkühlung und dann zurück in das Dorf und ab in die nächste Autowerkstatt. Selbstverständlich hatte man dort nicht den richtigen Wasserschlauch am Lager, aber eine „Notoperation“ wurde so gut ausgeführt, dass ich problemlos wieder fahren konnte. Verschieden Restschläuche wurden mit Schlauchklemmen so verbunden und geformt, dass es wieder klappen sollte, was dann auch der Fall war. Selbst die Rückfahrt nach Deutschland verlief ohne Probleme, dank der wirklich guten und schnellen Hilfe aus dieser „Werkstatt“. Zurück in Deutschland, (so sind wir Deutschen einfach), ging ich dann in „meine“ Vertragswerkstatt, um ein Originalteil einbauen zu lassen. Der Meister machte die Haube auf und wollte mit dem Umbau beginnen, den richtigen neuen Kühlwasserschlauch hatte er schon ausgepackt. Dann wurde gezogen und gezerrt, der Meister schüttelte den Kopf und meinte ganz eindeutig, dass die Reparatur so gut gemacht ist, dass wir auf das Austauschen verzichten können. Sein größtes Problem bestand dann darin, das bereits ausgepackte Teil wieder gut in der Verpackung zu verstauen. Aber, bei allem Respekt, er wollte diese in seinen Augen wertvolle Reparatur nicht zerstören. Es hat ihm gefallen, wie man mit einfachen Mitteln so erfolgreich reparieren kann, so hat er wieder etwas gelernt.

Das ist Griechenland, oft ein Chaos, aber ein doch ganz gut organisiertes Chaos!

Nachträglich ein großes Kompliment an die Werkstatt auf Thassos für die schnelle, gute und praktikable Hilfe an meinem Auto. Der mehrfach zusammengeflickte, mit vielen Klemmen verzierte Schlauch hat bis zum Verkauf des Autos gehalten und es wurde keine Wertminderung dadurch verlangt. Ein großes Kompliment! In der Zwischenzeit habe ich diese Werkstatt noch öfters besuchen müssen, es verbindet uns fast schon eine richtige Freundschaft!

Drei Jahre davor, das Auto stand vor dem Haus in Limenaria und war vollgeladen, da fiel mir eine komische Schräglage des Autos auf. Was war da los? Ich kontrollierte das Fahrzeug. Einer der Hinterreifen sah relativ platt aus, es war nur noch etwa 1/3 der notwendigen Luft im Reifen vorhanden. Was tun?

Das Ersatz-Notrad war kaum zu erreichen und für die lange Rückfahrt von Griechenland nach Deutschland sowieso nicht geeignet. Im Schleichtempo fuhr ich an die nächste Tankstelle, die sich zum Glück ganz in der Nähe befand. Sofort war der Chef zur Stelle und er nahm sich meiner an. Es folgte eine kurze Inspektion des Reifens und dann eine noch kürzere Stellungnahme, die aus zwei Worten bestand: „No Problem“!

Er verschwand für einen kurzen Moment in seiner Werkstatt und kam mit Schraubenzieher, Stechahle, einem in Harz getränkten Stahlseil und einer Eisensäge zurück. Er legte sich trotz großer Hitze und Dreck unter mein Auto. Mit dem Schraubenzieher wurde der Verursacher für den Platten, eine Schraube, herausgedreht. Dann kam die Stechahle mit dem Seil zum Einsatz, es folgte eine nur kurze Pause und dann wurde das aus dem Reifen überstehende Seil wieder abgesägt und fertig war die Reparatur. Dann dirigierte er mich zur Luftpumpe und das Auto stand wieder vollständig gerade vor der Tankstelle. Mein Reifen war also wieder voll mit Luft und ich platt. Meine Frage „Und nun?“ wurde umgehend mit „You can drive“ beantwortet. Statt den verlangten 5 € gab ich ihm mit großer Begeisterung 10 € und fuhr recht ungläubig los, zuerst nur im Schritttempo und dann immer schneller und sicherer. Bei der späteren Rückfahrt in die Heimat habe ich mich schon wieder an die bisherigen Limits von knapp über 200 km Geschwindigkeit herangewagt. Der Reifen wurde nie ausgewechselt, vielleicht existiert er noch heute, was ich allerdings auf Grund des Verschleißes nicht glaube. Noch heute halte ich bei meinem „Freund“ zum Tanken und wir freuen uns immer wieder, wenn wir uns sehen.

Das sind meine Griechen, ihre Hilfsbereitschaft ist oft grenzenlos und unbeschreiblich herzlich. Ich liebe sie alle ganz einfach, sie sind mir, wirklich (fast) alle gute Freunde geworden.

Hauptsache gesund, immer lieb und lustig sein!

Das ist der Grundsatz meines Schwagers, Marinas zwei Jahre jüngerer und etwa fünf Jahre älter aussehenden Bruders aus Xanthi. Er kam als 15-jähriger Junge nach Deutschland und hat dort nach der Schule eine Lehre als Karosserieflaschner absolviert. Seine liebe Frau durfte er in Griechenland über die Taufpatin kennen lernen. Nach einem Gespräch von etwa einer Stunde war alles klar und ein Jahr später wurde geheiratet. Wie man sieht, auch das kann funktionieren, sie sind heute noch glücklich verheiratet, haben drei Kinder und aktuell fünf Enkel. Der Vater von Marina und ihrem Bruder war in Deutschland ein einfacher Hilfsarbeiter in einer Maschinenfabrik in Nürtingen. Aber was er in Griechenland aufgebaut hat, das ist erstaunlich und beispielhaft. Zuerst wurde in Thessaloniki eine Eigentumswohnung gekauft und später ein großes Haus mit Werkstatt und zwei Wohnungen darüber in Xanthi gebaut. In dieser Werkstatt hat sein Sohn, Marinas Bruder, eine Karosserie-Werkstatt betrieben und in den zwei Wohnungen lebten Vater mit Mutter und der Sohn mit Familie.

Mein Schwager hat immer hart gearbeitet und auch stets den Kindern geholfen, wo er nur konnte. Dieses „Helfen" funktioniert auch heute noch und bezieht sich ebenfalls auf die Erziehung der Enkel, die von Jaja zu Jaja und Papu zu Papu gereicht werden, die Eltern sind immer beschäftigt und haben für ihre Kinder zu wenig Zeit. Mein Schwager sieht das alles gelassen, egal, was auch passiert, „Hauptsache gesund, und wir müssen doch immer lieb und lustig sein." Vor jedem Essen muss er obligatorisch seinen Zypuro trinken, manchmal auch zwei oder drei, und dann wird man lustig, ganz automatisch. „Umsonst" ist ein weiteres Wort, das er so liebt. Und trotzdem geht dann doch sehr schnell alles „auseinander" immer wieder, ja ständig, geht bei ihm alles „auseinander".

Aber er ist ein lieber und anständiger Mensch und ich freue mich, ihn als Schwager zu haben, wenn auch die Unterhaltungen durch seine Schwerhörigkeit sehr anstrengend sind. Auch seine Frau ist liebenswert und sehr, sehr gastfreundlich. In ihrem Haus findet ein ständiges Kommen und Gehen statt, oft mit Übernachtungen. Niemand wird zurückgewiesen, das wäre ganz unmöglich und nicht gastfreundlich. So wird gekocht und zwar fast immer für viele Leute und alle werden satt. Die ganze Arbeit hängt an der Frau, ein griechischer Mann hilft ganz selten im Haushalt, ganz zu schweigen von Arbeiten in der Küche. Eine Spülmaschine, die hier absolut eine Berechtigung hätte und wirklich sinnvoll wäre, ist aus seiner Sicht Luxus. Also wird auch keine gekauft. Außerdem ist die Küche sehr klein und uralt. Es ist erstaunlich, wie die Frau das immer wieder schafft. Sie macht alles mit und beschwert sich nie, man muss doch „immer lieb“ sein!

Der Sohn der Familie lebt und arbeitet in Athen, und auch ihm wird immer wieder per Bus aus Xanthi Essen nach Athen geschickt, und das bei einer Entfernung von über 600 km. Ja, die Familie hält zusammen und für die Kinder tut man einfach alles. So werden sie erzogen und so erziehen diese ihre Kinder. Auch wenn das Geld knapp ist, tragen alle in der Familie Markenklamotten und Markenschuhe, die auch dort sehr teuer sind. Aber das gehört dazu, nach außen müssen alle sehen, dass es „uns“ gut geht. Und wenn ein Enkel einen Wunsch hat, dann wird dieser in der Regel erfüllt, wenn nicht vom Vater, dann vom Papu. Es wird so lange genervt, dass der Wunsch auch erfüllt wird. Es wächst eine Generation in Griechenland heran, die es in Zukunft nicht einfach haben wird, denken wir nur an die große Last der aufgetürmten Schulden.

Die Tragödie beginnt, Griechenland hat gewählt

Wir schreiben den 25.1.2015, Griechenland hat gewählt! Und was ist passiert? Wer hat die Wahl gewonnen? Ja, wer wohl! Selbstverständlich Alexis Tsipras, der mit den großen, zu großen Wahlversprechen, der hat gewonnen, was blieb den Griechen auch anderes übrig. Und das mit über 36 % der Stimmen deutlicher als erwartet, beziehungsweise deutlicher als befürchtet. Die Griechen haben sicher nicht bewusst Links gewählt, nein, sie haben die Korruption auch des Herrn Samaras abgewählt. Er hat es nicht geschafft, hier etwas Gravierendes zu verändern. Die Menschen in Griechenland waren es leid, weiter auf eine Verbesserung der Situation zu warten, schlimmer konnte es für viele nicht mehr werden. Denken wir an die einfachen Rentner, die mit ständigen Kürzungen ihrer schon kargen Bezüge kaum mehr über die Runden gekommen sind. Früher konnten die Papu's und die Jaja's noch den Kindern oder Enkel von der Rente etwas abgeben, heute müssen diese oft die Eltern oder Großeltern mit unterstützen, weil die Rente nicht mehr ausreicht.

Diese Parlamentswahl am 25.1.2015 war eine Zäsur in Griechenland. Die zwei Altparteien, die über 40 Jahre regiert haben, haben das Land in den Ruin getrieben. Nun sind sie abgewählt worden, und wie!

Können wir jetzt mit einem hoffnungsvollen Neuanfang rechnen? NEIN, danach sieht es die ersten Tage nach der Wahl wirklich nicht aus. Die Syriza-Partei, nennen wir sie mal „Partei", musste sich einen Koalitionspartner mit in die Regierung holen. Und wer stand sofort bereit? Es waren die Rechtspopulisten um Panos Kammenos. Eine Regierung, die man in Deutschland mit einer Koalition der Linken mit der AFD vergleichen könnte, wie soll das über Jahre hinaus funktionieren?

Griechenland hat also keine Linksextremen gewählt, sondern einfach die Altparteien abgewählt. Was war die Alternative für die Menschen dort? Ich kann das irgendwie verstehen, in dieser oft ausweglosen Situation, in dieser Not und Angst zu leben, das war kein Leben mehr, aber das Land hat diese

Regierung gewählt, eine Regierung, die von einem Ministerpräsidenten geführt wird, der sich vor vielen Jahren den stalinistisch orientierten Kommunisten angeschlossen hat. Der Außenminister diente bereits Papandreou als enger Vertrauter. Den Verteidigungsminister Panos Kammenos zeichnet die Nähe zu den griechischen Oligarchen aus, also zu denen, die sein Koalitionspartner in Zukunft stark besteuern will. Und Finanzminister Giannis Varoufakis hat wohl eine gute Ausbildung, aber sein Auftreten kann man ohne Zweifel als arrogant bezeichnen. Er war früher Spieltheoretiker und glaubt, besser verhandeln zu können als etwa Angela Merkel. Da kann man nur sagen: „Glück auf", lieber Herr Varoufakis, überspannen Sie den Bogen nicht.

So eine Zusammensetzung wirkt da schon etwas gespenstisch, oder?

Vor der Wahl gab es ja vollmundige Ankündigungen, die 10.000 gekündigten Staatsdiener wieder einzustellen, die angelaufene Privatisierung zu stoppen und die Löhne zu erhöhen.

Die ersten Auswirkungen konnte man nicht mehr aufhalten, es brechen die griechischen Aktien ein und weitere Geldabflüsse bringen das Bankensystem in dem Land ins Wanken.

Glaubt die Regierung, durch viel Lärm die Verhandlungen für sich zu entscheiden? NEIN, im Moment ist das Gegenteil der Fall, jede unbedachte Äußerung erhöht die Verunsicherung der griechischen Wirtschaft und drängt diese noch weiter in den Abgrund. Diese Entwicklung schränkt den Verhandlungsspielraum in Brüssel weiter ein.

Der Troika wurde die „rote Karte" gezeigt, Sie ist weg, es geht auch wirklich nicht nur mit Sparen, hier hat Europa auch enorme Fehler gemacht. Aber in Brüssel wird kein Spiel gespielt, hier geht es um viel Geld, um Geld der Steuerzahler aus Europa und besonders auch aus Deutschland, liebe griechische Regierung.

Die neue Regierung muss Griechenland ein neues Gesicht geben, Vertrauen schaffen bei den eigenen Bürgern und Vertrauen schaffen im Ausland, sonst geht das nicht. Weitreichende Änderungen sind notwendig, damit in Griechenland wieder substanziell in die Zukunft investiert wird. Nur so gibt es auch besonders für die jungen Leute wieder eine Perspektive, nur so kann das geschundene Land wieder auf einen Wachstumskurs geführt werden. Es wurde ja im Vorfeld des Wahlkampfes viel Gutes angekündigt, also ran an die Arbeit.

Gut, man kann sagen, dass die erste Woche für die Galerie der griechischen Wähler war, aber es wurden noch keine Tore erzielt, höchstens Eigentore. Mit Feindbildern kann man vielleicht einen Wahlkampf durchführen, aber man kann damit keine Partner für die Zukunft gewinnen, und Partner werden gebraucht. Partner, die auch vorher vor den Kopf gestoßen wurden, Partner, die auch an eine Zukunft in diesem Land glauben, aber so weit sind wir mit den bisherigen Ankündigungen noch nicht. Es werden Visionen vermisst, wie das Land geführt werden kann, Ansätze in diese Richtung: Fehlanzeige! Außer Flurschaden wurde noch nichts angerichtet.

Und was passiert nun mit den Reichen in Griechenland, etwa den Reedern, die keine oder kaum

Steuern zahlen? Was folgt nun den vollmundigen Ankündigungen des Herrn Tsipras in dieser Richtung? Auch die griechische, leidende Bevölkerung wartet hier auf Taten. Seit Jahren höre ich in Griechenland, wenn wir über das Zahlen von Steuern reden, diesen Satz:

„Warum soll ich Steuern zahlen, wenn es die Reichen nicht tun und auch nicht tun müssen? Sollen sie das Geld doch dort holen." Möglichkeiten zu finden, um keine Steuern zu zahlen, ist in Griechenland absoluter Volkssport. Man lacht ganz einfach über uns, wie wir unsere Steuern an das Finanzamt zahlen, in der Regel ohne Diskussion, das ist für Griechen einfach nicht nachvollziehbar.

Wenn man überlegt, dass etwa 15 % des weltweiten Seehandels von griechischen Reedern getätigt wird, dann kommt man schon zum Nachdenken. Wenn dann weiter bekannt ist, dass aber nur ca. 800 ihrer 3.700 Schiffe versteuert werden, dann ist das schon eine große Sauerei und für uns Deutsche ein unmöglicher Zustand. Also zahlen die griechischen Reeder praktisch KEINE Steuer. Wie kann denn so etwas sein? Und wie konnte es dazu kommen, dass in den sechziger Jahren durchgesetzt wurde, dass diese Privilegien in der griechischen Verfassung festgeschrieben wurden. Wer oder was steckte da dahinter? Wer hat da wen wohl bestochen? Beginnt da der griechische Sumpf? War das der Beginn der Korruption? Der Beginn einer „erfolgreichen Partnerschaft" von Politik und Reichtum? Keiner weiß es! Warum gibt es keine Solidarität mit der restlichen griechischen Bevölkerung? Partnerschaft ist keine Partnerschaft, wenn nur ein Partner schafft! Hier einige Beispiele:

Mit 18 Jahren erbt Anthina Onassis geschätzte 3 Mrd. Euro aus dem Erbe ihres Großvaters Aristoteles Onassis, der einmal Besitzer von 30 Reedereien mit über 900 Schiffen war.

Stavros Niarchos besitzt, ebenso geerbt vom Großvater, laut einer Schätzung 3 Mrd. Euro, einst ein Gegenspieler und „Wettbewerber" von Onassis.

Dimitris Melissanidis hat sein geschätztes Vermögen von über 2,5 Mrd. Euro mit Öl, Lotto, Spielwetten und durch gute Beziehungen erwirtschaftet.

George Economou, vermutlich der viertgrößte Reeder der Griechen, verfügt angeblich über ein Vermögen von 1,5 Mrd. Euro. Neben Beteiligungen an hauptsächlich deutschen Unternehmen besitzt er eine große Kunstsammlung mit über 2.000 Werken. Wie kann man in einer Generation ein solches Vermögen anschaffen? Welche Hilfen, welche Unterstützungen auch aus der Politik sind dazu notwendig? Wie geht das? Unbegreiflich!

Gut, solche Menschen kenne ich in Griechenland nicht persönlich, und das ist sicher auch gut so. Die Leute, mit denen wir Kontakt haben, sind in der Regel Menschen, die eine große Hilfsbereitschaft haben, zu denen man immer kommen kann, die sich freuen, wenn man sich über den Weg läuft.

Nun reisen Ministerpräsident Tsipras und sein Finanzminister Varoufakis in einer Art „Road Show" durch ganz Europa und suchen Verbündete. Es ist eine Finanz-Zaubershow, die da von den beiden abgezogen wird, sie sind dabei die Hauptdarsteller.

Selbstverständlich reist man zuerst zu den „Freunden", die ebenfalls etwas notleidend sind, also zu den Franzosen oder Italienern. Dort hofft man, Verbündete zu finden. Aus Italien hört man nach dem Treffen: „Wir, also die Griechen und Italiener, sind ein Gläubiger, der glaubt, dass der Schuldner nicht erstickt werden darf." Der italienische Ministerpräsident spielt mit dem Feuer, denn mit mangelnder Einigkeit bringt er die Regierung in Athen vielleicht auf dumme Gedanken.

Kann Athen so viele Schulden eines Tages zurückzahlen? So eine enorme Summe? In Griechenland fehlt es nicht nur an einer funktionierenden Wirtschaft. Nein, es fehlt an einer funktionierenden Infrastruktur. Das, was man dort kennt, ist eher mit einer „gefesselten Wirtschaft" zu vergleichen, eine Wirtschaft, die auf Basis der Korruption aufgebaut ist und in diesem Zustand so nicht funktionieren kann.

Tut mir leid, wenn ich das so berichten muss, aber selbst das dort produzierte Toilettenpapier reißt nicht da ab, wo es eigentlich abreißen soll. Oder die in Griechenland produzierten Papiertaschentücher entsprechen bei weitem nicht unseren Vorstellungen. Es ist tragisch, dass man überlegen muss, auch solche Produkte aus Deutschland mitzubringen.

Wie soll so ein Land Geld verdienen, geschweige denn, Schulden abbezahlen? So ist kein Staatshaushalt möglich. Man kann nicht über Jahrzehnte mehr Geld ausgeben, als man einnimmt. Ist an diesem Missstand auch wieder Deutschland schuld? Wahrscheinlich ja, so die Meinung vieler Griechen. Auch ist es bisher fast unmöglich, eine neue Firma in Griechenland zu gründen, die Bürokratie ist voller Hürden. Gerade in so einer Situation, wenn auch junge Menschen eine Idee haben, sollte das doch viel einfacher gehen. Oft sind solche Neugründungen, wenn sie zustande kommen sollten, kaum zu finanzieren. Die Banken sind verunsichert und geben nur unter gewissen Umständen Geld für eine gute Idee, für die Gründung einer Firma. Es gibt also kein wachstumsfreundliches Klima für die Privatwirtschaft und somit auch keine Wachstumsstrategie. Der jetzt durch die aktuelle Regierung eingeschlagene Kurs mit dem Stopp der Privatisierung gefährdet jedes auch nur so kleines Pflänzchen, das doch in den letzten zwei bis drei Jahren entstanden ist. Dies betrifft auch die tragende Säule in Griechenland, also den Tourismus. Hier erlebte man in 2014 einen regelrechten Boom, doch wie geht es weiter, wenn man so um sich schlägt? Wie wirkt das auf die Reiselust der übrigen Europäer, die bisher gerne nach Griechenland gefahren sind? Werden diese Leute auch in 2015 und darüber hinaus kommen?

Wie entwickeln sich die Preise? Werden diese anziehen, weil die Belegungen so hoch waren? Was ist mit dem wirklich nicht guten Service dort? Wird er noch schlechter? Oder hat man in der Zwischenzeit etwas gelernt? Leider nehmen die Inhaber von Tavernen in der Regel keine Anregungen von anderen auf. „Wir haben das schon immer so gemacht, warum sollen wir uns ändern?" Eine Frau, die ein kleines Hotel betreibt und Marmelade selber einkocht, stellt ihren Gästen nur die gekauften Produkte auf den Frühstückstisch. „Was, ich soll meinen Gästen meine gute Marmelade hinstellen? Nein, die essen wir doch lieber selbst!" Gut, dass das Ausnahmen sind, denn in den kleinen, von Familien selbst geführten Häusern ist der Gast, auch aus Deutschland, noch König. Deshalb kommen ja so viele Leute immer wieder gerne in dieses Land. Sie kommen immer wieder zu den gleichen Leuten in die gleichen Häuser und so sind richtige Freundschaften oder auch noch mehr entstanden. Gäste buchen am Ende des Urlaubs oft schon gleich wieder für das nächste Jahr. Man ist in guter Stimmung und so steigt gleich wieder die Freude auf das kommende Jahr!

Warum gibt es keine weiteren Reformen?

Nach dem, was man so hört, wird häufig das aufgeblähte Beamtentum als Grund genannt. Wir haben im Jahr 2000 das erste Haus auf „unserer" Insel gebaut und dabei sehr viel erlebt, auf das meiste kann man gerne verzichten. Lügen, Pfusch und sogar Betrug waren normal, die Uhr tickt hier nicht so, wie wir das kennen.

Der öffentliche Dienst in Griechenland ist sicher der größte Missstand und gleichzeitig auch die größte Wachstumsbremse. Politiker haben es bisher immer wieder geschafft, Plätze in einem Amt für ihr Klientel auf allen Ebenen des öffentlichen Dienstes zu schaffen. Damit werden diese Leute für die Wahlstimme mit einem gut dotierten Platz im Amt belohnt. Somit hat der Staat nie richtig funktionieren können, er ist noch und war besonders vor Jahren viel zu schwerfällig, um Entscheidungen zu treffen. Einer von vier Beschäftigten ist, beziehungsweise war in Griechenland im begehrten öffentlichen Dienst beschäftigt und somit sind dort die Kosten gewaltig explodiert. Hier wurden unter der Troika

Erfolge erzielt. Es wurden Gehälter reduziert und oft unmögliche, unglaubliche Zulagen gestrichen. Aber die jetzige Regierung will die Entlassungen rückgängig machen und die Einkommen wieder anpassen und belohnt damit hauptsächlich diejenigen, die sich nicht an die Regeln hielten.

Wir kennen viele Landsleute, auch aus unserem Landkreis, die in Griechenland Geld investiert und damit auch Menschen dort beschäftigt haben. Die teilweise verfallenen Dörfer wurden durch schöne Häuser, die im alten Stil wieder aufgebaut oder neu gebaut wurden, attraktiver und wertvoller für alle anderen Bewohner in so einem Dorf.

Nun braucht man ja verschiedene Genehmigungen für den Bau, für den Wasser- und den Stromanschluss und so weiter. Wenn man da keinen verlässlichen griechischen Partner vor Ort hat, dann muss man in der Regel Geld „abschreiben". Wir Ausländer sind dann schnell verloren, wir kennen die Sprache und auch die Gewohnheiten nicht.

Die Behandlung auf den zuständigen Ämtern ist wirklich oft sehr eigenartig, man kommt als eine Art Bittsteller zu dem verantwortlichen „Manager", man wird fast wie ein Aussätziger behandeln. Es wird wirklich nicht erwartet, dass man den roten Teppich auslegt. Aber etwas mehr Respekt oder eine freundliche Unterstützung und Hilfe wäre vielleicht angenehmer und besser für alle. Wir müssen warten und warten, die Griechen drängen sich oft sehr selbstbewusst vor und werden dann auch bedient. Haben wir in dem Land ein Verbrechen verübt? Haben wir etwas gestohlen oder jemand etwas weggenommen? Oder ist es nicht so, dass wir sogar Geld, Arbeit und

Abwechslung mit auf die Insel bringen? Wenn man keine gute Unterstützung hat, dann ist man aufgeschmissen und allen Launen der Verantwortlichen ausgesetzt.

Jedes Jahr müssen wir dort seit einigen Jahren als Besitzer eines Hauses oder eines Grundstückes Steuer bezahlen, was ja auch absolut richtig ist. Man braucht auf jeden Fall die Hilfe eines dort ansässigen Steuerberaters. Früher gingen wir selbst auf das Amt, weil meine Frau der Sprache mächtig ist. Heute macht das der Steuerberater für uns. Das ist eine große Erleichterung, da der Kampf um die Plätze, also wer als nächster drankommt, immer sehr mühsam und anstrengend ist. Jeder redet lauter als der andere und man drängt sich einfach vor, ohne rot zu werden. An das Rauchverbot hält man sich auch überhaupt nicht. „Wir Griechen sind doch hier zu Hause."

Wollen wir ehrlich sein? Führen wir uns immer richtig auf? Wir sind doch Gäste in einem anderen Land und wir können dieses Land und besonders die Leute nicht verändern. So suchen auch Deutsche oft ihren Vorteil und verhalten sich einfach nicht richtig. Umbauten am Haus werden nicht angemeldet, der TÜV am Auto ist längst abgelaufen, das Boot liegt kostenlos irgendwo und nicht gemeldet in einem Hafen und so weiter. Man tut oft so, als ob man gewisse Vorschriften nicht kennen würde und ignoriert diese einfach.

Nun hat ja immerhin der Finanzminister Yanis Varoufakis unseren Wolfgang Schäuble getroffen, gut, dass sie miteinander geredet haben. Dass man sich nach den Gesprächen dann einig war, dass man uneinig auseinander ging, war eigentlich klar. Sich trotzdem zusammenzusetzen und miteinander zu sprechen, war die Voraussetzung für einen Lösungsansatz der schwierigen Probleme. Die haben die Griechen zweifellos, und nicht nur sie. Bei den Dimensionen der Schulden, um die es aktuell geht, haben zwangsläufig auch die Gläubiger jede Menge Probleme, und dazu zählen wir Deutschen! Warum kam er nicht sofort zu einem Gespräch nach Deutschland? Warum kommt er allein, wo ist Alexis Tsipras? Hat er Angst, zu dem größten Gläubigerland zu kommen? Diplomatie ist nicht das einzige, was die beiden erst noch lernen müssen. Der Wahlkampf ist vorbei, sie sollten doch endlich in der Realität ankommen. Praktische Politik ist etwas anderes als Volkswirtschaftstheorie, die er bisher gelehrt hat. Nur hochzupokern, funktioniert nicht.

In den nächsten Wochen müssen alle auf einander zugehen, sonst riskiert Tsipras, den man schon den „Geisterfahrer" genannt hat, den Bruch mit Europa. Tsipras möchte den Sparkurs beenden und gleichzeitig viele Reformen, die schon positive Ansätze gezeigt haben, zurückdrehen. Damit steuert er auf einen Bruch mit den europäischen Partnern zu.

Ist das im Sinn der griechischen Bevölkerung? Kann das gut gehen?

Eigentlich ist Herr Tsipras nicht zu beneiden. Er ist ein Gefangener seiner eigenen Wahlkampf-Rhetorik. Einerseits erwarten seine Anhänger nun, dass er die versprochenen Wahlgeschenke auch verteilt, die Anforderungen der extremen Flügel in seiner Regierung sind hoch. Wenn Tsipras aber rechnen kann, und davon sollte man ausgehen, dann sollte er in den ersten zwei Wochen seiner Amtszeit erkannt haben, dass seine Wahlversprechen nicht zu finanzieren sind.

Griechenland kommt ohne neue Hilfskredite nicht über die Runden, Griechenland braucht bald Geld, viel Geld. Doch dieses lehnt der verantwortliche Regierungschef bisher strikt ab, und zwar wegen den damit verbundenen Spar- und Reformauflagen. Tsipras steuert damit nicht nur auf eine Konfrontation mit der EU zu, nein, er riskiert auch die Zukunft seines Landes. Noch bekommt er dafür zu Hause viel Beifall. Diese Begeisterung könnte jedoch schnell in Entsetzten umschlagen, wenn er so sein Land aus der EU katapultiert.

Ist es wirklich der Beginn einer weiteren Schicksalswoche, wieder einmal? Gibt es eine „Weiche Landung oder den Absturz“, das werde sich diese Woche entscheiden, so die Titelschlagzeile der Sonntagszeitung „Kathimerini“. Die Wirtschaftszeitung „Imerisia“ titelt: „Der Countdown läuft“: Mit Spannung erwartete man daher nicht nur in Athen, sondern auch in Brüssel gestern Abend die erste Regierungserklärung des neuen griechischen Premierministers Alexis Tsipras. Tsipras spricht von einem Überbrückungsprogramm bis Juni, aber wie soll das aussehen? Wo kommt dieses „Überbrückungsgeld“ her? Wie werden entsprechende Auflagen, die damit verbunden wären, erfüllt? Man spricht ja immer wieder von tiefgreifenden Reformen, sozialer Gerechtigkeit sowie einem harten Kampf gegen Korruption und Steuerflucht. Klar, das bisherige Sparprogramm, das sicher nicht nur gut für das Land und die Bevölkerung war, wurde am 25.1.2015 abgewählt, das Volk hat so entschieden. Aber alle anderen Maßnahmen brauchen Zeit, viel Zeit, die man jetzt nicht mehr hat. Läuft das bereits um zwei Monate verlängerte EU-Hilfsprogramm Ende des Monats ersatzlos aus, könnte Griechenland bereits im März in Zahlungsschwierigkeiten kommen. Wie geht es nun aktuell weiter? Tatsche ist, es bleibt spannend in und mit Griechenland, besonders in diesen Tagen. Warum? Tsipras riskiert mit seinem Kurs den finalen Bruch!

Eigenartig, acht von zehn Griechen, also eine große Mehrheit, stehen hinter Tsipras, NOCH! Eine große Mehrheit aber rechnet auch noch damit, dass ein Kompromiss zwischen Athen und Europa gefunden wird, aber die Zeit läuft. Der Zug aus Griechenland fährt wohl immer noch in Richtung Europa, aber der Zug aus Europa fährt auch in Richtung Griechenland, eingleisig.

Wer hat die besseren Nerven? Wer muss so langsam die Notbremse ziehen? Wer sitzt am längeren Hebel, in der besseren Position? Immer noch Tsipras, wie er es vor den Wahlen versprochen hat? Athen bleibt immer noch auf Konfrontationskurs, ganz aktuell hat das Parlament dem „Geisterfahrer“ Alexis Tsipras das Vertrauen ausgesprochen. Er versprach den Abgeordneten ganz klar, dass er das Hilfspaket nicht verlängern werde, egal, was Schäuble fordert. Aber wer hat denn da eine Forderung an wen?

Deutschland ist der größte Geldgeber der Kredite, die an Griechenland geflossen sind. Warum fliegt Tsipras dann nach Frankreich, Italien, Österreich und kommt nicht selbst nach Berlin? Hat er Angst vor Merkel und Schäuble, dass sie ihm die Meinung sagen? Oder was ist der Grund? Eigenartig! Das alles schafft doch in Deutschland und auch in Europa kein Vertrauen, das so notwendig wäre. Die neue Regierung in Athen erlaubt sich gerade auch gegen Deutschland Provokationen. Das senkt die Bereitschaft, die so notwendig wäre, weiteren Hilfen für Griechenland und vor allem die Griechen zuzustimmen.

Und warum sprechen die anderen verantwortlichen Europäer, jeder für sich, mit Tsipras oder seinem Finanzminister? Dieses Verhalten ist doch schon sehr eigenartig, so kann man auch versuchen, Europa auseinanderzubringen. Schon wieder, wie so oft, macht auch Brüssel Fehler, große Fehler. Somit öffnen wir doch dem großen Feilschen „Tor und Tür“, wo man doch immer wieder einen Spalt finden kann, aber keine Einigung findet, toll!

Die EZB akzeptiert griechische Staatsanleihen nicht mehr als Sicherheit, das griechische Rettungsseil wird damit dünner und dünner, wie lange noch wird es halten? Kommen jetzt die Kredite aus Russland oder China? Muss ich dann in Zukunft meinen Fischteller auf der Insel in Rubel oder gar in Rimimbi bezahlen? Was soll das ganze Pokerspiel? Wem ist letztendlich damit geholfen? Sicher am wenigsten der griechischen Bevölkerung! Die leidet jeden Tag mehr!

Trotz aller politischen Querelen hat doch anscheinend der Finanzminister Yanis Varoufakis viel Sympathien an Bundeskanzlerin Angela Merkel und Schäuble entdeckt. Selbst das deutsche Volk wird von Varoufakis als bessere Europäer bezeichnet als die Franzosen oder gar, man höre und staune, als seine eigenen Landsleute. Und auch da beginnt Brüssel schon wieder zu versagen, dass man sich in dieser Situation von Athen nicht vorführen lässt. Das bisherige Programm besteht aus drei Säulen: einmal einem radikalen Kurswechsel, einer Brückenfinanzierung, wie auch immer die aussieht, und einer gnadenlosen Erpressung. Man hörte von Varoufakis die Aussage: „Schuldenschnitt, Ende der Durchsage!" Wenn es also zu keiner Einigung mit den Gläubigern, hier ist besonders Deutschland gemeint, im Sinne von Athen kommt, dann muss man sich halt anderswo umschauen, zum Beispiel in Russland, China oder auch Amerika. Das kann auf Dauer doch nicht gutgehen. Die Zweifel an Athens Partnerschaftsfähigkeit schwinden von Tag zu Tag. Eine gedeihliche Zukunft findet Griechenland MIT den Partnern, nicht gegen sie. Doch es wird eng, unglaublich eng.

Was ist eigentlich passiert? Wie kam es so weit? Der auf einer Welle des Zuspruchs surfende Jung-Premier Tsipras hat sich auf eine unrealistische Parole versteift. Er sagt: „Für uns zählt nur der Wählerauftrag zuhause, nicht mehr und nicht weniger! Also den Euro behalten, aber zu unseren Bedingungen!" Die Europäer kontern mit Recht, dass Abmachungen einzuhalten sind, und wer Geld will, der muss auch Auflagen und Kontrollen akzeptieren, richtig!

Also wird mal wieder vor einem hoffentlich akzeptablen Kompromiss mächtig geholzt. Vor allem, weil die doch unerfahrenen Herren in Athen so gar nicht erkennen lassen, dass sie eine Ahnung haben, wie man am Ende die diplomatische Kurve kriegt. Ist das Nervenstärke oder zeigt das die nur bedingte Politikfähigkeit der Verantwortlichen in Athen? Der

Verdacht richtet sich leider eher auf die Variante zwei.

Tsipras und sein kantiger Finanzminister werden sich bewegen müssen, und zwar gewaltig. Der Kompromiss liegt hier nicht mehr in der Mitte. Die Abmachungen mit der Vorgänger-Regierung kann man ja nicht einfach in den Mülleimer werfen, so einfach geht das nicht.

Blicken wir doch mal einige Jahre zurück, halten wir doch einfach mal einige Fakten fest, bevor man die Misere einigermaßen begreifen kann. Griechenlands Bevölkerung hat von der Einführung des Euro klar profitiert. Die Einkommen dort sind viel stärker gestiegen als etwa hier bei uns in Deutschland. Das konnte ich bei vielen Gesprächen mit meinen Griechen immer wieder mit Erstaunen feststellen. Besonders gewaltig waren die Vergütungen im Bereich der Staatsbetriebe und der Verwaltung. Es handelte sich einmal um die Einkommen und dann um die hohen Rentenansprüche.

Weiter hat Griechenland 320 Milliarden Schulden, 260 Milliarden stammen von den Steuerzahlern anderer Staaten, also auch von uns, von mir, von uns Europäern.

Für diese Kredite zahlt Griechenland niedrige Zinsen und die Laufzeiten sind gestreckt. Das wäre in der Summe schon der dritte Schuldenschnitt. Aber wir erwarten doch von unseren Politikern, dass sie vorsichtig mit „unserem" Geld bei weiteren Zusagen umgehen.

Woher bekommt Athen nun das notwendige Geld, um weiter zahlungsfähig zu bleiben? Es bestehen enorme Verpflichtungen. Löhne und Renten können nicht mehr ausbezahlt werden, was passiert dann? Klar ist, dass dann ein großes Chaos ausbrechen würde, was sicher auch nicht in unserem Sinn wäre. Aber Griechenland spielte, ja spielt mit der Angst der Euro-Staaten vor einer weiteren Ansteckung, und das ist auch berechtigt. Ein Ausstieg Athens aus dem Euro („Grexit") würde auch Pleiten der Banken in anderen Ländern nach sich ziehen, darin liegt die große Gefahr eines Flächenbrandes in der ganzen Eurozone.

Dieses Risiko gilt es zu verhindern, diese Probe aufs Exempel muss nicht sein. Man will die Gemeinschaftswährung einschließlich Griechenlands halten, das ist, das muss das Ziel sein, aber zu welchem Preis? Nur dumm, dass Athen so ein Pokerspiel mit griechischen Zwangskrediten an die Nazis oder mit neuen Geldgebern aus Russland oder China betreibt.

Das alles macht einen Kompromiss nicht einfacher. Doch wie könnte ein solcher doch noch zustande kommen?

Das Aufbegehren der griechischen Bevölkerung nach Jahren der Entbehrungen kann ich persönlich wirklich verstehen. Die Not derer, die nur ein kleines Einkommen oder eine kleine Rente bezogen haben, ist groß. Und so hat auch Griechenland letztendlich gewählt, das Volk steht (noch) voll hinter dieser doch unerfahrenen Mannschaft. Tsipras ist an die Macht gekommen, weil die Politik-Elite seit Jahrzehnten den Staat als Selbstbedienungsladen missbraucht. Hier könnte die rebellische Doppelspitze Tsipras und Varoufakis ihrem Land revolutionär wirklich Gutes tun. Das ist die große Chance, zum Beispiel Oligarchen endlich mal besteuern und eine funktionierende, leistungsorientierte und damit auch schlanke Verwaltung aufzubauen.

Sicher müssten sich auch die Euro-Partner bewegen. Denkbar wären weiter verlängerte Laufzeiten, reduzierte Zinsen und an das Wirtschaftswachstum gekoppelte Kredite, die auch bei den Menschen, also den Investoren, ankommen. Die griechische Misere ist hausgemacht. Wenn Tsipras vor der eigenen Tür sauber macht, dann steigt mit Sicherheit auch die Solidarität der Partnerstaaten, so einfach könnte das sein. Doch die vor der Wahl gemachten Versprechungen waren zu groß, man hat das Maul zu weit aufgerissen. Somit ist es schwer, wieder auf dem Boden der Tatsachen, also der Realität anzukommen. Warum sind es immer nur die anderen? Die Einsicht über die eigene Unfähigkeit der griechischen Politiker sucht man vergebens, der stolze Grieche sagt: „Wir doch nicht." Ja, dieser Stolz meiner geliebten Griechen, der ist oft schon unerschütterlich, fast bewundernswert. Aber so sind sie halt!

Im Januar 2015 haben Tsipras und sein Team die Verhandlungen scheitern lassen. Kann man so ein Land aus dem Schlamassel herausführen? Ist das eine gute Basis? Verschafft man sich so den Rückhalt seiner Landsleute und in der Europäischen Union? Ich denke ganz klar: Nein! Man stellt große Forderungen, möchte ständig einen Schuldenschnitt und die Troika liebt man ja sowieso nicht, also weg damit. Das Wort „Kompromiss" hört man in Griechenland nicht so gerne, wer so etwas dort sucht, gilt schnell als „Weichei" oder gar als Verräter.

Wann möchte Tsipras seinen Landsleuten reinen (griechischen) Wein einschenken, also klarmachen, dass viele seiner Wahlversprechen so nicht einzuhalten sind? Die Krise ist noch lange nicht entschärft, die Zeitbombe tickt.

Brüssel: Nach dem Debakel beim Treffen der Eurogruppe, das in der Nacht zum 12.2.15, das ohne eine Entscheidung endete, kommt nun wenigstens ein Dialog in Gang, auch zwischen dem griechischen Premier Alexis Tsipras und Angela Merkel, die den neuen Kollegen bei dem Treffen freundlich begrüßte. Und das, obwohl sie noch im Wahlkampf als „gefährlichste Politikerin Europas“ gegeißelt wurde, die Griechenland zu einer deutschen „Schuldenkolonie“ machen wollte.

Seit gestern verhandelt Griechenland wieder mit den Vertretern der EU-Kommission, der Europäischen Zentralbank und des Internationalen Währungsfonds. Ja, es ist die altbekannte Troika, von der Tsipras noch vor kurzem sagte, es gebe sie nicht mehr. Einziger Unterschied, die Verhandlungen sind nicht mehr in Athen, sondern in Brüssel. Und keiner nimmt das Unwort Troika in den Mund. Athen verlangt mit einer „Brückenvereinbarung“ eigentlich das, was schon früher beschlossen wurde. Diese Vereinbarung soll sicherstellen, dass Griechenland über den Sommer zahlungsfähig bleibt.

„Doch noch steht die Brücke nicht“, so die NWZ weiter. Offen ist, welche Reformauflagen Griechenland noch umzusetzen hat. Für Tsipras ist das ein heikles Thema, versicherte er doch seinen Anhängern, mit einem Wahlsieg sei das bisherige Programm ausgelaufen und der Sparkurs beendet. Diese Maßnahmen lauteten etwa: Höhere Mindestlöhne und Renten, Wiedereinstellung im Staatsdienst, Rückbau der Arbeitsmarktreformen, stopp der Privatisierungen. Dies alles sind einseitige Schritte, die gegen die bisherigen Vereinbarungen mit der Troika verstoßen.

Tatsache ist, die Verhandlungen stehen unter einem extremen Zeitdruck. Am Montag, den 16.2.15 muss eine Einigung erzielt werden, sonst kann die Verlängerung des Programms, das ja noch in einigen EU-Staaten von den Parlamenten gebilligt werden muss, nicht rechtzeitig erfolgen. Griechenland hinge dann am 1. März 2015 in der Luft, ohne Hilfskredite, ohne Sicherheitsnetz. Dann muss nur noch die EZB den griechischen Banken den Geldhahn zudrehen und eine Staatspleite ist nicht mehr zu verhindern. An die Folgen für die anderen Problemländer und die Währungsunion insgesamt vermag niemand zu denken.

Wenn man das alles so verfolgt, wird es mir immer schwarz vor den Augen. So stelle ich mir selbstverständlich auch die Frage: „Was bedeutet das alles für mich?“ Ja, für mich persönlich, für unser Haus und Grundstück auf Thassos? Mit welcher Liebe und welchem Einsatz haben wir das dort alles aufgebaut, was haben wir aus diesem ursprünglichen „Urwald“, wo unser Haus heute steht, gemacht? Wie viel Zeit und auch Geld haben wir dort investiert? Und wie wirkt sich das alles auf die lieben Menschen, also

„meine" Griechen, aus? Kommen sie noch über die Runden? Können sie weiter existieren in ihrem Land? Wir haben dort viele Freunde, Bekannte und auch eine große Verwandtschaft von Marina, die überleben müssen!

Es waren immer schöne Stunden und herrliche Erlebnisse. Wir hatten mit der Familie und Freunden so angenehme Treffen. Wie wirkt sich das auf die weitere Zukunft für uns auf „unserer" Insel aus? Wir werden, wir müssen einfach die weitere Entwicklung abwarten, es bleibt spannend, es wird wahrlich nicht langweilig, das ist sicher!

Ganz klar wird, dass Tsipras seine Wahlversprechen nicht einhalten kann. Denken wir an die Aussage, etwa 3.900 entlassenen Beamten zurückzuholen. Wie soll das mit den begrenzten Mitteln funktionieren? Woher soll dieses zusätzliche Geld kommen? Das und vieles mehr wurde im Siegesrausch in der Wahlnacht versprochen. Es klemmt also jetzt schon hinten und vorne. Jedem, der rechnen kann, ist das eigentlich klar, nur der neuen und unerfahrenen Regierungsmannschaft anscheinend nicht.

Montag, 16. Februar 2015: 19 Finanzminister der Eurogruppe treffen sich erneut. Laut Presseberichten aus Griechenland steht ja das Volk voll hinter seiner Regierung, noch! Trotzdem heben die Menschen dort schon täglich hunderte von Millionen € von ihren Bankkonten ab. Wo ist das Vertrauen? Das spricht doch eher für ein Misstrauen in die unerfahrene Mannschaft um Alexis Tsipras. Die Griechen haben Angst vor einem Zusammenbruch des Systems, nur mit Notfall-Krediten werden die Banken am Leben erhalten.

Im Falle der Staatspleite haftet dafür der Rest von Europa.

Die neue Regierung pokert also weiter, wie weit noch? Wer hat die besseren Nerven, Tsipras oder doch unsere Angela Merkel? Der 16.2.15 ist jedoch der letzte Termin, griechische Staatsanleihen genießen schon längst „Ramschstatus".

Erstaunlich, aber die verantwortlichen Griechen verhalten sich so, als seien sie auf frisches Geld kurzfristig nicht angewiesen. Oder will man sich irgendwie „durchwurschteln" bis Juni? Auf was hoffen Tsipras und sein Finanzminister Varoufakis noch? Dass die Eurozone Griechenland nicht in ein Chaos abgleiten lässt? Da braucht er wirklich gute Nerven!

Varoufakis hat seinen Kredit bei den anderen 18 Kollegen bereits verspielt, als er am Mittwoch, den 11.2. ein Kompromisspapier nach Rücksprache mit Athen hat wieder einstampfen lassen. So verscherzte er sich seine noch letzten Sympathien in diesem Kreis der Finanzminister. Jetzt stehen die anderen 18 geschlossen gegen Griechenland.

Alle verantwortlichen Europäer beschäftigen sich mit den Problemen der Griechen.

Selbst unser Finanzminister Schäuble sagte: „Die Griechen tun mir leid, sie haben eine Regierung gewählt, die sich doch ziemlich verantwortungslos zeigt. So langsam muss nun Griechenland einen Weg aufzeigen, wie es in Zukunft Geld erwirtschaften will, um die eigenen Ansprüche auch bezahlen zu können."

Die FAZ vom 16.2.16 schreibt treffend über die „Griechische Revolvertaktik“: „Diese Regierung will sich an keine Vereinbarung halten und erpresst die Partner mit der Drohung des Euro-Ausstiegs. Wer nachgibt, treibt radikalen Partnern Wähler zu. Zusätzlich fordert er noch mehr Geld. Die griechische Regierung hält sich somit den Grexit- Revolver selbst an den Kopf.“

Zählt hier nur der Wählerwille Griechenlands? Oder haben die Wähler in den Geberländern keine Stimme? Es ist einfach eine Unverschämtheit, wenn die neue Regierung so tut, als seien die Kredite dem Land aufgedrängt worden. Das Gegenteil ist doch der Fall. Solche Aussagen hören wir bei Gesprächen mit Griechen in Griechenland immer wieder. Ihr Deutschen, ihr Europäer, ihr verdient doch gewaltig an den hohen Zinsen, die ihr von uns armen Griechen verlangt. Ja, es sind ja zum großen Teil arme Griechen. Die Hilfen der letzten Jahre sind nicht beim Volk angekommen. Aber wer hat das zu verantworten? Etwa unsere Kanzlerin Angela Merkel? Sie wird von der griechischen Presse immer wieder als der Sündenbock dargestellt, und die Menschen dort glauben das alles. Es wird diskutiert bis zum bitteren Ende, aber selten wird dabei auch der Verstand eingeschaltet.

Man muss einfach wissen, dass im Jahr 2010 angesichts der gigantischen Defizite niemand mehr Athen Kredite geben wollte. In dieser Not sprangen die EU-Staaten und der Währungsfond ein. Die Schulden sind dann weiter gestiegen und nicht gefallen. Und nun ein weiterer Schuldenschnitt? Nein, denn es würde die Liquiditätslage kaum verbessern, weil die Laufzeit der meisten Kredite extrem lang und die Zinsen fast null sind. Somit wird der „Grexit" ohne Einigung, und so sieht es nach den Verhandlungen am 16.2.2015 leider aus, immer wahrscheinlicher. Darauf reagieren die Griechen. Schon seit längerem bringt die reiche Elite ihr Vermögen außer Landes. Und nun holen auch die Kleinsparer, täglich werden es immer mehr, ihr Geld von der Bank ab, um es zu bunkern. Sieht so Vertrauen für die eigene Regierung aus? Zu den offiziellen Schulden Griechenlands von über 300 Milliarden muss man noch „Schattenkredite" von wohl bis zu 100 Milliarden hinzuzählen.

Bleibt jetzt nur noch der Ausstieg aus dem Euro? Gibt es doch bald wieder die Drachme? Wer will das? Selbst das griechische Volk will es nicht, aber ist es bald die einzige Chance? Werden dann wir Europäer zur Kasse gebeten. Die Forderungen des Euro-Krisenfonds, der Euroländer und der EZB wären verloren.

Kurzfristig dürfte die griechische Wirtschaft stark schrumpfen. Die Abwertung verteuerte Importwaren gewaltig. Unternehmen mit Auslandsschulden gerieten unter Druck. Auch der Lebensstandard in Griechenland würde zuerst mal sinken. Auf lange Sicht jedoch könnte das Land von der Drachme profitieren, weil es wieder wettbewerbsfähig wäre. Ein „Grexit" würde die Märkte durchschütteln, aber den Euro nicht sprengen. Denn Europas Banken haben ihre Forderungen gegenüber Athen fast auf null reduziert.

Oder lässt sich die Eurozone wieder von den Griechen erpressen? Unter den Rettungspolitikern ist die politische Angst vermutlich stärker ausgeprägt als die ökonomische Vernunft. Aber kann das kleine Griechenland, das sich mit gefälschten Zahlen in die Währungsunion gemogelt und die Regeln nie anerkannt hat, ganz Europa in die Luft sprengen? Bei einer weiteren erfolgreichen Erpressung werden sich umgehend die Partei Podemos aus Spanien, die Front National aus Frankreich und die Wahren aus Finnland ganz herzlich bei allen Beteiligten bedanken. Und wer bezahlt das dann alles? Wird dann nicht alles noch teurer, noch schlimmer? Es bleibt weiter spannend, aber so spannend müsste es ja auch nicht unbedingt sein.

Tatsache ist, die Gespräche sind vorerst einmal gescheitert. Was will eigentlich die griechische Regierung? Was haben sie aktuell vor? Ist das jemandem bekannt? Wissen sie es selbst? Wenn es so etwas wie eine politische Pubertät gibt, dann trifft das jetzt aktuell auf diese unerfahrene Regierung zu. Nun schieben sich heute am 17.2.2015 Brüssel und Athen gegenseitig die Schuld am Scheitern zu. Es gibt keine kreativen Vorschläge oder Ideen.

Mittwoch, 18.2.15: Am Freitag, 20.2. droht der Exit! Die Verantwortlichen aus Europa und Griechenland kommen nicht voran, es geht hin und her. Immer mehr wird über den Ausstieg des Landes aus dem Euro spekuliert, es droht immer stärker die Gefahr des „Grexit", also der Ausstieg Griechenlands aus dem Euro. Am Freitag könnte es endgültig soweit sein. Was bedeutet eigentlich ein „Grexit"? Formal kann Griechenland nicht aus dem Euro austreten, ein Austritt eines Landes ist in den Verträgen nicht vorgesehen. Wenn, dann müsste das Land auch die EU verlassen. Andererseits können andere Euro-Staaten Griechenland nicht einfach aus dem Währungsverbund werfen. Trotzdem wird über den so genannten Grexit unter Experten heftig gestritten. Wenn dem Land das Geld ausgeht, dann ist dies faktisch der Grexit.

Es ist eine Tatsache, dass Unternehmer und Bürger täglich viel Geld von den Konten abheben. Also ist doch anscheinend mehr Geld und weniger Vertrauen in die junge, unerfahrene Regierung vorhanden!

Sollte die Regierung in Athen nicht einlenken, müsste der EZB-Rat die Vergabe weiterer Kredite an die griechischen Banken stoppen. Damit wäre eigentlich Griechenland faktisch nicht mehr Mitglied er Währungsunion, das wäre dann der Rauswurf!

Was bedeutet so ein Rauswurf für Griechenland? Zuerst mal wäre es nach übereinstimmender Meinung der Experten eine Katastrophe. Nur mit einer neuen Drachme könnte das Land liquide bleiben und auch den Zusammenbruch des Banken-Systems verhindern. Die Bankguthaben würden umgestellt, Löhne und Gehälter in Drachme überwiesen. Diese Drachme, die wir ja noch ganz gut von unseren ersten Reisen kennen, würde gegenüber dem Euro dramatisch an Wert verlieren. Und damit würden auch gleichzeitig die Schulden von Griechenland massiv steigen. Nur langfristig, so die Experten, könnte der griechische Staat vom Grexit profitieren. Die Unternehmen wären im Export wieder wettbewerbsfähiger und der Urlaub in Griechenland wird wieder billiger. Kurzfristig würde die Wirtschaft aber doch stark einbrechen, das passiert ja schon jetzt in der Phase der Unsicherheit, entstanden durch die langen und unsicheren Verhandlungen der so unglaublich auftretenden griechischen Politiker. Importe wie Heizöl, Benzin, Diesel oder auch Medikamente werden sofort teurer, da diese ja in Euro bezahlt werden müssen. Auch ausländische Unternehmen und nicht zu vergessen Privatleute dürften ihre Investitionen in Griechenland zurückfahren. Wie viele Deutsche, Engländer, Schweizer, Österreicher, Italiener oder Menschen andere Nationalitäten haben in Griechenland ein Haus oder ein Grundstück gekauft? Auch diese Käufe werden sicher nicht mehr oder kaum mehr getätigt. Trotz allem oder gerade deshalb sollten wir alles tun, dass Griechenland im Euro bleibt.

Was bedeutet das alles für mich? Soll ich nun nach Griechenland fliegen, um mein Geld, das dort auf der Nationalbank liegt, abzuheben? Es liegt ja da nicht viel, aber es würde mich doch schmerzen, den Flug könnte ich damit locker bezahlen. Und es ist kein Schwarzgeld, es ist sauberes Geld. Habe ich oder die Griechen mehr Vertrauen in das alles, was aktuell dort passiert? Was tun? Das Handelsblatt schreibt am 19.2.16 folgendes: „Es gibt ihn, auch wenn man ihn nicht sieht, den ‚Sturm auf die Banken'."

Die Griechen haben seit November sage und schreibe 21 Milliarden Euro von ihren Konten abgeholt. Es ist also Geld vorhanden, oder? Und dann kommt der Satz, der auch mich persönlich betrifft: „Wer jetzt noch sein Geld bei einer griechischen Bank aufbewahrt, der hat einen patriotischen Tapferkeitsorden verdient oder er kann sich zu einem Intelligenztest anmelden!“ Für was soll ich mich entscheiden?

Griechenland hält seine Geldgeber weiter hin. Das ist Fakt. Griechenlands Zukunft steht auf der Kippe. Ein Antrag aus Athen auf eine Verlängerung der Hilfen soll in Brüssel eintreffen. Lenken die Griechen jetzt doch noch ein? Ist es eine neue Variante? Riskiert die Regierung von Alexis Tsipras tatsächlich den ganz großen Krach? Die Spannung steigt, wieder einmal. Aber dieser Antrag muss, so die Europäer ganz eindeutig und geschlossen, Spar- und Reformauflagen enthalten, sonst ist dieser wertlos. Aber genau das haben Tsipras und sein kantiger Finanzminister bislang als unannehmbar bezeichnet.

In der griechischen Bevölkerung wird der Poker um die Zukunft des Landes zunehmend mit Sorge betrachtet, viele Menschen fürchten um ihr Erspartes. Man erinnert sich noch gut an Zypern, als im März 2013 über das Wochenende die Banken geschlossen wurden. Doch trotz der Sorgen in der Bevölkerung, zeigt sich die Regierung unter Tsipras weiter unnachgiebig. Woher nimmt dieser junge und unerfahrene Ministerpräsident diese Sicherheit? Man kann nur darüber rätseln und staunen. Hofft er, dass die Partner in der Eurozone ein Zudrehen des Geldhahns wegen der hohen Folgekosten doch nicht wagen? Pokert er um den Punkt, dass eine Pleite Athens die Euroländer viel teurer zu stehen kommt als eine bedingungslose Verlängerung der Kredite? Gute Nerven hat er auf jeden Fall, der Herr Alexis Tsipras.

Lange vor der Wahl sprach auch er immer wieder von fehlenden Wachstumsimpulsen in Griechenland, was ja sicher neben den notwendigen Reformen nicht falsch ist. In diesem Punkt hat Brüssel ganz eindeutig versagt, die Troika hat nur die Zahlen kontrolliert, alles andere hatte keinen Stellenwert. Nun hört man aber auch von Tsipras wenig in dieser Richtung, er spricht nur noch von der Würde und der Selbstbestimmung der Griechen. Das Land muss funktionstüchtig gemacht werden, hier wurden in den letzten Jahren gute Fortschritte erzielt. Der immer noch aufgeblasene Staatssektor muss schlanker und besser werden. Weiter muss das Steuersystem verbessert werden, man ist ständigen Veränderungen ausgesetzt, keiner kennt sich mehr richtig aus. In der Justiz gibt es einen hohen Bedarf an Verbesserung, das ist wichtig für alle Investoren. Alles dauert einfach zu lang, die Verantwortlichen dort schieben die wachsenden Aktenberge vor sich her, zu wenig wird bearbeitet und entschieden. Und dann der Tourismus: Im letzten Jahr (2014) kamen 22 Millionen Touristen in das Land, ein Rekordjahr also. Das Land und auch unsere Insel ist im Juli und August total überlaufen, es fehlen aber Angebote und Ideen für Frühling und Herbst. In dieser oft wunderbaren Zeit mit herrlichen Temperaturen sind viele Hotels leider geschlossen und die Strandliegen aufgeräumt. Ein Angebot an Flügen in der Vor- und Nachsaison ist nur sehr schwach vorhanden. Kavala wird nur von Ende April / Anfang Mai bis Ende Oktober angeflogen. In der Zwischenzeit muss man auf Thessaloniki ausweichen, was doch recht mühsam ist, wenn man seinen Urlaub auf Thassos verbringen will. Aber auch da könnte man einiges organisieren, so man wollte.

Bei der Bildung ist der Handlungsbedarf sehr groß, hier liegt die Zukunft eines Landes. Trotz allem gibt es Eliteschulen, die einen internationalen Vergleich nicht fürchten müssen. Aber die Masse der Schulen hängt hinterher. Auch auf Thassos gibt es neben den Staatsschulen private Sprachschulen, in denen für die Kinder und Jugendlichen besonders Englisch oder Deutsch angeboten werden. Besonders Englisch ist für jeden jungen Griechen ein MUSS, sonst sind seine Möglichkeiten, irgendeinen Job zu bekommen, wirklich gleich null. Thassos lebt sehr stark vom Tourismus und gute, teure Getränke werden meistens in englischer Sprache bestellt, also muss man diese Sprache verstehen, besonders dann, wenn man seine Kasse in der Ferienzeit im Service auffrischen möchte.

Freitag, 20.2.2015: Der Nervenkrieg entwickelt sich weiter. Geht er in eine entscheidende Phase? Standfestigkeit und vor allem Einigkeit der EU werden derzeit einer harten Prüfung unterzogen, selbst die deutsche Bundesregierung ist da kein gutes Beispiel. Schäuble sagt **nein**, unser Wirtschaftsminister Sigmar Gabriel sieht das Angebot als eine gute Basis für weitere Gespräche. Wer hat Recht? Auf jeden Fall ist der Patient in höchster Gefahr. Stünde nicht so viel auf dem Spiel, könnte man sagen, da läuft eine unglaubliche Komödie ab.

Aber das hier ist eine Tragikomödie, die sich zu einem Trauerspiel ausdehnen kann.

Es geht vor allem um die Stabilität das Euro, an dem wir alle hängen. Und es geht um das Schicksal der Griechen, auch meiner lieben Griechen, meiner

Freunde dort, den Nachbarn, den vielen sehr hilfsbereiten lieben Menschen, die wir dort alle kennen. Ja, es droht der „Grexit", die Rückkehr zur Drachme, der Absturz in ein noch größeres Elend. Daran schuld ist auch das sogenannte „Rettungspaket" der vergangen fünf Jahre. Das alles kann uns hier in Europa und vor allem in Deutschland nicht kalt lassen, denn es droht ein Totalverlust der gewährten Hilfskredite. Noch schlimmer wäre aus meiner Sicht, dass bei einer weiteren Eskalation das Gefüge in Griechenland völlig ins Wanken gerät, und zwar dann, wenn extremistische, anti-europäische Kräfte die Oberhand gewinnen sollten. Das wäre schlechthin die Katastrophe, denken wir an die Schockwellen, die sich schnell auf dem ganzen Kontinent ausbreiten könnten.

Wie schon erwähnt, die neue Athener Regierung agiert sehr ungeschickt, sie ist unerfahren und macht Fehler. Tsipras und seine Kollegen glaubten anfangs noch, Europa erpressen zu können, aber da hat er sich getäuscht. Das Votum der Griechen setzt die Regeln Europas ist nicht außer Kraft, das muss Tsipras jetzt erkennen. Er hat ja wirklich Recht, dass das bisherige Hilfspaket gescheitert ist. Der enorme Sparkurs hat das Land in die tiefste und längste Rezession gestürzt, die ein europäisches Land in Friedenszeiten je erlebt hat. Wir konnten das vor Ort auch auf „unserer" Insel immer wieder erleben. Besonders hart traf es aber die Menschen in den Städten, hier ist die Not besonders groß. Hunderttausende Familien sind von Armut bedroht, Lebensplanungen und -grundlagen wurden zerstört. Das ist das eigentliche Drama der Griechen, daher haben sie auch so gewählt, es gab für die meisten Menschen keine Alternative mehr. Die bisher verabreichte Medizin stärkt den griechischen Patienten nicht, sie schwächt ihn sogar. Noch mehr von dieser Sorte und der Patient stirbt. Das kann nicht unser Ziel als Gläubiger der hohen Schulden sein, von den Sorgen um die Menschen ganz abgesehen.

Auch Tsipras hat ja schon viel Wasser in seinen Ouzo gegossen, wie der aktuelle Antrag auf Verlängerung des Hilfspakts zeigt. Jetzt müssen **wir** einen Schritt auf die Griechen zugehen, der Spardruck muss zurückgenommen werden, das ist zu einseitig und wirkt zerstörerisch, wie man gesehen hat. Sicher braucht die Athener Regierung finanziellen Spielraum, um die sozialen Härten der Krise zu mildern und den Frieden zu wahren. Zugleich sollte jedoch auch an den Reformen, die ja Erfolge gezeigt haben, festhalten werden. Das Land muss mit der Unterstützung von Europa Wachstum kreieren, um somit auch später die Rückzahlung der Schulden zu sichern.

Es sollte allen daran gelegen sein, die Krise zu entschärfen, auch uns Deutschen!

Zwar meinen auf einmal viele Experten, ein „Grexit" sei zu verkraften, also auch ein Dominoeffekt nicht zu befürchten. Ganz sicher kann sich allerdings keiner dieser Experten sein, welche Folgen eine mögliche Staatspleite in Griechenland für die anderen Problemländer und die Währungsunion als Ganzes hätte. Wollen wir das wirklich ausprobieren? Wollen wir dieses Risiko eingehen?

Was ist eigentlich ein „Grexit"? Es ist ein Kunstbegriff, der aus den englischen Worten Greece (Griechenland) und Exit (Ausgang oder Ausstieg) gebildet wurde. Gemeint ist also ein Ausstieg oder Rauswurf

Griechenlands aus der Eurozone. Die Hoffnung besteht darin, dass sich, wenn Griechenland wieder die „weiche“ Drache einführen sollte, die Wettbewerbsfähigkeit verbessert.

Freitagabend, 20.2.15: „Einigung mit Athen in letzter Minute“, also einen Tag nach den mehrfach wiederholten Verhandlungen. Griechenland will also die Strukturreformen und Sparpläne weiter beibehalten, die Sozialprogramme aber ausweiten. Wie soll das gehen? Was beinhaltet diese Einigung? Griechenland bekommt vier Monate Zeit, muss aber bis Montag eine Reformliste vorlegen. Es wurde in den letzten Wochen viel Vertrauen zerstört und nützliche Zeit verplempert, das ist Fakt, das ist sehr schade. Zeit, die fehlt, um die Maßnahmen weiter umzusetzen. Griechenland hatte bei diesem Krisentreffen auf jeden Fall eine schwere Kost zu schlucken. Die Kritik am Antrag der neuen Regierung auf Verlängerung der Finanzhilfen ohne die geforderten klaren Zusagen war groß, und das nicht nur von der deutschen Seite.

Die Eurogruppe legte schließlich den Griechen ein Papier mit den klaren Vorstellungen der Geldgeber vor mit dem Hinweis: „Dieses Papier oder keines!“ Tsipras feiert trotzdem die Einigung mit den Kreditgebern sehr überschwänglich, der Applaus im eigenen Land war jedoch kaum zu hören. Tsipras weiter: „Wir lassen die Sparmaßnahmen hinter uns!“ Die Interpretationen der Einigung gehen also weit, sehr weit auseinander. So gibt es noch viele und große Stolpersteine und das Misstrauen bleibt weiter groß. Es wird also weiter und immer wieder verhandelt, eine ständige Anspannung bleibt uns erhalten, das ist sicher. Die Verlängerung des Hilfsprogramms hat jedoch aktuell die Staatspleite verhindert, hoffen wir, dass es so bleibt.

„Was die Griechen sich fragen müssen!"

Es gibt keine Lösung ohne Schrecken, denn die EU darf und kann sich nicht weiter erpressen lassen. Durch den Integrationsprozess kamen sich die europäischen Länder näher, aber deutlich wird gerade in so einer Auseinandersetzung die unterschiedliche Mentalität und kulturelle Prägung der Menschen. Das kenne ich persönlich, dem bin ich jeden Tag ausgesetzt, ja täglich prallen da zwei unterschiedliche Mentalitäten zusammen. „Ich habe halt griechisches Blut in mir", so höre ich immer wieder, das ist die Entschuldigung, aber so einfach geht das nicht immer, besonders in der großen Politik. Da prallen Welten aufeinander.

Auch ich bin leider nicht immer lernfähig und auch nicht lernwillig, und das nach immerhin über 45 Jahren Ehe. Mein Vorsatz immer ruhig zu bleiben, ist nicht immer so leicht zu halten. Leider versage ich da hin und wieder.

Liebe Griechen, liebe Freunde, ich habe viele Menschen dort, die ich in mein Herz geschlossen habe, die mir und uns immer wieder helfen und uns wunderbar zu Seite stehen, aber soll das Leben auf Pump so weitergehen? Macht das Sinn? Seid ihr so zufrieden? In Deutschland muss ich mir mit Recht anhören: „Warum sollen wir denn Deine Griechen weiter und immer weiter unterstützen, warum sollen wir zahlen und zahlen?“ Es wurden in Griechenland große Löcher aufgerissen, in die auch viel deutsches Geld versickert ist. Und zusätzlich verschwunden ist auch das gegenseitige Vertrauen. Das europäische Ziel, dass keine Nation für die Schulden der Anderen aufkommen muss, wurde verfehlt. Warum sollen Länder, die Reformen erfolgreich durchgeführt haben, den Gürtel immer enger schnallen, damit andere Länder ihren Gürtel um ein paar Löcher weiter machen können?

Wird, wie man nun von Athen hört, die Bereitschaft zur Solidarität überstrapaziert? Das bleibt nicht ohne Folgen. Aktuell bestehen zwei Fronten, Deutschland gegen Griechenland und Griechenland gegen Deutschland. Aber Achtung, Radikalisierungs-Bewegungen gibt es nicht nur auf der Schuldner-Seite, sondern auch bei den Gebern und den Gläubigern, besonders dann, wenn das Gezerre so weitergeht.

Also muss Athen raus aus der Währungsunion? Was wäre die Lösung? Ein Schrecken ohne Ende oder doch ein Ende mit Schrecken? Was ist besser für Griechenland, was besser für Europa, was für Deutschland? Dürfen wir uns immer wieder von Neuem erpressen, täuschen oder vertrösten lassen? Was ist der richtige Weg?

Athen spricht immer wieder von einem Berliner Diktat, deutsche Politiker werden in der griechischen Presse in Wehrmachtsuniform gezeigt. „Leute, das ist doch abartig, so baut man doch kein Vertrauen auf, so treibt man den schon vorhandenen Keil immer tiefer zwischen unsere Länder, zwischen die Menschen." Ich spüre bei den Menschen auf „meiner" Insel noch keine direkte Ablehnung, nein, wirklich nicht, aber bei vielen Leuten ist die große Herzlichkeit nicht mehr vorhanden. Wird man als Deutscher erkannt, dann hört man sehr schnell „Merkel" oder auch „Schäuble"-Rufe. Und dann diskutieren? In einer Taverne mit mehr als vier oder fünf Griechen, der Tisch voll mit Ouzo oder Bierflaschen? Das macht absolut keinen Sinn! Ja, ich liebe die Menschen dort und ich achte sie, aber über Politik zu sprechen, das ist brotlose Kunst, da kommt man nicht weiter.

Tatsache ist, die Party in Griechenland ist vorbei, wenn das auch zynisch in den griechischen Ohren klingt, aber es ist einfach so. Tsipras kämpft auch gegen den Protest in den eigenen Reihen, es ist ein schwieriger Spagat, den er gehen muss. Er sitzt regelrecht in der Klemme. Die Regierung muss die strikten Anforderungen der Europäer erfüllen, aber auch die Erwartungen der Wähler auf grundsätzliche Veränderung. Der Ministerpräsident hat bisher viel versprochen und wenig gehalten.

Schon spottet sein Amtsvorgänger Samaras über ihn. Wird Tsipras als „Pausenclown" der Finanzkrise in Erinnerung bleiben? Hoffentlich nicht, denn Samaras hat zu viele Fehler gemacht. Hoffen wir, dass Griechenland vor einer erfolgreichen Ära mit Tsipras steht. Die griechischen Reeder und die anderen schwerreichen Griechen maßgeblich und kurzfristig zu besteuern, ist seine Chance, die muss er nutzen. Weiter kann er überlegen, wie man die Immobilien der steinreichen orthodoxen Kirche in die weiteren Überlegungen mit einbeziehen kann. So könnte er es schaffen, und ich wünsche ihm, dass er als wahrer Reformer in die Geschichte eingeht.

Und wir lesen am 25.2.15: „Griechenland wurde erwartungsgemäß vor der Staatspleite gerettet!“ Der Ärger über die neue griechische Regierung ist groß, darüber gibt es keinen Zweifel, da ist zu viel passiert in den letzten Tagen. Aber gesiegt hat der politische Wille, Europa zu erhalten, dieses Ziel ist doch deutlich größer. So ist die Entscheidung ärgerlich und sie ist doch vernünftig, aber wie lange hält diese?

Das kleine Land scheint einfach nicht in der Lage zu sein, ein ordentliches Staatswesen auf die Beine zu stellen, es fehlt hinten und vorne. Und erschreckend kommt noch dazu, dass die beiden „nassforschen“ und kantigen Politiker Alexander Tsipras und Gianis Varoufakis durch ihre unverständlichen und auch teilweise unverschämten Forderungen in der europäischen Staatengemeinschaft isoliert dastehen. Und wie ist ihre Position auf Grund der vorlauten Versprechungen im eigenen Land? Wie lange hält die anfängliche Begeisterung der Griechen noch an? Man wird sehen, wie sie das alles ihren Wählern vermitteln. Wenn Tsipras den Elan und die Energie, die er gegen die Sparauflagen aufbrachte, auch beim Kampf gegen Steuerflucht und Steuerbefreiung der Reichen halten kann, dann hätte er immer noch große Chancen auf einen Erfolg. Griechenland braucht eine leistungsfähige und nicht von Gruppeninteressen gegängelte Wirtschaft, das ist DIE Basis für die Geldgeber. Nur das sollte zählen bei weiteren Unterstützungen.

Die verlangten Reformen sind keine Knebelung des griechischen Volkes, sie sind ganz einfach die logische Gegenleistung dessen, dem aus höchster Not geholfen wurde. Die neue griechische Regierung pokerte hoch, ja sehr hoch mit der Angst Europas vor einem Euro ohne Griechenland, dem „Grexit". Doch diese Angst gibt es nicht mehr. Auch das ist eine Lektion, die Tsipras und Varoufakis lernen mussten. Die Syriza-Partei unter Alexis Tsipras ist aber die demokratisch gewählte Partei der Griechen. Leider haben die Verantwortlichen, besonders eben Tsipras, vor der Wahl und auch noch bis heute alles getan, Deutschland und die Troika als die Schuldigen dieser zum größten Teil selbstverschuldeten Lage verantwortlich zu machen. Die Hintergründe für das griechische Drama und auch Desaster sind doch wirklich bekannt. Warum haben wenige, aber reiche griechische Familien seit Jahrzehnten keine Steuern bezahlt und damit das ganze Land ruiniert? Warum hat die Politik der unglaublichen Korruption immer nur zugeschaut? Wer hat da wem geholfen, dass es so weit kam? Warum muss der kleine Mann für diese verfehlte, ungerechte und so gewollte korrupte Politik bezahlen? Wer trägt dafür die Verantwortung? Die Europäer, die Deutschen oder gar Angela Merkel persönlich?

Immer wieder werden Merkel und Schäuble in Griechenland an die Wand gestellt, jede politischen Diskussion in Griechenland endet mit negativen Äußerungen über Merkel oder Schäuble. Warum ist das so? Sind doch wir Deutschen schuld? Wenn man nur griechische Zeitungen liest, dann glaubt man das sicher auch. Nicht akzeptabel ist jedoch, dass man Karikaturen sieht, die schäbig sind. Wolfgang Schäuble zum Beispiel wird verwandelnd in einer

Wehrmachtsuniform gezeigt. Sätze, die an die Griechen gerichtet sind, werden gezeigt: „Wir bestehen darauf, aus Eurem Fett Seife zu machen“ oder „Wir diskutieren nur über Düngemittel aus Eurer Asche“! Ein absoluter Schwachsinn! So werden zwischen den Ländern keine Brücken gebaut, so wird eine vernünftige Lösung schon im Kein erstickt, so sind keine vernünftigen Gespräche mehr möglich, wie auch!

Geschmacklos und skandalös, ich schäme mich bei so etwas für „meine“ Griechen, das sind nicht die Griechen, die ich auf meiner Insel als Freunde oder Bekannte habe. Wo bleibt der Aufschrei hier in Deutschland? Es sind doch gerade unsere Steuergelder, um die es hier geht, Geld, das auch wir hier gut nutzen können, Geld, das vermutlich auch uns mal fehlen wird. Und dass gerade Schäuble, der als ehrenhafter Europäer in den unseligen Debatten der letzten Wochen und auch Jahre Rückgrat gezeigt hat, gegenüber den Griechen und gegenüber uns Deutschen, dafür können wir ihm nur ausdrücklich danken. Seiner Standfestigkeit, seiner oft auch bockigen Haltung haben wir es zu verdanken, dass wir uns nicht dem Diktat eines sich völlig überschätzenden Herrn Varoufakis unterwerfen mussten und nicht weiter unterwerfen müssen.

Ich denke, ich kenne die Griechen durch meine lange Zeit, die ich in Griechenland lebe, recht gut. Man macht, was man machen muss, aber wirklich nicht mehr. Wenn es etwa am Haus oder im Garten etwas zu tun gibt, dann nimmt man sich einen Albaner. Ohne die über 100.000 Albaner, die in Griechenland leben und arbeiten, wäre das Land in einer noch schlechteren Verfassung. Bei vielen Arbeiten auf meinem Grundstück bekomme ich oft einen sehr guten Tipp: „Nimm Dir doch einen Albaner!" Ich mache das in der Regel nicht, weil ich die Arbeit gerne mache. Dafür werde ich einfach nur belächelt. Für Arbeiten mit Steinen allerdings sind diese Leute die absoluten Spezialisten, da gibt es keine besseren. Mit Badelatschen stehen diese meist lieben und dankbaren Leute auf wackeligen Gerüsten und klopfen so auf die Steine, dass diese (fast) immer richtig auseinander fallen. Das sind richtige Künstler und für den Bau von Mauern oder auch Steinhäusern bestens geeignet. Es macht schon Spaß, sie bei der Arbeit zu beobachten.

Ich werde immer wieder gefragt, ob Griechenland für die deutschen Steuerzahler nicht ein Fass ohne Boden ist. Was ist deine Meinung, Du kennst doch „Deine" Griechen. Ja, was soll ich da sagen? Glaube ich wirklich, dass sie es schaffen? Mit dieser Denkstruktur, die die Griechen haben? Und dann jetzt die entstandene Unsicherheit vor den Wahlen und nach zähen und unendlichen Verhandlungen? Den Zusagen und wieder Rücknahmen dieser Zusagen? Entsteht so Vertrauen? Kann auf dieser „Basis" eine Solidarität der Europäer entstehen? Schon einen Tag nach der Einigung fordert der kantige, halbstarke und arrogant auftretende Finanzminister Vaorufakis einen Schuldenerlass und sprichst Drohungen gegenüber Europa aus. Sieht so Vertrauen aus? Kann man in so einer Situation so auftreten? Schäuble war mit Recht fassungslos, so tritt Griechenland die Solidarität der Europäer mit den Füßen.

Das Handelsblatt schreibt am 27.2.2015: „Europa führt ein Doppelleben! Griechenland gelobt auf dem Papier Reformbereitschaft, fordert aber in einem Radiointerview einen weiteren Schuldenschnitt. Der Deutsche Bundestag schaut auf das Reformpapier und ignoriert einfach dieses Interview und beschließt neue Milliardenhilfen. Ist das eher dumm oder noch klug? So leben Deutschland und Griechenland an der Wirklichkeit vorbei, und, das geht gut, so lange es gut geht", so das Handelsblatt.

Geht das wirklich gut? Ist es gut, den vielen Milliarden weitere Milliarden hinterherzuwerfen? Macht das wirklich Sinn? Wo geht das Geld wirklich hin? Auf unserer Insel und auch auf dem griechischen Festland sieht man so unglaublich viele nutzlose Investitionen, die von Brüssel mitfinanziert wurden und auch weiter finanziert werden. Große Schilder mit den Sternen von Europa stehen neben diesen oft nutzlosen Bauwerken. Es wird etwas erstellt, etwa ein Wanderweg, aber nach zwei oder drei Jahren sind diese Wege von Unkraut überwuchert und unbrauchbar geworden. Keiner kümmert sich um die Instandhaltung, niemand ist dafür verantwortlich. Aber es wird fleißig stundenlang, tagelang über alles diskutiert, was schlecht läuft in diesem ihrem Land.

Ich frage mich, wenn ich so etwas bei meinen Ausflügen sehe: Wie kann jemand in Brüssel oder sonst irgendwo so ahnungslos sein und Geld für solche Projekte freigeben? War diese Person oder waren die Verantwortlichen einmal vor Ort? Wie wird oder wie werden solche Anliegen geprüft? Mit einem normalen Menschenverstand kann man das sicher nicht beantworten, sicher gäbe es da sinnvollere Aufgaben auf unserer so schönen und so grünen Insel. An einer gut funktionierenden Müllverbrennungsanlage zum Beispiel hätten alle Bewohner und sicher auch die Besucher viel Freude!

Wird da nicht zu häufig vom Schreibtisch aus entschieden? Was für „Sesselfurzer" tragen die Verantwortung für fremdes Geld? Wie funktionieren da die Geldkanäle und wer steuert diese? Fragen über Fragen, Antworten darauf wären wirklich sehr, sehr interessant. Und daran sind die Griechen völlig ohne Schuld.

Und die Griechen lamentieren weiter über die verhängten und auch notwendigen Sparmaßnahmen. Gefordert sind doch eigene Ideen. WAS können WIR aus WAS produzieren? Wie können WIR uns verbessern? Was kann ICH als Grieche persönlich dazu beitragen? Wie kann etwas Gutes, etwas Zukunftsträchtiges entstehen? Etwas, was den Menschen dort Sinn gibt und - vielleicht noch besser - Arbeit ermöglicht?

Syriza und ihr „Chef" Tsipras wurden hauptsächlich deshalb gewählt, weil sie die Annullierung der geltenden Verträge dem Volk versprochen haben. Syriza muss also liefern, sonst laufen dieser Partei die Wähler wieder weg. Viele Menschen in Griechenland, auch aus unserem Bekanntenkreis, hatte keine Perspektive mehr und haben so gewählt. Jetzt braucht die Regierung Geld, um die aktuellen Löhne und Gehälter zu zahlen. Die Löcher wurden vor und nach der Wahl immer größer, weil keiner wusste, wie es nun in Griechenland weitergeht. Diese notwendigen Löhne und Renten entsprechen ja nicht der tatsächlichen Leistungsfähigkeit der griechischen Wirtschaft, das Niveau ist einfach zu hoch, und das seit Jahren. Wie kann man über Jahre mehr Geld ausgeben als einnehmen? Und gerade auch deshalb ist es schon erstaunlich, wenn wir dann lesen, dass anscheinend allein im Januar 2015 etwa 27 Milliarden € aus Griechenland ins Ausland geflossen sind! Wer hat da wohl so viel Geld? Es ist kaum zu glauben, aber der Schwanz kann doch mit dem Hund wedeln. Die Bedienungsanleitung dazu gibt es anscheinend in Griechenland.

Tsipras muss liefern! Er und seine Regierung stehen nicht nur aus dem Ausland unter Druck, die Unzufriedenheit im eigenen Land steigt, es gibt Randale in Athen und verstärkt wieder in den Fußballstadien. Dann legt er sich mit den Regierungen in Spanien und Portugal an, die Nerven liegen blank, Tsipras schlägt um sich und sieht Feinde, wo keine sind. So entwickelt sich kein Vertrauen mit den europäischen Partnern, im Gegenteil. Jetzt nach der Einigung, um die von allen Seiten hart gerungen wurde, spricht Tsipras von „Verhandlungen mit Erpressungscharakter". Tsipras erscheint mir wie ein Mann, der mit gefesselten Beinen versucht zu schwimmen. In größter Not, kurz vor dem Ertrinken beginnen andere Schwimmer, ihn zu retten, versuchen ihn mit aller Gewalt über Wasser zu halten, versuchen ihm zu helfen. Doch was macht dieser Mann in seiner großen Not? Er beginnt, sich zu wehren und schrei: „Ihr wollt mich ertränken!"

Es ist doch unfassbar, wenn der Ministerpräsident des am Abgrund taumelnden Landes Hilfe ablehnt und von Schuldenschnitt und Verschwörung spricht. Tatsache ist, dass die Not in Griechenland sehr, sehr groß ist, größer als angenommen. Für die nächsten Wochen und Monate fehlen enorme Summen, wie kann da nur eine halbwegs vernünftige Lösung aussehen?

Eine tolle Geschäftsidee!

Ich konnte in Griechenland immer wieder feststellen, dass es gerade bei „Kleinunternehmern“ an eigenen, geschweige denn originellen Ideen fehlt. Denken wir etwa an eine Taverne. Viele davon gibt es oft hinter- oder nebeneinander, also in nächster Nachbarschaft. Wenn wir jetzt meinen, dass diese sich irgendwie unterscheiden, dann ist das oft eine falsche Einschätzung. Nein, die oft auf großen Schildern gezeigten Essen unterscheiden sich in der Regel nicht einmal am Preis, geschweige denn an der Aufmachung oder Qualität. Eine Empfehlung, doch den Unterschied zu zeigen, dass es hier nicht so ist wie beim Nachbarn, wird überhört. „Wir haben das schon immer so gemacht, warum sollen wir das ändern“, so die Antwort.

Kurz vor dem Ortsschild von Limenaria befindet sich schon immer eine Tankstelle auf der linken Seite. Daher dachte sich ein anderer, wenn der so eine Tankstelle betreibt und so ein großes Auto fährt (das ihm sicher nicht gehört), dann muss das ja ein gutes Geschäft sein. Also organisiert man einen Bauplatz und eine Genehmigung zum Bau einer weiteren Tankstelle, die aber nur 500 Meter vor dieser bisherigen Tankstelle gebaut wird. Wie man an so eine Genehmigung kommt, wenn da schon eine Tankstelle existiert, konnte ich nicht herausbekommen.

Und kein Jahr später baut eine dritte Person eine weitere Tankstelle, wieder ca. 500 Meter vor der zweiten Tankstelle und wieder auf der linken Straßenseite. Das ist griechisches Suchen nach interessanten Marktlücken. Zudem kann so eine Tankstelle kaum rentabel arbeiten, da ein Grieche nur für 10, 20 oder maximal 30.-€ tankt, ein Volltanken gibt es nur bei den „Ausländern". Und so sitzt der Tankwart vor der Tankstelle und wartet und wartet, bis mal ein Kunde hält. Ständiger Begleiter neben der Zigarette ist der Kaffee, der nie ausgehen darf.

In der Zwischenzeit hat der Inhaber der Tankstelle am Ortsrand von Limenaria von Benzin, Diesel und Öl auf Lebensmittel umgestellt. Dieses zweite Standbein hatte er sich im Laufe der Zeit sorgfältig aufgebaut. Der Name für den Supermarkt lautet: „The Best!" Hoffen wir, dass es auch so ist. Das Geschäft läuft zumindest nicht schlecht. Er ist auf jeden Fall ein sehr fleißiger Grieche, und das vor Jahren angefangene, sehr große Hotel hinter seinem Haus ist in der Zwischenzeit auch in Betrieb. Die Lage dort ist nicht besonders attraktiv, es gibt wahrlich schönere. Aber vermutlich war eben dieses Grundstück vorhanden, also baut man ein Hotel darauf, die Leute werden dann schon kommen! Also, im Jahr 2017 sind dort die ersten Touristen eingezogen, er hat es also geschafft. Von einer Tankstelle über den Supermarkt zum Hotel - Respekt!

Die Kapriolen gehen dann Anfang März immer weiter, das Verhalten des Ministerpräsidenten und seines Finanzministers lassen die Zahl der Griechenland-Unterstützer weiter schrumpfen.

„So darf man nicht miteinander umgehen“, so Klaus Regling, Chef des Euro-Rettungsfonds ESM im Handelsblatt. „Der Kommunikationsstil, wenn es ein Stil ist, ist inakzeptabel!“ Trotzdem warnen immer wieder führende Männer der deutschen Wirtschaft vor einem Ausscheiden Griechenlands aus der Euro-Zone. Man zögert, hier den ersten Stein zu werfen.

Weiter dann am 9.3.15: „In Griechenland herrscht Normalität, also das Chaos!“

Die Drohungen der griechischen Regierung gegen die deutsche Regierung nehmen immer grausamere Formen an. Selten werden Geldgeber so lieblos und schlecht behandelt. Man könnte meinen, dass das Wort „Dankbarkeit“ im griechischen Wortschatz nicht vorkommt. Der Gipfel, eine Äußerung des griechischen Finanzministers, trifft den Nagel auf den Kopf: „Endlich kann man den Deutschen den Stinkefinger zeigen!“

Warum sind immer die Anderen schuld? Wann wird man endlich im eigenen Land aktiv? Auch mal selbstkritisch? Warum werden immer wieder nur Versprechungen gemacht, die Korruption endlich konkret zu bekämpfen und gegen die Steuerhinterziehungen vorzugehen? Immerhin entgehen dem Staat dadurch angeblich 35 Milliarden € pro Jahr. Wir dürfen sehr gespannt sein, welche Erfolge auf diesem Gebiet bis wann erzielt werden.

Auch die Bundesregierung hat uns Bürger hier in Deutschland angelogen, was den wahren Zustand Griechenlands betrifft. Immer wieder wurde behauptet, dass das Land auf einem „guten Weg" sei. Das entspricht leider nicht der Wahrheit, von einer Besserung sehe ich dort überhaupt nichts. Trotzdem fließt und fließt immer wieder Geld nach Griechenland, und die Beschimpfungen und Verunglimpfungen besonders gegenüber uns Deutschen hören nicht auf. Wir retten und retten den „alternativlosen" Unfug, wir retten Italien, Spanien, Portugal, Irland und immer und immer wieder mein geliebtes Griechenland. Ich frage mich, wie wir aus dieser Endlos-Spirale herauskommen können! Passiert das alles noch zum Wohle von Deutschland, zum Wohle der Zukunft unserer Kinder und Enkel? Und dann hören wir stets, Deutschland geht es doch gut, wir können doch gut helfen. Man sagt uns, wir sind sogar verpflichtet, zu helfen. Aber soll es uns denn mit aller Gewalt schlechter gehen als jetzt? Was passiert in Europa, wenn auch wir mal Hilfe brauchen? Tut mir leid, aber das scheint mir doch so langsam ein Fass ohne Boden zu sein. Ich frage mich, ob es nicht doch ein Weg ist, der in die Irre führt, ein Weg, der jeglichen gesunden Menschenverstand vermissen lässt? Hoffentlich täusche ich mich!

„Operation Spinne" – es wird immer besser! Urlauber können sich in Griechenland etwas dazuverdienen, und zwar als Amateur-Steuerfahnder. Finanzminister Varoufakis greift im Kampf gegen die Steuerhinterziehung zu ganz unkonventionellen Methoden, er will Tausende Arbeitslose, Studenten, Rentner und Hausfrauen, aber auch Touristen als Steuerspitzel einsetzen. Diesen Beitrag plant der griechische Finanzminister heute beim erneuten Treffen der Euro-Finanzminister. So sollen mit versteckten Kameras und Mikrofonen Einzelhandelsgeschäfte, Tavernen und Nachtclubs auskundschaftet werden. Verstöße sollen gleich vor Ort dokumentiert werden.

Steuerhinterziehung ist eine Art Volksport in Griechenland. Fachleute schätzen, dass dem Fiskus jährlich rund 30 bis 40 Mrd. € vorenthalten werden. Das ist erstaunlich, wenn man bedenkt, dass die Steuereinnahmen im Jahr 2014 bei gerade knapp 50 Mrd. lagen. Viele Händler, Handwerker und Wirte verlangen zwar die Mehrwertsteuer, führen diese aber nicht ab. Fachleute schätzen, dass etwa 30 % der fälligen Mehrwertsteuer hinterzogen werden, gegenüber etwa 12% im europäischen Durchschnitt. Der Drink am Strand, die Gebühr für Sonnenschirm und Liege, Mieten für Boote und so weiter gehen oft am Fiskus vorbei. Ganz zu schweigen von den oft hohen Handwerkerrechnungen, die auch wir Deutsche dort bezahlen. Der Betrag von zum Beispiel 2.000.-€ für eine Pergola, die vor der griechischen Sonne schützen soll, steht auf einer Art „Wurstzettel". Dann frage ich nach einer Rechnung, ich möchte ja schließlich eine Garantie für das Gebälk, falls es nach zwei oder drei Jahren wieder zusammenbricht. „Was, Du willst eine Rechnung? Ja dann wird das Ganze aber wesentlich teurer. Er zeigt nur ein mildes Lächeln, wenn ich trotzdem darauf bestehe und damit mehr bezahlen „will". Ob er die von mir eingenommene Steuer bei seinem Finanzamt angibt, das kann ich nicht abschätzen. An dieser Situation hat sich bis heute, im Jahr 2017, nichts, aber auch gar nichts geändert! Woher auch, das war doch schon immer so. Das soll kein Vorwurf sein, das ist eben ein Spiegelbild der griechischen Mentalität, bei uns in Deutschland läuft der Betrug oft auf einem ganz anderen Niveau!

Wenn ich im Gegensatz dazu am frühen Vormittag zu meinem Bäcker gehe, um ein Brot für 1,- € zu kaufen, bekomme ich eine Quittung. Auch in vielen Tavernen ist man sehr akkurat. Der Kellner, meist der Chef selber, kommt zum Bezahlen, er erklärt noch einmal jede Position, er kassiert und man bekommt automatisch eine normale Rechnung mit allem Drum und Dran.

Am 10.3.2015 lesen wir dann in der Presse: „Griechenland verhandelt wieder!" Es geht um Geld, wenn auch die griechische Regierung lieber über Würde redet. Aber von Würde allein kann man keine Löhne und keine Renten an die Landsleute ausbezahlen. Trotz allem haben Tsipras und seine Mitstreiter noch einen großen Rückhalt beim Wahlvolk. Wie lange wohl noch?

Die griechischen Reformvorhaben sind noch viel zu vage, Griechenland muss die Bücher öffnen. Hat da noch jemand einen Überblick? Die Griechen, Schäuble oder Europa? Auf jeden Fall erwarten die Geldgeber konkrete Ergebnisse, was verständlich ist. Die Unterstützung im Euroland bröckelt weiter, so ein unprofessionelles Vorgehen einer Regierung verunsichert immer mehr Verantwortliche auf der Seite der Geldgeber, was verständlich ist. Manche berichten schon von einer „Endzeitstimmung" in Griechenland. Das könnte man so sehen, wenn man hört, dass ein Minister den EU-Partnern androht, sich als staatlicher Schleuser für illegale Einwanderer zu betätigen. Die Links-Rechts-Koalition der radikalen Populisten in Athen agiert, als ob sie kurz davorstehe, die Brocken hinzuwerfen. Was soll dann werden? Wie geht es dann weiter? Wer übernimmt endlich mal Verantwortung in Griechenland? Immer wieder ist Brüssel und besonders Berlin schuld, wenn weitere Zusagen und weitere Entgegenkommen scheitern. So einfach kann man es sich auch machen, aber das ist keine Lösung für ein Land, das so in der Klemme sitzt.

Sicher ist fast jedem klar, dass dem nicht so ist. Doch Tsipras und seine Mannschaft bringen die Wähler nicht mehr heraus aus Wolkenkuckucksheim, wo sie diese hingelockt haben. Der Weg aus dem Schuldenschlamassel ist nun mal lang, steinig und sicher auch stinkig, egal, welche Regierung in Griechenland aktuell das Sagen hat. Mit Hobby-Steuerfahndern, die mit ihrem Handy Fotos machen und Schwarzgeld-Sünder aufspüren, ist es wahrlich nicht getan.

Ich kenne die Situation der Menschen in Griechenland ganz gut. Ich weiß, wie viele Leute dort um den täglichen Bedarf kämpfen, an vielen Orten sieht man Trostlosigkeit, und weit und breit ist keine Perspektive erkennbar. Die einfachen Menschen sind am Boden, **sie** sind die Leidtragenden. Die politischen und wirtschaftlichen Eliten, wie schon berichtet, haben über Jahre das Land ausgeblutet, nicht Merkel oder Schäuble, nicht wir Deutschen. Liebe Griechen, liebe Freuende, bitte haltet das auseinander, auch bei uns gibt es viele Menschen, die nicht wissen, wie es morgen weitergeht. Es ist schlimm, dass die Hauptlast der fälligen Kürzungen immer die Menschen tragen müssen, die die geringsten Einkommen haben. Aber ist das in Deutschland so gravierend anders?

Die neue Koalitionsregierung aus dem Bündnis der (radikalen) Linken, Syriza und den rechtspopulistischen „Unabhängigen Griechen“, Anel, ist die vierte Regierung, die innerhalb der letzten fünf Jahre versucht, Griechenland aus der Krise zu führen. Mit den Wahlversprechen hat man versucht, den Menschen dort einen Hoffnungsschimmer zu geben. Aber das Gefühl der allgemeinen Aussichtslosigkeit ist noch stärker geworden. Wer noch nicht depressiv ist, bleibt in einer „erst mal abwarten“-Haltung. Viele empfinden ihre Lage als ausweglos und so wundert es nicht, wenn man immer wieder von Selbstmord hört, wie jene Mutter, die in diesen Tagen für sich und ihren behinderten Sohn den einzigen Ausweg im Sprung vom Balkon sah. Griechenland gehörte einst zu den Ländern mit der niedrigsten Suizid-Rate, seit Juli 2011 ist dieser Wert um 36 Prozent gestiegen und leider auch auf diesem Level geblieben, was sehr tragisch ist.

Doch die Versuche der Regierung diese Fehlentwicklung zu stoppen, sind nun wirklich dilettantisch. So geht es nicht, so geht man nicht mit denen um, die schon eine lange Zeit helfen und auch weiter helfen wollen. Wie geht wohl das griechische Drama weiter? Es bleibt auf jeden Fall spannend, aber immer verbunden mit der Hoffnung auf ein gutes Ende.

11. März 2015: „Griechenland droht mit Pfändung deutscher Immobilien“, so die Zeit-Online.

Der griechische Justizminister Nikos Paraskevopoulos hat damit gedroht, deutsche Immobilien pfänden zu lassen, solle es zwischen seiner Regierung und der in Berlin zu keiner Einigung über die griechischen Reparationsforderungen aus dem zweiten Weltkrieg kommen. Wenn nicht, dann sei ein solcher Schritt möglich, sagte er im griechischen Fernsehen. Die endgültige Entscheidung werde jedoch das Kabinett unter Premier Alexis Tsipras treffen. Das griechische Parlament prüft derzeit erneut mögliche Reparationsforderungen, die Deutschland begleichen müsste. Für diese Debatte berief das Parlament einen Ausschuss aller Parteien ein, wie das griechische Parlamentspräsidium mitteilt. Die eventuellen Forderungen belasten die deutsch-griechischen Beziehungen seit Jahrzehnten. Die Bundesregierung betrachtet die Entschädigungsfrage als erledigt. Der griechische Ministerpräsident Tsipras sagte, ein Abkommen mit Deutschland aus dem Jahr 1960 habe zentrale Forderungen der Griechen nicht abgedeckt. Dazu gehören demnach Zahlungen für zerstörte Infrastruktur und Kriegsverbrechen sowie die Rückgabe eines Darlehens, das vom besetzten Griechenland erzwungen wurde.

„Liebe griechische Regierung, ist euch klar, was ihr durch so eine Drohung anstellt? Was das für Folgen für die Europäer hat, die aktuell in Griechenland etwas kaufen wollen? Da geht nichts mehr, absolut nichts mehr! Und wir, die vor vielen Jahren etwas gekauft oder gebaut haben? Wir haben zuerst einen Bauplatz gekauft, also Geld ist an Griechen geflossen, wir haben ein Haus gebaut mit griechischen Handwerkern und wir haben uns komplett eingerichtet mit einer griechischen Küche und mit Möbeln aus Griechenland. Wir haben von unserer Insel erzählt und haben geschwärmt, wie schön es dort ist. Freunde und Bekannte sind gekommen und sie wollen wieder kommen! Wir haben Freizeiten auf der Insel mit organisiert und ich übertreibe nicht, wenn ich schreibe, dass mindestens etwa 300 bis 500 deutsche Gäste durch uns nach Griechenland gekommen sind, die alle dort die wunderschönen Tavernen besucht und in Hotels oder Pensionen übernachtet haben. Es wurden Autos gemietet von lokalen Anbietern und sicher hat auch jeder mindestens ein Geschenk für seine Lieben zuhause gekauft. Seit Jahren beziehen wir Olivenöl in immer größeren Mengen von unserer Insel, letztes Jahr waren es über 1.000 Liter, beziehungsweise noch wesentlich mehr, die alle an unsere Freunde, Bekannten und auch an Geschäftsfreunde verteilt werden. Das Auto wird vor der Rückfahrt nach Deutschland vollgeladen mit dem wunderbaren Honig, der dort produziert wird, und noch mehr. Was sollen wir denn noch tun? Mit diesen ganzen Aktionen helfen wir doch auch, so gut es nur geht, das Leben der Menschen dort am Laufen zu halten.

Deutsche Politiker beziehen sich hier auf den Zwei-plus-Vier-Vertrag, der zur Wiedervereinigung zwischen der Bundesrepublik Deutschland, der DDR, Frankreich, der Sowjetunion, Großbritannien und den vereinigten Staaten von Amerika abgeschlossen wurde.

Es war im Grundsatz ein Friedensvertrag, der aber auch beinhaltete, dass die Bundesrepublik noch nicht erledigten Reparationsforderungen an Drittstaaten nicht nachkommen muss. Also wäre doch damit alles abgegolten! Warum werden längst erledigte Themen immer wieder aufgewärmt? Ist das nur die Presse oder wer „stichelt“ da immer wieder?

Wir lesen „vom Kampf der Steuerhinterziehungen“, aber wo sind die konkreten Pläne dazu? Gibt es solche Pläne überhaupt oder sind es nur Lippenbekenntnisse der griechischen Politiker? Wann geht es konkret los? Wo kann man eine klare Überzeugung erkennen, solche Maßnahmen umzusetzen? Oder erkennen wir hier nicht die gleichen Fehler, die von der Vorgänger-Regierungen gemacht wurden?

Es sind halt immer die anderen! „Wir, die (stolzen) Griechen, nein!“ Varoufakis: „Die EZB nimmt uns die Luft zum Atmen.“

Weiter wird er zitiert: „Herr Schäuble hat mir gesagt, dass ich das Vertrauen der deutschen Regierung verloren habe. Ich habe ihm gesagt, dass ich es niemals genossen habe.“ Aber er habe auf jeden Fall das Vertrauen seiner Landsleute, so Varoufakis. Hoffen wir für ihn, dass das noch lange so sein wird.

Was denkt sich denn der Herr Varoufakis? Dass man, wenn man nur lächelnd durch die Lande läuft oder mit dem Motorrad fährt und andere beschimpft, automatisch das Recht auf seiner Seite hat? Das wäre schon sehr einfach. Und das bei solchen unmöglichen Auftritten, verbunden mit unglaublichen Forderungen! Griechenland und besonders ER sorgen doch täglich für neue Überraschungen und man ist schon gespannt, was wohl morgen kommt. Reparationsforderungen, Beschlagnahmungen, demnächst vielleicht mal eine Kriegserklärung? Womit müssen wir noch rechnen? Die Anzahl der Freunde schwindet, selbst schon traditionelle Freunde wie Zypern ziehen sich zurück. Es ist unfassbar, dass eine Regierung in so einer Situation täglich daran arbeitet, notwendiges Vertrauen zu verspielen. Vertrauen, das bei weiteren Abstimmungen des Europarlaments dringend benötigt wird. Aber auch diese Front wird bröckeln, wenn diese Agitationen nicht endlich aufhören. Hoffen wir für Griechenland, dass trotz allem noch viele Deutsche Lust haben, in Griechenland Urlaub zu machen, alles andere würde das Land noch tiefer in den Abgrund führen. Das sollten die Verantwortlichen in der Regierung eigentlich auch wissen. Wann hört dieses „Zocken“ endlich auf?

Nein, ernst nehmen kann man diesen Haufen griechischer Politchaoten längst nicht mehr, diese schaden doch nur ihrem eigenen Land. Die neueste Forderung der beiden hellenischen Unruhestifter ist einfach nur lächerlich. 332 Milliarden € Reparationszahlungen soll Deutschland an Griechenland überweisen. Erstaunlich, wenn wir diese Summe hören, denn Griechenland steckt mit etwa 320 Milliarden € in der Kreide. Damit wäre das Problem gelöst, das wäre doch ganz einfach! Und wenn Deutschland nicht mitzieht, dann werden in einem ersten Schritt deutsche Liegenschaften in Griechenland gepfändet. Und was ist mit meinem Haus? Und den Häusern meiner Landsleute dort?

Die Dreistigkeit, mit der die griechische Regierung die Verhandlungen mit der EU und vor allem mit Deutschland torpediert, hat einen bitteren Beigeschmack, Tsipras verrät sein eigenes Volk, er und seine Regierung sind längst ein Opfer der eigenen Versprechungen geworden, in diese Position haben sie sich selbst „hineinverhandelt".

Griechenland steht vor der Pleite, wenn nicht schnell weitere EU-Milliarden nach Griechenland fließen. Das Geld gibt es aber nur, wenn der EU-Reformkurs fortgeführt wird. Das ist Tsipras klar, aber wie soll er das ohne Gesichtsverlust überstehen? Also erfindet man ein neues Feindbild, und wer wäre besser geeignet als das böse und mächtige Deutschland mit seinem damaligen Finanzminister Schäuble.

Kurzfristig werden viele, aber nicht alle Tsipras dafür feiern. Die Solidarität in der EUZ und seine Zukunft für sein Land verspielt er damit. Und das ist der eigentliche Skandal. Immer wieder und immer mehr werden wir von Freunden und Bekannten belächelt, wenn wir weiterhin die griechische Fahne hochhalten. Und wir machen das weiter, da wir die Menschen dort lieben und schätzen, Menschen, die so eine Regierung wirklich nicht verdient haben. Meine griechische Fahne in meinem Büro hängt immer noch, (wenn auch verkehrt herum), das muss ich demnächst ändern, oder auch nicht!

März 2015: Die Nerven liegen blank. Der Ton aus Griechenland in Richtung seiner Gläubiger wird immer schriller und immer persönlicher. Der neue „Hau drauf" ist jetzt mal wieder die Europäische Zentralbank. Während der griechische Botschafter sich in Berlin über den Bundesfinanzminister beschwert, beschimpft sein angeblich beleidigter griechischer Amtskollege die letzte Finanzquelle, die

Hellas gegenwärtig noch über Wasser hält, die Europäische Zentralbank. Athen droht mit Flüchtlingsströmen, dann mit einer Flut von Dschihadisten und gleichzeitig werden Reparationsforderungen aus der Versenkung geholt oder es wird mit Enteignung gedroht. Berlin reagiert aus gutem Grund recht gelassen auf diese unverschämten und hohlen Drohungen. Die zahlreichen und deutlichen Warnungen aus Spanien, Portugal, dem Baltikum, Niederlanden, Finnland oder Österreich sind dabei sehr wichtig. Diese korrigieren den irreführenden Eindruck, es handle sich um einen Streit zwischen Berlin und Athen. „Das Spiel mit dem Berliner Sündenbock funktioniert nicht mehr", so die Frankfurter Allgemeine.

Schäuble schließt nun aktuell einen ungeplanten „Grexit" mal wieder nicht mehr aus. Er sagt: „Die Verantwortung dazu liegt ganz in den Händen der griechischen Regierung." Europa bleibt (immer noch) bereit, Griechenland zu helfen, aber Griechenland muss sich auch helfen lassen. Das Problem ist nicht dadurch zu lösen, dass man andere zu Sündenböcken macht. Selbst der Euro-Gruppenchef hat die griechische Regierung ermahnt, sich im Ton gegenüber Deutschland und den Verantwortlichen zu mäßigen, damit muss jetzt Schluss sein. Und was sagt unser lieber Herr Tsipras: „Alles nur Missverständnisse!" Eigenartig, wie oft man sich seit der Wahl in Griechenland missverstehen kann!

Weitere Definitionen werden erfunden. Zusätzlich lesen wir von einem „Graccident".

Gressce (Griechisch) plus Unfall (Accident); auf Englisch auch Zufall, also ein eher versehentliches Schlittern in den Euro-Ausstieg. Auch das will niemand, wäre aber doch unvermeidbar, wenn Athen das Geld ausgeht. „Athen sitzt mit einem brennenden Feuerzeug auf dem Pulverfass", so könnte man die Situation aktuell beschreiben.

16.3.2015: Liebe Griechen, geht euch nun das Geld aus oder nicht? Varoufakis sprach am Sonntag noch von einem „kleinen und unbedeutendem Liquiditätsproblem"! Ja, was nun, was ist jetzt Sache? Wer kennt sich da noch aus? Dann spricht Varoufakis, der große Europäer, wie er sich immer wieder nennt, von einem „Merkel-Plan", damit könnte sie ein Vermächtnis für Europa hinterlassen. Griechenland muss es einfach schaffen, die Reichen gerecht zu besteuern, dann wäre Griechenland sicher reich genug, um alle Bürger des Landes gut zu ernähren, aber vermutlich doch zu arm, um seine Altlasten zurückzuzahlen. Die Summe beläuft sich ja jetzt auf immerhin etwa 320 Milliarden €. Geld, das hautsächlich an deutsche Banken geflossen ist, die in Griechenland Geld verloren haben.

Für Spott und Häme sorgte eine Fotoserie des französischen Magazins „Paris Match", wo Varoufakis und seine Frau in ihrem tollen Penthaus in einem der teuersten Viertel von Athen abgebildet wurden. Mal posierte das Paar bei einem opulenten Diner auf der großen Dachterrasse, mal sitzt er in einem engen T-Shirt am Klavier. Das kommt nicht so gut an, wenn man seine Landsleute zu einem einfachen Leben anhalten will. Die Zeitung „Proto Thema" fragt dann umgehend: „Wie lange will uns dieser Clown noch im Ausland repräsentieren?" Aha, das griechische Volk wird so langsam wach, interessant!

Trotz allem ist es schade und bringt uns in der Diskussion nicht weiter, wenn die Politiker mehr ÜBER und nicht mehr MIT einander sprechen. Daher ist es wichtig, dass Tsipras am 23.3.2015 (Montag) zu unserer Kanzlerin nach Berlin zu einem Vieraugengespräch kommt. Vielen verantwortlichen Politikern in Europa nehme ich nicht mehr ab, dass sie auch nur einigermaßen einen Überblick über die gesamte Situation haben. Wenn da noch jemand irgendwie durchblickt, dann ist es unsere Kanzlerin Angela Merkel, wie schon so oft. Sie enttäuschte zuerst einmal in ihrer jüngsten Regierungserklärung diejenigen, die einen baldigen Austritt Griechenlands aus der Eurozone wünschten. „Wer die Sprache der Politik versteht", so die Bundeskanzlerin im Handelsblatt, „der konnte heraushören, dass es dazu unter ihrer Führung nicht kommen wird. „Diese wunderbare Wandlung vom Kontinent der Kriege zum geeinigten Europa haben wir geschafft, mit festen Prinzipien ebenso wie mit Verständnis füreinander und Kompromissbereitschaft." Diese Position der deutschen Regierungschefin ist nicht links, ist nicht rechts und auch nicht populär, sie ist für den Steuerzahler nicht billig, nicht bequem und für viele auch nicht nachvollziehbar. Aber, und darauf kommt es an, sie ist vernünftig! So ist Merkel inmitten der Wirren um Europa von der Politikerin zur Staatsfrau gereift.

Am 21.3.2015 lesen wir: „76 Milliarden Steuerschulden, Athen will Steuernachzahlungen erleichtern!" So möchte die griechische Regierung die Zahlungsmoral von säumigen Steuerzahlern erhöhen, daher wurde ganz aktuell ein entsprechender Regierungsentwurf verabschiedet. Wer bis Ende März (also, die Kasse scheint wirklich leer zu sein) zahlt, soll von Bußgeldern und Verzugszinsen befreit werden. Laut Varoufakis schulden 3,7 Millionen Griechen und 447.000 Unternehmen dem Staat zusammen etwa 76 Milliarden €. Es ist eine Tragödie, dass ein Grieche kein schlechtes Gewissen hat, wenn er keine Steuern bezahlt, wenn er den Staat hintergeht, SEINEN Staat. Wer bezahlt, der ist in den Augen des anderen einfach dumm, oder es ist ganz einfach Tradition, keine Steuern bezahlen zu wollen.

Dann hört man wieder so unglaubliche Geschichten wie zum Beispiel folgende: Eine Familie mit einem Jahreseinkommen von 23.000 Euro hortet angeblich mehr als eine Million Euro im Ausland, und das an der Steuer vorbei! Oder: Eine Besitzerin eines Kontos über 2,5 Millionen Euro war laut ihrer Steuererklärung Hausfrau. Oder: Ein Mann hat ein Auslandsvermögen von 750.000 Euro und bekam Arbeitslosenhilfe. Die Reichen bringen ihr Geld ins Ausland und ein Großteil der Bevölkerung kann die Familie nicht mehr richtig ernähren. Warum wird da nicht mehr überprüft? Warum hat man das alles bisher so vernachlässigt? Was steckt dahinter, was ist der Grund?

Trotz allem, wenn man dann in der BILD-Zeitung liest: „Kein Geld mehr an die gierigen Griechen“, dann ist das einfach falsch, so etwas zu schreiben. Das verfälscht das Bild, das sind Unwahrheiten, so wird der deutsche Leser über die griechische Bevölkerung einfach nicht richtig, nicht umfassend informiert. Dann brauchen wir uns nicht wundern, wenn deutsche Touristen in Griechenland Mitbringsel mit folgender Bemerkung nicht bezahlen wollen: „Das ist ja alles schon mit den Milliarden bezahlt, die wir seit einigen Jahren nach Griechenland schicken.“ Da muss man sich in Griechenland schämen, ein Deutscher zu sein! Daher sind solche Artikel keine Berichterstattungen mehr, sondern Aufhetzungen, die uns nicht weiterbringen, die nur stören.

Die Arbeitslosigkeit in Griechenland liegt über 20%, bei jungen und teilweise auch gut ausgebildeten jungen Leuten bei 40 bis 50%! Was haben diese Menschen für eine Perspektive? Und wie sieht es bei uns aus? Klagen wir da oft nicht auf einem hohen Niveau?

Weiter ist bekannt, dass etwa 2.000 Familien ca. 80% des griechischen Vermögens besitzen. Wie kann so etwas passieren? Wo bleibt der Patriotismus der Griechen? Wo wurden da die Weichen falsch gestellt? Liegen hier nicht die Wurzeln der Korruption in Griechenland? Liegt er bei wohlhabenden Familienclans, die gute Verbindungen zu den verantwortlichen Politikern haben oder hatten? Wie kann man solche Verbindungen kappen? Ist das überhaupt kurz- oder mittelfristig möglich? Wie viel Zeit braucht eine neue Regierung, brauchen Ministerpräsident Zipras und sein Team, um hier anzusetzen? Will er, kann er es überhaupt? Fragen über Fragen. Tatsache ist, dass sicher das meiste Geld schon irgendwo im Ausland gut angelegt ist! Das wiederholte Angebot der Bundesregierung, Athen mit deutschen Steuerfahndern oder bei der Ausbildung der griechischen Beamten zu helfen, wurde bisher abgelehnt.

Erst war es noch Skepsis gegenüber Tsipras und seiner Truppe, heute sind es schon ernste Sorgen, dass da etwas aus dem Ruder läuft. Bisher konnte man vielleicht noch von einem politischen Kalkül ausgehen, heute sieht es schon eher nach purem Unvermögen aus, was selbstverständlich für Griechenland und für Europa sehr gefährlich werden kann. Diese Sorgen über die Regierungsmannschaft entwickeln sich immer mehr zu einer handfesten Angst im ganzen Euroland.

Die griechische Regierung braucht gute Ideen. Das Vertrauen ist erst mal weg, das Vertrauen, dass man mit Zahlen umgehen kann, dass man einen guten Überblick hat. Der Ministerpräsident, sein Finanzminister und noch eine Menge anderer Leute lieben das Drama. Jede Woche kommt eine neue Inszenierung, und zwar immer schriller. Offenes Hemd, hochgeschlagener Kragen, schwarze Boots. Auf in den „Kampf" mit dem ganzen „Krampf".

Europa aber spielt nicht mit, Europa, die Institutionen, wie die Griechen seit einiger Zeit sagen, das Wort Troika ist ja nicht mehr erlaubt. Es sind Institutionen mit sperrigen Namen, in Jahrzehnten gewachsen, mit Beamten aus allen Mitgliedsstaaten. Kluge Leute, oft die Besten ihres Fachs. Sie zerbrechen sich immer wieder den Kopf darüber, wie man Griechenland helfen kann. Politiker, die ihr Leben lang gelernt haben, wie man Kompromisse schmiedet. Es wird immer wieder und stundenlang geredet und geredet, aber nichts kommt dabei heraus, nichts als Frust.

Und so hat jetzt Tsipras auch seinen letzten Freund verloren, Jean-Claude Juncker. „Ich komm an meine Grenzen“, so Juncker, ein Mann, der wochenlang alles versucht hatte, den Griechen zu helfen. Vertrauen muss wachsen, aber nicht durch Worte, sondern mit Taten, und das muss jetzt schnell gehen. Tatsache ist, es wurde Vertrauen zerstört, Zeit wurde vergeudet, die Lage ist ernst!

Montag, 23.3.2015: Heute kommt der griechische Ministerpräsident Tsipras zu Angela Merkel nach Berlin, das wird wieder ein spannender Tag für Griechenland, für Deutschland und für Europa. In der Presse wird aktuell gefragt: „Geht es den griechischen Rentnern besser als den deutschen Rentnern?“ In der EU-Kommission und der EZB hört man Zahlen über das griechische Rentensystem. Die tatsächlich gezahlte durchschnittliche Rente betrug in Griechenland Euro 958 pro Monat im Vergleich zu Deutschland Ost mit 735 Euro und Deutschland West mit 896 Euro.

„Griechischer Wein“, ein schönes Lied, bekannt gemacht durch Udo Jürgens. Aber sollte man nicht besser den Griechen „reinen Wein“ einschenken, dass ein Land so nicht funktionieren kann? Warum werden Hilfen von erfahrenen Fachleuten aus Europa, aus Deutschland nicht angenommen, um eine funktionierende Wirtschaftsstruktur in Griechenland aufzubauen?

Nun hat also Merkel den griechischen Premier auf dem roten Teppich und mit militärischen Ehren empfangen. Das ist alles etwas gewöhnungsbedürftig, aber das Protokoll verlangt es so. Beide hatten gute Laune und unsere Bundeskanzlerin gab sich sehr gelassen. Man war freundlich im Ton, aber uneinig in der Sache, das kennen wir ja schon. Doch sollte das ein Neustart des deutsch-griechischen Verhältnisses werden? Tsipras hat mal wieder Reformen versprochen, etwa die, dass er in Zukunft doch ab und zu eine Krawatte tragen würde. Das war ein Scherz. Ich kann mir gut vorstellen, dass Tsipras gar keine im Schrank hat, und eine kaufen? Bei den Finanzen? Und dann sind wir Deutschen wieder schuld? Nein, dann bitte weiterhin ohne Krawatte, damit liegt er ja im Trend.

Auf jeden Fall wurde festgestellt, dass die Griechen keine Faulenzer sind und dass Deutschland nicht schuld ist an der Krise in Griechenland, immerhin! Hoffen wir, dass Tsipras das so auch in Athen weitergibt. In Brüssel oder Berlin hört man oft andere Aussagen. Es soll eine neue Liste mit Reformen folgen, die er bei seinem Besuch bei Merkel „leider in Athen hat liegen lassen", also vergessen hat. So geht das nun schon seit Wochen hin und her. Wie lange lässt sich Europa das noch gefallen?

Man spricht wieder von einem „Neubeginn"! Ein Neubeginn? Das smarte Lächeln des Syriza-Chefs und die liebe und wohlwollende Äußerung unserer Bundeskanzlerin konnten nicht darüber hinwegtäuschen, dass sich NICHTS, aber auch gar nichts verändert hat. Griechenland ist pleite oder kurz davor und nicht willig oder nicht fähig, die drohende Insolvenz abzuwenden. Es fehlt der Politik auf beiden Seiten der Mut, um die Wahrheit auszusprechen.

Kann vielleicht doch nur noch der „Grexit" Griechenland retten und auch Europa langfristig helfen? Vielen Ökonomen ist das längst klar, die Gefahr eines Austritts halten diese in zwischen für vertretbar. Griechenland kann seinen Schuldenberg mit über 310 Milliarden nicht mehr schultern. Allein 227 Milliarden Euro stammen aus dem Hilfsprogramm der EU. Ein Abbau dieser enormen Summe und gleichzeitig ein Aufbau der Wirtschaft oder nur einer Wirtschaftsstruktur, auf der „wirtschaften" möglich ist, ist unter den momentanen Verhältnissen ganz eindeutig nicht möglich. Hat Griechenland nur dann eine Chance, wenn die Drachme wieder eingeführt wird, verbunden mit einem radikalen Schuldenschnitt?

Laut vertraulichen Informationen wurde schon mit dem Druck der Scheine begonnen. Aber wer bezahlt die Zeche? Die europäischen Steuerzahler und ganz besonders wir „dummen Deutschen"? Ist das die Lösung? Da spielen wir ganz einfach nicht mit!

Ich wurde oft bei Gesprächen in den Tavernen in „meinem" Griechenland für unseren Arbeitsfleiß belächelt. „Oh, ihr dummen Deutschen, ihr arbeitet euch doch zu Tode. Schau, (das Glas Bier oder Wein wird hochgehalten, und das zur Mittagszeit) schau, so leben wir!" Das ist griechischer Lebensstil. Da können wir uns immer wieder nur wundern, wie die Griechen trotz Krise, trotz finanziellen Problemen positiv und fröhlich leben. Man geht mit Freunden zum Essen, man trinkt einen oder in der Regel mehr Ouzo, man lacht und vergisst so zumindest für diesen Moment alle Sorgen!

Diese Unbeschwertheit ist uns Deutschen fremd geworden, leider. Ich bewundere heute die Griechen für diese positive Lebenseinstellung. Gratulation, weiter so!

Hätte Griechenland eine echte Chance auf Wachstum? Mit einer schwachen Drachme würden die Exporte von Griechenland billiger und die Wirtschaft somit konkurrenzfähiger. Die Einfuhren würden sich verteuern, was aber dann auch die Nachfrage nach inländischen Produkten anheizen würde. Wäre das das richtige Konjunkturprogramm für das Land? Vielleicht besser als alle EU-Hilfsprogramme zusammen? Wie hoch aber wären die politischen Risiken für das Inland, für Deutschland, für Europa? Könnte Griechenland in einem politischen Chaos versinken? Wie stabil ist das Land jetzt mit einer Regierung der Linken und Pro Russischen Rechten in der aktuellen Koalition?

Griechenland sollte, so denke ich, in einer europäischen Familie bleiben, ganz klar, aber muss das immer und ewig mit dem Euro sein? Denken wir an die Dänen oder Schweden, die auch gut ohne den Euro in dieser Familie leben. Es geht um einen echten Neubeginn, um einen „Neustart" in einem Land, das die Urzelle Europas ist. Gehört dazu nicht auch der Mut von einem modernen Europa, Fehler einzugestehen und zu korrigieren? Wäre das nicht jetzt, an dieser Wegkreuzung, an der wir aktuell stehen, die vielleicht richtige Entscheidung? Es wird abgewartet und wieder verhandelt. In Brüssel prüft die Troika die aktuellen Reformvorschläge. Dabei verschärft sich die Finanzlage des Landes und die Konten werden weiter geleert. Liebe Griechen, wo ist denn euer Vertrauen für die Leute, die ihr gewählt habt? Schon alles vorbei? Man kann das Verhalten verstehen, wenn man die Töne aus Athen in diesem Zusammenhang hört. Panagiotis Lafazanis, der Energieminister in der Regierungsmannschaft, ruft zum „Umsturz" und zum Widerstand gegen die skrupellosen „Imperialisten" auf, die Griechenland unterwerfen wollen. Also, man will raus aus Europa. Ja wenn das so ist? Ist das wirklich der Wille des griechischen Volkes?

Jedes Land bekommt bekanntlich die Regierung, die es verdient hat. Aber meine geliebten Griechen haben diese Regierung, diesen Ministerpräsidenten, diesen Finanzminister und viele andere Mitglieder der Regierungsmannschaft einfach nicht verdient, nein, so sind die Griechen, die ich kenne, nicht. Gut, man ist manchmal schon über gewisse Einstellungen und Verhaltensweisen erstaunt, das ist so, aber wenn ich sehe, wie nun „mein" Griechenland regiert wird, das ist schon zum Verzweifeln. Man fragt sich immer wieder: „Was wollen die denn?" Was haben die für ein Ziel oder machen die sich selber etwas vor? Kennen die Verantwortlichen die Lage des Landes? Und wohin wollen sie Griechenland führen, was ist das Ziel? Vor der Wahl hatte Tsipras einen großen Zulauf, es war leicht, gegen die Regierung zu hetzen. Aber jetzt, da er selber in der Verantwortung ist? Nun ist alles nicht mehr so einfach, ein Regierungschef muss liefern, muss Vertrauen schaffen bei seinen Wählern, und, im Fall Griechenland, auch bei seinen Geldgebern.

Und dann lesen wir wieder ganz aktuell in der FAZ am 30.4.15 von der „Sehnsucht nach der Mauer“, so der griechische Präsident Prokopis Pavlopoulos. Die Wurzel allen Übels sieht er in der Wiedervereinigung von Deutschland. So kann man auch von den eigenen Problemen ablenken und immer wieder auf die Anderen zeigen. Die Reformliste kam ja heute an, aber sie war erstaunlicherweise in Griechisch geschrieben. Kann man das alles noch verstehen und nachvollziehen? Nein, die Griechen, die ich kenne, haben so eine Regierung nicht verdient!

So ist unsere Angela Merkel aus Sicht der Griechen an allem schuld, und zwar wegen ihrer „traumatischen ostdeutschen Herkunft“. So lässt sich Pavlopoulos in seiner Neigung, Deutschland für alle Übel Griechenlands und Europas verantwortlich zu machen, von keinem anderen Angehörigen des politischen Personals in Athen übertreffen, bravo Herr Pavlopoulos, nur weiter so! Eigenartig, denn dieser gute Mann war von 2004 bis 2009 griechischer Innenminister, als der Beamtenapparat selbst für griechische Verhältnisse durch Gefälligkeitsleistungen aufgebläht wurde. Er ist also ein Vertreter jener Elite, die erst das eigene Land an die Wand gefahren haben und seither andere bezichtigen, schuld an der Misere zu sein. Trotz allem behauptet diese Gruppe, dass im Mittelpunkt der Krise „brutale strukturelle und finanzielle Verzerrungen stünden, die ausschließlich deutscher Herkunft seien“, so die FAZ vom 30.3.2015.

Kann man daraus nicht doch erkennen, dass weder der Präsident noch der Ministerpräsident Tsipras den Ernst der Lage erkannt haben? Das Hoffen und das Beschuldigen der Anderen geht also munter weiter. Und der Tag, an dem den Griechen das Geld ausgeht, rückt näher und näher. Tsipras möchte einen „ehrenhaften Kompromiss", was er auch darunter verstehen mag. Noch kann er sagen, dass er für seine „Politik" in Brüssel ausgepfiffen und in Griechenland dafür unterstütz wird, eine Politik, die das Land in ein fürchterliches Chaos stürzen kann. Er spielt jetzt auch noch die russische Karte, er reist nach Moskau zu Putin. Somit setzt die griechische Regierung weiter auf Konfrontation und auf Provokation. Und trotzdem ist Merkel weiter bereit, Athen entgegenzukommen.

Mit diesen ständigen Erpressungsmanövern, ihrem Gerede und ihren unglaublichen Attacken auf Deutschland vergeuden Tsipras, Varouvakis und Co nicht nur kostbare Zeit, sondern sie zerstören auch das restliche Vertrauen ihrer Geldgeber. In den Reformlisten wimmelt es weiter von Luftnummern und wagen Ankündigungen. Und dann die neueste Provokation: Tsipras schwärmt schon von einer wunderbaren Zukunft mit jenem Russland, das gerade Europa herausfordert. Hier wäre man jetzt doch wirklich geneigt zu sagen, „Reisende sollte man nicht aufhalten!" Bei allem Verständnis für die Nöte der neuen Regierung, die ein von den eigenen Eliten zugrunde gerichtetes und ausgeplündertes Land übernommen hat, aber so macht man keine „Politik"! Warum und wie lange noch lassen sich 18 Eurostaaten und die Zentralbank diesen Zirkus gefallen? Warum gewähren sie immer wieder eine letzte Chance, wenn die Griechen nicht bereit sind, sich an vereinbarte Regeln zu halten? Gibt es hierfür nicht nur eine Erklärung, was auch Herrn Tsipras bekannt ist, nämlich dass die Währungsunion unter allen Umständen zusammengehalten werden soll, koste es, was es wolle? Das ist eine schlechte Basis für Verhandlungen, gerade mit der neuen griechischen Regierung!

Der „Grexit" hat also seinen Schrecken verloren, jetzt ist es die Angst vor einem im Chaos versinkenden Griechenland, das die Geldgeber umtreibt. Es geht immerhin um die Südostflanke von EU und Nato, das kann gefährlich werden. Und somit haben sich die Europäer erpressbar gemacht, und Tsipras weiß das ganz genau, deshalb spielt er die „russische Karte". Würden die Europäer den Griechen zu viel Rabatt gewähren, dann könnte die forsche Gangart Athens anderorts Schule machen. Halten sie an ihren Auflagen fest, dann könnte ihnen der Laden womöglich um die Ohren fliegen. Also wieder den „jungen Wilden" aus Athen entgegenkommen? So steht die Einheit Europas auf dem Spiel, aber auch bei einem Ausscheiden Griechenlands der sofortige Verlust von vielen Milliarden Euro allein von deutschen Steuerzahlern.

So fahren oder besser fliegen Tsipras und sein ultra-nationalistischer Verteidigungsminister Panos Kammenos nach Russland zu Putin und Genossen. Bei diesem Besuch hofft Tsipras, dass Russland das Einfuhrverbot für griechische Lebensmittel aufhebt. Die griechische Landwirtschaft leidet gewaltig unter diesem Verbot. Zusätzlich wünschen sich die Griechen billigeres Erdgas, Hauptlieferant ist der Staatskonzern Gazprom. Die Vorverlegung des eigentlich für Mai geplanten Termins um einen Monat nährt aber vor allem Spekulationen, Tsipras könnte versuchen, seinem Land Hilfskredite aus Moskau zu besorgen. Die Annäherung an Russland der griechischen Regierung ist mehr als ein taktischer Schachzug. Tsipras will, er braucht dringend Geld, das ist klar, beide Völker haben traditionell enge Beziehungen, die auch in der gemeinsamen orthodoxen Religion wurzeln. Und Russland hat wirtschaftliche Ambitionen in Griechenland, wobei für Putin die geopolitischen Perspektiven viel wichtiger sind. Putin könnte mit diesem Schachzug nicht nur den Zusammenhalt der EU, sondern auch der Nato gefährden.

Die Griechen, das nervt besonders, tun so, als ob die EU Geld von ihnen verlange und nicht umgekehrt. Unverschämt ist auch der Vorwurf, Deutschland stranguliere Griechenland. Klar, die Einheit Europas und die Rettung des Euro sind auch ganz besonders im Interesse von Deutschland und haben somit auch ihren Preis. Die Steuerzahler wüssten nur endlich gern, wie hoch dieser Preis, gerade im Fall von Griechenland, ausfallen kann. Da kommt die Reise jetzt im April von Tsipras nach Moskau gerade recht. Wir dürfen sehr gespannt sein, welche Töne, welche Drohgebärden wir da hören werden. Und dann geht alles von vorne los? Haben die Verantwortlichen in Griechenland den Ernst der Lage etwa noch nicht erkannt?

Die Griechen und ihre Regierungen sind ein richtiges Trauerspiel, ein griechisches Drama. Regiert man nicht immer mehr am eigenen Volk vorbei? Im sechsten Jahr der Griechenland-Rettung sind die Menschen müde geworden, der ursprüngliche Ärger hat sich doch abgenutzt, die Menschen sind abgestumpft. Und die Schwarzarbeit geht unvermindert weiter. Was gibt es da noch für Alternativen? Man kellnert in Restaurants des Onkels oder man arbeitet als Verkäufer im Laden der Freundin oder des Freundes. Auch Pizza-Ausfahren oder sonstige Kurierfahrten sind sehr beliebt. Also arbeitet ein Teil der arbeitslos gemeldeten Leute in der Schattenwirtschaft weiter, was soll man auch sonst tun. Über die Rechnungen oder besser nicht-Rechnungen der Handwerker haben wir ja bereits berichtet. Viele Griechen wollen nicht nur keine Steuern zahlen, sie mögen einfach auch keine Belege!

Zum Glück federn die engen Familienbeziehungen viele Nöte ab. Die Kinder leben weiter bei den Eltern oder Großeltern und so teilt man sich das verbleibende Einkommen. Man rückt wieder näher zusammen, eine Eigenschaft, die uns Deutschen doch etwas sehr abhanden gekommen ist. Dazu kommt, dass der Grieche in der Regel ein oder auch mehrere Häuser, Wohnungen oder Grundstücke besitzt. Die Griechen sind ein Volk von Haus-, Wohnungs- und Grundbesitzern. Man plant besonders für die Kinder und die Enkel, die sollen es mal besser haben als wir, ja, die „lieben" griechischen Kinder!

Die entscheidende Frage aber ist, kann Syriza die Krise lösen? Syriza, eine Partei, deren Herz für den öffentlichen Dienst schlägt. Ein Bereich, der immer noch viel zu groß, zu aufgebläht und damit zu teuer ist. Beamte hatten bis vor kurzem enorme Privilegien, oft haben diese in der Regel (völlig unverdient) zu ihrem Einkommen einen Bonus erhalten. Warum? Und noch immer genießen griechische Beamte eine gute Pension, wobei sich auch das selbstverständlich in den letzten Jahren stark verändert hat.

Junge und vor allem gut ausgebildete Griechen verlassen das Land und versuchen ihr Glück in der Fremde. Man geht bevorzugt zu uns nach Deutschland, aber auch Holland und England sind beliebte Länder. Das sind aber gerade DIE Menschen, die für einen Neuaufbau dringend gebraucht werden. Nicht unbedingt die fähigsten bleiben in Griechenland.

Ende März feierten die Griechen das Osterfest, also die Auferstehung Jesu Christi. Sie haben ihr obligatorisches Lamm gegrillt, getanzt, Lieder gesungen und sicher auch Gebete gesprochen und besonders viele Kerzen angezündet. An eine schnelle Auferstehung der krisengeplagten Wirtschaft glaubt jedoch kaum jemand mehr. Die Regierung Griechenlands hat ihr Vertrauen verspielt, Griechenland ist vom Weg abgekommen, ist ganz einfach aus der Spur geraten, mit keiner Aussicht nach einem festen und stabilen Grund! Die neue griechische Regierung hat die schon sehr schwierige Lage weiter verschlechtert, der Staatsbankrott rückt näher und näher, mit unabsehbaren Folgen. Das leichte „Pflänzchen", das 2014 zu sehen war, wurde von den Chaoten, die jetzt Regierungsverantwortung haben, wieder zertrampelt. Ja, es war wirklich die Wende, … aber es war die Wende zum Schlechteren. Dem Mut zur Veränderung steht oft der griechische Stolz im Weg. Wir

Griechen mit unserer Kultur, wir sind doch die Größten, schuld sind immer die anderen.

Athen bekommt mit diesem eingeschlagenen Kurs keine Kredite mehr zu tragbaren Zinsen am Kapitalmarkt, der leichte Primärüberschuss, der sich 2014 abzeichnete, wird in diesem Jahr sicher ausbleiben, da entlassene Staatsdiener teilweise wieder eingestellt wurden, Steuereinnahmen zurückgehen und der versprochene Kampf gegen Steuerflucht nicht richtig vorankommt. Ganz zu schweigen vom Aufbau einer ordentlichen Staatsverwaltung. Griechenland war auf einem guten Weg, aber diese Regierung hat diese Entwicklung zerstört, es ist wirklich eine griechische Tragödie! Und dann lesen wir, dass Griechenland offenbar trotz Schuldenkrise und sonstiger Wirrungen russische Raketen kaufen will. Ja hat man denn sonst keine anderen Probleme? Auf wen sollen diese denn gerichtet werden? Auf die Regierung selbst? Wir haben ja gehört, dass die Selbstmordrate in Griechenland gestiegen ist. Ist denn das griechische Drama noch zu steigern? Wann kommen die Verantwortlichen endlich zur Besinnung und konzentrieren sich auf ihre eigentlichen Aufgaben?

Aber was kann man von der neuen Regierung um Herrn Tsipras erwarten? Er hat seinen Wählern viel Gutes versprochen, aber dass es so kommt, das war nun wirklich nicht zu erwarten. Zu erwarten war, dass die wohlhabende Elite Griechenlands die Staatskasse füllen wird, so versprach es die neue Regierung. Aber daraus wird wohl nichts, nein, gut situierte Steuersünder werden sogar geschont, Tsipras wird zum „Robin Hood" der Reichen, so der

Spiegel in seiner Ausgabe vom 18.4.2015. Für seine Wähler tritt der griechische Ministerpräsident Alexis Tsipras gern als Klassenkämpfer auf. Besonders populär war, dass Tsipras die verhasste Troika aus den Ministerien warf. Diese müssen nun im Athener Luxushotel Hilton darauf warten, bis Ministerialbeamte ihnen ein paar Akten vorbeibringen. Seit Dienstag wird immerhin wieder gearbeitet. Die Griechen hatten wegen des orthodoxen Osterfestes eine extralange Verhandlungspause verlangt, ganz schön mutig für ein Land, das am Rande der Pleite steht.

Griechenland braucht dringend einen Deal mit seinen Geldgebern. Aber warum tut sich da in der Regierung nichts oder fast nichts?

Die internationalen Experten hatten darauf gehofft, dass die neuen Machthaber ihre Wahlversprechen einlösen und entschlossen gegen die alten Zirkel der Macht vorgehen würden, die Griechenland seit Jahrzehnten dominieren. Doch nun stellt sich erstaunlicherweise heraus, dass Tsipras und seine Minister klammheimlich mit den Oligarchen praktizieren. Immerhin schulden diese Griechen „ihrem" Staat über 70 Milliarden Euro. Was passiert in dieser Richtung? Nichts! Man wartet lieber auf Geld aus Russland oder aus China oder sonst wo her. Tatsache ist, Griechenlands Lage ist verzweifelt, sie ist zum Weinen. Im Land gibt es vermutlich nicht mehr viel zu holen, die Griechen haben in den vergangenen vier Monaten etwa 30 Milliarden Euro von ihren Konten abgeholt. Das Geld liegt nun zu Hause oder schon auf einem Konto im Ausland. Man hört von Griechen, die in Berlin, Frankfurt oder Stuttgart Eigentumswohnungen zu kaufen suchen. Und das bei den Preisen! Schafft man so Vertrauen im eigenen Land?

Wann kapiert Ministerpräsident Tsipras endlich, um was es geht? Auf was wartet man noch? Auf ein Wunder? Er wirkt wie gelähmt, er tut nichts für den Erhalt des Euro, sein Land fällt weiter zurück in die Rezession und steht vor einem drohenden Staatsbankrott oder dem „Grexit", dem Ausscheiden aus der Eurozone. Von einer Strukturreform oder Haushaltskonsolidierung ist weit und breit nichts zu sehen. Oder wird nur mal wieder gepokert oder gezockt? Wann kommt man zur Vernunft? Darauf warten besonders die Menschen in Griechenland, aber nicht nur dort.

Seit fast drei Monaten versucht Tsipras nun bereits zu regieren, aber ein klares Konzept ist bisher nicht zu erkennen. Die Regierung agiert planlos und verwirrt die Partner mit widersprüchlichen Aussagen und Taten, besonders heraus sticht dabei sein Finanzminister Varoufakis. Tsipras ist führungsschwach und er scheut Entscheidungen, er bleibt ein Gegner seiner Wahlversprechungen, von denen er schon vor der Wahl hätte wissen müssen, dass er diese nicht einhalten kann. Als Oppositionsführer konnte er sich politische Beliebigkeit und Opportunismus leisten, aber wann begreift er endlich, dass er als Premierminister in einer ganz anderen Rolle ist, eine ganz andere Verantwortung hat. Er muss nun endlich regieren, sonst wird aus einer verzweifelten Situation seines Landes schnell eine hoffnungslose Lage.

Wie geht es nun weiter? Ende April 2015 sieht es so aus, dass den Griechen die Zeit davonläuft. Experten erwarten, dass die Regierung bis Ende Mai zahlungsunfähig ist, wenn nicht noch ein kleines Wunder passiert. Jetzt schon müssen Staatsbetriebe und Kommunen Geld abliefern. Die Griechen horten weiter Bargeld, weil sie einen staatlichen Zugriff auf ihre Konten befürchten. Leider hat sich seit mehr als zwei Monaten nicht gerade viel getan. Die Euro-Finanzminister fordern weiter eine Liberalisierung des Arbeits- und Tarifrechts, um Investitionen zu fördern. Athen lehnt das alles ab und will Reformen des Arbeitsmarktes sogar wieder rückgängig machen. Weiter sträubt sich die Regierung gegen Kürzungen der teilweise noch hohen Zusatzrenten, also wie gewohnt ein ständiges Hin und Her und vermutlich kennt keiner mehr die genaue Finanzlage im Land.

Wann wird dem verantwortlichen Ministerpräsidenten Tsipras die dramatische Lage in seinem Land bewusst? Oder ist ihm alles schon bekannt? Wie lange kann er das alles noch verantworten? Ich möchte nicht in seiner Haut stecken! Er steht mit seiner Mannschaft vor einer kaum lösbaren Aufgabe. Das Treffen in Riga brachte das Fass zum Überlaufen, völlig isoliert trat der griechische Finanzminister Giannis Varoufakis die Heimreise an. Wann wird der untragbare Mann endlich aus dem Verkehr gezogen? Reichen die den Euro-Finanzministern vorgeschlagenen Kompromisse im Bereich der Privatisierungen und die zurückgenommenen Steuerentlastungen aus?

Viel spricht dafür, dass so langsam das Vertrauen der Griechen in den Euro und dessen Politik größer ist als ihr Vertrauen in die eigene, die griechische Politik. Die Verunsicherung wächst, Tsipras' Spielraum wird immer kleiner.

Und jetzt mischst sich auch Joschka Fischer ein, der frühere Bundesaußenminister geht mit der Führung in Athen hart ins Gericht. Fischer könnte der Mann sein, auf den der griechische Ministerpräsident auch hört. Auch er war einmal an der Spitze einer etwas chaotischen Bewegung linksradikaler Prägung. „Die Syriza-Regierung in Athen scheine wohl fest entschlossen zu sein, Griechenland in den Abgrund zu stürzen! Tsipras verschleudert Griechenlands Möglichkeiten", so Fischer weiter, „weil er und andere Syriza–Funktionäre nicht in der Lage gewesen seien, aus ihrer radikalen Oppositionsrolle in die einer an die Macht gekommenen Regierung zu wechseln! Eine Wahlkampagne auf der einen Seite und das Regieren auf der anderen Seite sind zwei total unterschiedliche Rollen. Wenn man mit seinen Gläubigern eine Veränderung aushandeln will, ist man kaum erfolgreich, wenn man seine eigene Glaubwürdigkeit zerstört und DIE beschimpft, deren Geld man braucht, um einen Bankrott zu verhindern."

Der frühere deutsche Vizekanzler plädiert auch dafür, dass Griechenland den Euro behält: „An tiefgreifenden Reformen führe ohnehin kein Weg vorbei, auch nicht, wenn etwa wieder die Drachme eingeführt werden sollte. Die griechische Führung muss endlich der Realität ins Auge sehen und die schon so oft besprochenen Reformen anpacken." Aber das braucht halt auch Zeit, Zeit, die man eigentlich nicht mehr hat. Dem einfachen Volk geht es auf jeden Fall schlecht, das Geld wird knapp, man muss gut planen, um zu überleben.

In der Zwischenzeit sind wir wieder hier auf unserer Insel. Es ist Mai 2015 und alles steht in voller Blüte, eine wunderbare Zeit. Aber die Hotels und Pensionen sind leer, an den herrlichen Stränden verlieren sich nur wenige Sonnenanbeter. Das Wasser hat schon über 20 Grad, also ideal für ein Bad, ein Bad allein im weiten Meer. So etwas gibt es im Sommer nicht mehr.

Vor meiner Abreise kamen so tolle Fragen auf wie: „Passt wohl dein Hausschlüssel noch? Kann man dort noch Geld auf der Bank bekommen? Funktionieren die Geldautomaten noch? Wie sehen die Griechen dich? Sind sie noch freundlich zu dir?“

Der Hausschlüssel hat noch gepasst und Geld konnte ich auch noch von meinem Konto bei der Griechischen Nationalbank abheben, alles läuft so wie immer! Und die Griechen hier auf „meiner“ Insel sind noch freundlicher und hilfsbereiter als vorher. Selbstverständlich haben die Leute hier Probleme, sie müssen neu planen und sich gewaltig einschränken. Stellen wir uns vor, unsere Rente wird innerhalb von drei Jahren von zum Beispiel 1.700.-€ auf 900.-€ gekürzt - bei steigenden Ausgaben für Lebensmittel, Strom, Wasser, Benzin, Heizöl und anderen lebensnotwendigen Dingen. Würden wir das so ohne weiteres verkraften? Sicher nicht! Und diese Menschen haben keine Lobby, sie sind allen diesen Maßnahmen komplett ausgeliefert und wissen oft nicht mehr weiter.

Aber sie bleiben trotzdem freundlich, sie helfen, wo man helfen kann, auch mir als dem Deutschen.

Wir haben im Auto einen Gasgrill mitgebracht, obwohl mir klar war, dass die Gasflaschen hier in Griechenland nicht zu dem System aus Deutschland passen. Also ging es mit dem Grill zu dem Gasexperten auf der Insel, außer seinem kleinen „Wachhund" war aber keiner da. In der Regel steht jedoch immer die Handy-Nummer an der Tür, wo man die verantwortlichen Leute erreichen kann. Fünf Minuten nach dem Anruf ist der Chef mit seinem mit Gasflaschen beladenen LKW vorgefahren. Nach einer kurzen Untersuchung ging er zurück in die Werkstatt, in der man keinen Überblick haben konnte, aber ohne Zögern fand sich sofort das notwendige Werkzeug für den Umbau an dem Grill. „Chaos" ist ja bekanntlich ein griechisches Wort, also ist so eine Werkstattordnung normal. Sofort wurde mit dem Seidenschneider der Schlauch abgeschnitten. Der neue „griechische" Anschluss war schnell und unkompliziert montiert. Zur Sicherheit wurden mir dann noch drei Dichtungen übergeben, es wurde eine neue „Top-Gas" Flasche eingeladen und ich habe bezahlt. Leider habe ich mal wieder vergessen, nach einer Quittung zu fragen …

Die Arbeitszeit, die Verschraubungen und die Freundlichkeit waren umsonst, eine Unterstützung, die wir so in Deutschland kaum mehr kennen. Am Nachmittag ging es dann mit dem Elektro-Fahrrad hinunter ins Dorf und die ersten Doraden haben wunderbar geschmeckt.

Stehen diese Menschen noch hinter der Regierung Tsipras, so wie es uns zu Hause mitgeteilt wird? Nein! Ich höre hier das Gegenteil, kaum einer vertraut mehr auf diese Politiker. Griechenland hat durch die Wahl, das Ergebnis und das unglückliche Taktieren der unerfahrenen Mannschaft nach der Wahl viel Zeit und Vertrauen verloren. Zeit, die fehlt. Reisebuchungen aus Deutschland sind regelrecht eingebrochen, nun hofft man auf Urlauber aus Bulgarien, Serbien, Mazedonien und anderen Balkanländern, die selbst Lebensmittel und Getränke aus ihrer Heimat mit nach Griechenland bringen. Oft kann man an der Marke der Bierdosen die Nationalität der Urlauber erkennen. Der Kofferraum ist voll damit. Es wird von Busreisen aus Bulgarien oder auch Rumänien berichtet, wo Urlauber nur 80 bis 100 € oder noch weniger pro Woche zu bezahlen haben. Die Busse und die Häuser werden zu nahezu jedem Preis gefüllt. Da bleibt wenig Geld im Land.

Das sind nicht unbedingt die Gäste, die man hier braucht. Weit besser sind Urlauber aus Deutschland, England und Finnland. So werden die Tavernen gefüllt, Tavernen von Familien, die diese Einnahmen brauchen, um zu überleben. Und man hat auch gewaltig investiert, die Zimmer, Wohnungen oder Häuser wurden modernisiert. Alles in der Erwartung, dass die Gäste auch kommen. Und nun sind es weit weniger als im Spitzenjahr 2014, die Schere geht also weiter auseinander. Oder gibt es doch noch eine Wende, eine Wende zum Besseren?

Seit Jahren sieht man vermehrt Autos aus der Türkei. Ja, die Türken kommen, und heute freut man sich hier auf Thassos, dass Gäste aus der Türkei nach Griechenland kommen. Das war vor Jahren noch nicht so, heute heuern auch schon größere Tavernen Bedienungspersonal aus der Türkei an, um ihren Landsleuten das Bestellen aus der griechischen Küche zu erleichtern. Man passt sich an, wo es nur geht, selbst wenn es sich um die nicht immer geliebten Türken handelt. Ähnlich verfährt man mit den Bulgaren, auch aus diesem Land kommen Gäste mit großen Autos oft deutscher Herkunft. Da kann man sich nur wundern, wenn man hört, wie arm die Menschen dort eigentlich sind.

5. Juni 2015, Tsipras lehnt Forderungen der Gläubiger weiter ab, so die deutsche Presse!

Seit 1991 versprechen die verschiedenen griechischen Premierminister Reformen und Modernisierungen des Staates. Doch diese Reformen gab und gibt es nicht. Die Bevölkerung will weiter den Euro behalten, zeigt aber wenig Reformbereitschaft. Was ist das Resultat?

Leere Staatskassen, enorme Staatsverschuldung, Streiks, soziale Unruhen, die Gehälter und auch die schon kleiner gewordenen Renten können kaum mehr bezahlt werden. Zusätzlich ist die Industrieproduktion rückläufig, Investoren ziehen sich zurück, ausländisches Kapital fließt kaum mehr in das Land. Notwendig wären Ausgaben-Kürzungen, Einstellungsstopp im öffentlichen Dienst, Steuererhöhungen und eine Heraufsetzung des Rentenalters.

10. Juni 2015, Tsipras trifft sich mit Ministerpräsident Hollande (Frankreich) und Bundeskanzlerin Merkel, dieser Tsipras ist wirklich nicht zu beneiden. Doch erstaunlich, wo nimmt er immer wieder dieses Lächeln her, ist das noch echt? Es ist für ihn der „Ritt auf dem Schwert“. Die Gläubiger sagen: „Ohne Reformen kein Geld.“ Seine Partei sagt: „Mit Reformen keine Macht.“ Wo liegt da der Schlüssel für eine Lösung? Es wird immer schwieriger, hier einen Weg zu finden.

Kommt doch der Grexit?

Zahlungsausfall rückt immer näher ...
Bundesregierung spielt Grexit durch ...
Griechenland und EU beraten weiter ...

Die Fronten bleiben verhärtet, ohne Einigung droht Griechenland der Staatsbankrott, kann Tsipras wirklich noch gut schlafen? Bei der Verantwortung für sein ganzes Volk?

Athen leiht sich kurzfristig 1,3, Mrd. Euro.

Athen will mit einer Amnestie für Steuersünder Geld eintreiben. (Nach Schätzung liegen allein in der Schweiz auf Konten von griechischen Staatsbürgern 80 Mrd. €, 2/3 davon soll unversteuertes Schwarzgeld sein.)

Die griechische Nationalbank warnt vor dem Grexit. (Man befürchtet, dass es per Schneeballsystem zu einer unkontrollierbaren Krise kommen kann.) In Griechenland brechen die Steuereinnahmen ein! (Von Januar bis Mai 2015 liegen die Einnahmen ca. 1,7, Mrd. unter den Erwartungen.)

Die griechischen Staatsbetriebe kommen durch Zahlungsausfälle und Stundungen von Zahlungen immer mehr in Schwierigkeiten. (Allein der DIE, das ist die staatliche Elektrizitätsgesellschaft, fehlen durch Zahlungsausfälle und Stundungen fast 2 Mrd. €) Viele Hotels und andere Großabnehmer sitzen auf offenen Rechnungen!

Wo soll denn das Geld herkommen? Schon vor der Wahl und besonders danach ist doch in Griechenland der nahezu absolute Stillstand ausgebrochen. Die Zimmervermieter vermissen ganz besonders die Deutschen, die bisher nicht oder kaum gekommen sind. Wen wundert das bei dieser Presse, bei diesen doch sehr kritischen Berichten? Es sind oft die Zeitungen hier in Deutschland, die wie folgt über Griechenland berichten: „Die Griechen, die bösen Griechen, die immer nur unser Geld wollen, die faul sind und nichts arbeiten." Doch dieses Bild ist falsch. Und es ist wiederum die griechische Presse, die über die Deutschen negativ berichtet. Man liest, dass Urlauber eine bereits geplante Reise nach Griechenland in ein anderes Land umbuchen. Wir werden immer wieder gefragt, wie es denn ist oder wie es war, wenn wir wieder zurückkommen. Kann man sich als Deutsche denn dort noch sicher fühlen? Dazu ein ganz klares Ja. Wir waren oft so richtig beschämt über all die gute Unterstützung, die uns widerfahren ist. Und was macht Tsipras? Der reist mal wieder nach Sankt Petersburg und trifft dort Putin. Wenn man mit Provokationen reich werden würde, dann wäre Griechenland längst eine Oase des Wohlstandes!

Am 22.6.15 (Montag) soll es ein „ganz wichtiges“ Treffen der „ganz wichtigen“ Politiker aus Europa geben. Griechenland, das war eigentlich immer verbunden mit tollen Menschen, einer wunderbaren Landschaft, einem herrlichen blauen Meer, griechischer Musik, Ouzo und der Akropolis. Heute kriegt man oft schlechte Laune, wenn wir an Schulden, Tsipras oder Varoufakis erinnert werden. Die griechische Regierung sucht den Wunsch ihrer europäischen Partner auszunutzen, die Währungsunion zusammenzuhalten und es nicht auf einen „Grexit“ ankommen zu lassen. Das ist traurig und dreist!

Ist das jetzt die Woche der Wochen, an deren Ende das währungs- und europapolitische Schicksal Griechenlands besiegelt sein wird, so oder so? Gibt es überhaupt noch etwas zu entscheiden oder fehlt ganz einfach die Entscheidungsgrundlage dazu? Was hat die Regierung Tsipras überhaupt vor? Ist es ganz einfach eine Unprofessionalität, ideologische Verbohrtheit oder ein eiskaltes Spiel auf Risiko?

Ja, die große Mehrheit der Griechen will in der Währungsunion bleiben, ich denke, auch die Athener Koalition möchte das. Aber man will sich nicht weiter „demütigen“ lassen von den Gläubigern, aber darum geht es ja überhaupt nicht. Nein, Griechenland soll auf einen Weg gebracht werden, der eine gedeihliche Zukunft verspricht. Auf diesem Weg schien es schon zu sein, bis Tsipras und seine Mannschaft kamen, Hilfe fordernd, Auflagen ablehnend mit dem Motto: „Unser Problem? Nein, euer Problem!“

Es ist ganz einfach traurig, dass Athen den Wunsch seiner Partner auszunutzen sucht, die Währungsunion zusammenzuhalten und es nicht auf einen „Grexit“ ankommen zu lassen. Griechenland versucht, sein eigenes Staatsversagen den Partnern anzuhängen beziehungsweise gleich ganz in Berlin abzuladen. So kann man es machen, so macht es die griechische Regierung, so will man sich der eigenen Verantwortung entziehen. So sollten Eurozone und EU eigentlich nicht funktionieren. Auch die Zertrümmerung von Vertrauen, wie geschehen, war nicht vorgesehen. Verantwortung für Europa tragen alle, manche schultern eine größere Last. Bedauerlich, dass die Regierung Tsipras nicht Teil dieser Verantwortungsgemeinschaft sein will, sondern nur Hohn für sie übrig hat!

Aber ist bei einer aktuellen Rettung das Problem wirklich gelöst? Nein!

In den letzten Monaten gab es doch kaum einen Tag oder ein Treffen, wo die griechische Seite „kurz vor einer Lösung“ stand. Ständig wurden Absprachen nicht eingehalten, die Reformvorschläge kamen zu spät oder nur lückenhaft an und ideologische Vorträge, die kaum einer verstand, waren an der Tagesordnung.

Alles spricht dafür, dass nun doch noch eine Einigung nach bewährtem europäischem Strickmuster in letzter Minute gefunden wird. Aber reicht der knappe Zeitplan aus? Stimmt das griechische Parlament den Reformen zu, die nicht dem Wahlversprechen des Alexis Tsipras und seiner Regierung entsprechen?

Voraussichtlich wird Griechenland ein weiteres Mal „gerettet". Und was kommt dann? Welche griechischen Probleme werden durch den absehbaren Kompromiss dauerhaft gelöst? Was haben die Menschen dort davon?

Das Land ist und bleibt auch nach einer möglichen Rettung praktisch bankrott! Wie kann dort ein funktionierendes Staatswesen aufgebaut werden? Niemand kennt hier eine Antwort, die passt. Sicher, die jetzige Regierung ist dafür nicht verantwortlich, aber sie hat bisher nicht gezeigt, dass sie Willens und in der Lage ist, etwas Gravierendes zu verändern. Die Frage, ob Griechenland im Euroraum bleiben soll, wird auch nach einer weiteren Rettungsaktion nicht verschwinden.

Dann kam die schlimme Wende Ende Juni 2015, das hochverschuldete Land steuert jetzt unaufhaltsam auf eine Staatspleite zu. Was ist passiert? Giannis Varoufakis, der griechische Finanzminister und allwissende Professor, weiß auch jetzt wieder bestens Bescheid. Kaum hatten seine 18 Kollegen aus der Eurogruppe die griechische Forderung nach einer abermaligen Verlängerung des Hilfsprogramms zurückgewiesen, begründet Varoufakis, warum sein Land jetzt den Euroraum nicht verlassen werde. Jetzt also pocht man auf europäische Verträge, obwohl sich seit Jahren keine Athener Regierung an Abmachungen gehalten hat. Tsipras hat dann ganz abrupt sein Verhandlungsteam aus Brüssel abgezogen und die Verhandlungen, man war kurz vor einer Einigung, abgebrochen. Gleichzeitig wurde das Referendum, also die Befragung des griechischen Volkes, ausgerufen. Somit ist die Gefahr größer denn je, dass die Regierung Tsipras das eigene Land ins Chaos stürzt. Wie geht es nun weiter?

1./2. Juli: Griechenland ist zahlungsunfähig, der Ende Juni 2015 fällige Kredit an den Internationalen Währungsfond wurde nicht bezahlt. Somit sind fünf Jahre Rettungspolitik gescheitert, eine Rettungspolitik, die keine richtige Rettungspolitik war, der Schwerpunkt bestand auf Sparen und das betraf besonders die kleinen Leute. Nun haben wir die Pleite, die eigentlich keine Pleite sein darf. Griechenland scheint gescheitert zu sein!

„Wer weiß eigentlich, was Alexis Tsipras will? Weiß Tsipras noch, was Tsipras will? Auf jeden Fall macht er weiter, was er am besten kann“, so das Handelsblatt am 2.7.15, „nämlich TRICKSEN, TÄUSCHEN und TARNEN!“ Was soll das? Es gibt die Tage hektisch verfasste Briefe, die in Brüssel Kopfschütteln hervorrufen. Es gibt Telefonate, in denen weiter Verhandlungsbereitschaft vermittelt wird, aber gleichzeitig wurde ein auch in den eigenen Reihen umstrittenes Referendum für den Sonntag, 5. Juli 2015 ausgerufen. In dieser Befragung des griechischen Volkes wirbt man, gegen das Spardiktat aus Brüssel zu stimmen.

Man fährt Achterbahn, und die Sehnsucht auf einen Neuanfang ohne Tsipras wächst. Wie entscheiden die Griechen?

In Griechenland ist gescheitert, was in anderen Ländern Erfolg hatte. In Spanien, Irland, Portugal und Zypern wirkte die Medizin, die Regierungen haben Reformen durchgeführt und die Menschen brachten Opfer, was sich auch auszahlte. Aber verfügt Griechenland überhaupt über einen Staat, der in der Lage ist, ein Rettungsprogramm richtig durchzuziehen? Entsprechen die staatlichen Institutionen den europäischen Standards? Würden also weitere Unterstützungen wie bisher bei den Menschen ankommen? Helfen diese der Industrie, der griechischen Wirtschaft? Ich vermute nein, der Staat dort ist nicht effizient und die Verwaltung nicht schlank, alles dauert zu lange. Das spürt man an allen Ecken und Enden. Gerade wenn man dort wie wir ein Grundstück kaufen und ein Haus darauf bauen will, braucht man viel, viel Zeit. Zeit, um auf den Ämtern etwas zu beantragen, Zeit, um das Geld in das Projekt zu investieren. Von Freude, dass jemand hier investiert und Leute beschäftigen will, ist absolut nichts zu spüren, im Gegenteil, es werden mehr Hürden aufgebaut, als Hilfen angeboten. Selbst bei einer fachlichen und guten griechischen Unterstützung kommt man oft nicht weiter. Aber ohne diese Hilfe hätte ich weit weniger Haare auf meinem Kopf, man kann einfach viele Entscheidungen nicht nachvollziehen. Aber Griechenland tickt und funktioniert einfach so, auch das musste ich lernen. Weiter habe ich in den Jahren gelernt, den Schalter in Griechenland auf GR umzustellen. Und nicht vergessen, in Deutschland Schalter wieder zurück auf D.

Steuern sind Diebstahl des Staats

Mit dieser Einstellung kommen die Griechen schon auf die Welt, wie kann man sich sonst dieses Verhalten erklären. Griechen sehen ihren Staat, bei dem sie eigentlich alle so gerne beschäftigt sein wollen, als DEN ungerechten und despotischen Steuereintreiber. Viele, nein, wirklich nicht alle, nehmen die Steuer unverändert als Diebstahl des Staates wahr. Hier nimmt also der Staat von dem, was ich erarbeitet habe, etwas weg. Es fehlt völlig der Gedanke an ein Gemeinwohl, dem sich alle verpflichten. Wie schon erwähnt, der Grieche ist kein Teamspieler, Einzelinteressen haben immer Vorrang. Es ist ein Teufelskreis, ohne ausreichende Einnahmen kann der Staat seine Aufgaben nicht erfüllen. Das sieht man besonders an den Schulen, die schlecht ausgestattet sind. Wenn Menschen im Staat keinen Nutzen für sich erkennen, sind sie noch weniger bereit, ausreichend Steuern zu zahlen.

Wir durften in Griechenland die Erfahrung machen, dass das Nachlaufen nach einer Rechnung, besonders wenn der Betrag schon bezahlt ist, reine Zeitverschwendung ist. Man bezahlt also erst dann, wenn eine „vernünftige" Rechnung vorgelegt wird. Nur, ob der Handwerker die von mir bezahlte Steuer auch an sein Finanzamt weiterleitet, weiß ich nicht. Was macht er mit dieser Rechnung? Taucht diese in seinen „Büchern" irgend wo auf?

Wie gewannen die politischen Parteien immer wieder die Wahlen? Ganz einfach: Gefolgsleute wurden beim Staat untergebracht und dort gut versorgt. Die noch heute sichtbaren Folgen: Ein beispiellos aufgeblähter Staatsapparat mit einer ausufernden Bürokratie. Die Verfilzung der Politik mit den Reichen bewirkt, dass der Mittelstand und die kleine Privatwirtschaft die ganze Steuerlast zu tragen hat. Nur eine radikale Strukturreform, die Effizienz und besonders Innovation erzeugen kann, könnte hier helfen. Aber kann man solche Maßnahmen der linksradikalen Regierung Tsipras zumuten? Dieser aktuellen Regierung? Das ist kaum möglich. Bei allen Rettungsprogrammen wurde nur an der Steuerschraube gedreht! Nur wenige jedoch haben die Steuerlast zu tragen. So blutet gerade DER Teil der griechischen Gesellschaft aus, der das Land voranbringen könnte, so oder ähnlich berichtet die FAZ im Juli 2015!

„Das ewige Gezerre in Brüssel, das Gezeter in Athen, es nervt, es langweilt“, solche und ähnliche Aussagen hört man auch aus Griechenland. „Statt Politik zu machen, tut die Regierung vor allem Eines: Nichts, Sie lässt alles, wie es ist. Nur, dass es nicht gut ist, wie es ist.“

Der Staat wäre doch der Schlüssel zur Modernisierung des Landes. Doch statt ihn auf Trab zu bringen, pflegt auch die neue Regierung seine Auswüchse, sogar entlassene Beamte sollen wieder eingestellt werden. So vermittelt die Regierung den Eindruck, dass ihr eigentlich nur der öffentliche Dienst am Herzen liegt und die Privatwirtschaft der Feind ist!

Ein Regierungsmitglied sagt, die Griechen seien eben ein cleveres Volk, deshalb wird bis zum Schluss, ja bis zum Anschlag Druck ausgeübt. „Wir erpressen die Partner mit dem Grexit.“ Er sei sicher, dass das funktioniert. Wenn man lange auf etwas beharrt, bekommt man es, davon ist er überzeugt. Hoffentlich haben sich Tsipras und seine Mannen nicht verzockt. Dabei geht es mir und sicher auch vielen anderen nicht um die Regierung, sondern es geht um die Menschen in Griechenland, die schon wenig haben und deren Sorgen jetzt noch größer werden. Also den Menschen, mit denen wir es dort zu tun haben, Menschen, die dort unsere Freunde geworden sind.

Und so müssen wir feststellen, dass der griechische Staat ungerecht ist! Warum? Warum ist er ungerecht? Weil dieser Staat den schon fetten öffentlichen Dienst mästet, der auf Kosten anderer lebt und dazu noch unbeweglich seinen Besitzstand verteidigt. In Griechenland ist jeder vierte Arbeitsplatz im öffentlichen Dienst zu finden. Und man schont eine korrupte Elite, die wenig oder gar keine Steuer zahlt. Die Reichen haben in Griechenland noch nie Steuern bezahlt, das gilt schon seit 1830. Die wirtschaftlich Reichen sind mit der politischen Elite aufs Engste verfilzt. Wie man hört, keiner weiß es jedoch genau, ist ja auch die Frau des Finanzministers Varoufakis Multi-Millionärin. So gibt es kaum einen Minister, der nach seinem Mandat noch arbeiten muss. Also wie bei uns in Deutschland mit noch besseren Optionen, indem man sich eine lukrative Aufgabe in der Industrie sucht … In der Beziehung sind wir nicht besser!

Wer sind die Leidtragenden in Griechenland? Es sind die Selbstständigen und die, die in der Privatwirtschaft oft sehr hart und fleißig arbeiten, und das noch für wenig Geld bei einer hohen Flexibilität. So treibt der ungerechte Staat seine gut ausgebildeten jungen Leute in das Ausland, die dort oft Start-ups gründen und erfolgreich sind. Solche Leute, solche Firmengründungen gehen Griechenland verloren, aber gerade dort werden diese so notwendig gebraucht.

Sparen und wehklagen allein genügen nicht. Europa hat da sicher auch nicht alles richtig gemacht. Ohne ein Konjunktur belebendes Programm, das eine Nachfrage auslöst oder stützt, dreht sich die Spirale weiter nach unten. Doch wer führt oder führte Griechenland in die Zahlungsunfähigkeit? Die Geldgeber? Nein, die Regierung trägt die Verantwortung für die drohende Staatspleite. Griechenland ist ein nicht funktionierender Staat, eine Lösung ist zumindest kurz- oder mittelfristig nicht sichtbar. Was passiert ganz aktuell? Tsipras „verführt" das griechische Volk. Sein Verhalten gegenüber den Europäern ähnelt dem eines Revolverhelden: „Geld her oder ich schieße!"

Von innen heraus sind einfach keine Ideen vorhanden und es entstehen auch keine, so bitter notwendig Reformen wären, die die Wirtschaft, die noch vorhanden ist, beflügeln könnten. Nein, sogar neue Hürden, die ein sinnvolles Arbeiten ermöglichen könnte, entstehen! Was könnte da helfen? Eine Neugründung etwa? Aber wie sollte das geschehen? Und mit wem, mit welchen oder welchem Politiker? Hier ist anscheinend keiner in Sicht, aber warum eigentlich nicht? Griechenland verfügt doch über gute und im Ausland ausgebildete Menschen. Wo sind diese? Also raus aus der Deckung, meldet euch, es geht um EUER Land.

Der 5. Juli 2015 ist der Tag der Abstimmung. (Wobei kaum ein Grieche weiß, über was er eigentlich abstimmt.) Die Signale stehen auf Bruch. Wohin treibt Griechenland? Die Antwort kennt vermutlich nicht einmal der Ministerpräsident Alexis Tsipras. Die Regierungsgeschäfte scheinen ihm immer mehr zu entgleiten. Ideologische Verblendung, politischer Dilettantismus und populistisches Sendungsbewusstsein sind eine sehr gefährliche Mischung, wie die letzten Wochen und Monate gezeigt haben. Ein Weg oder gar ein Konzept, die Krise in den Griff zu bekommen, ist nicht erkennbar. Oder folgt Tsipras einem raffinierten und gefährlichen Plan? Verfolgt er seine eigene Agenda, also den Euro-Abschied Griechenlands, den Austritt aus EU und auch der Nato?

Wenn Tsipras an einer Einigung mit den Geldgebern gelegen wäre, hätte er sie doch in den vergangenen fünf Monaten erreichen können. Nein, er spricht von Erpressung und einem kriminellen Akt der Euro-Staaten beziehungsweise dem Internationalen Währungsfond. So redet doch nur jemand, der den Bruch will, der keine Einigung sucht. Und so werden die Griechen heute entscheiden, ob sie ihrem Premier auf dem eingeschlagenen Weg folgen wollen oder nicht.

Doch ganz gleich, wie die Volksabstimmung ausgeht, mir persönlich blutet das Herz, wenn ich an die vielen Landsleute in Griechenland denke. Es sind Freunde, Bekannte und auch viele Verwandte meiner Marina, es sind wirklich so liebe und hilfsbereite Menschen. Hoffentlich schlagen unsere Politiker aus Deutschland und Europa die Tür nicht zu, die Tür der Griechen, die Tür zu diesem wunderbaren Land, er wäre schrecklich. Die Politik ist gefordert, auch bei einem heutigen „NEIN“ weiter an einer Lösung für Griechenland zu arbeiten.

Montag, 6.7.2015, Griechenland hat gewählt und deutlich mit NEIN gestimmt. Es beginnt die Stunde der Wahrheit. Das Ergebnis ist für das Land ein Schritt in eine ungewisse Zukunft. Tsipras will nun gestärkt mit den Gläubigern verhandeln, aber in Wirklichkeit ist er doch geschwächt. Er hat das Vertrauen der europäischen Partner verspielt.

Wie sollen nun die europäischen Parlamente eine große Neigung entwickeln, neuen Hilfskrediten für Griechenland zuzustimmen? Mit diesem NEIN hat sich das Land weiter isoliert.

„Kompromiss? Das ist hier nicht bekannt“, sagt der Schriftsteller Petros Markaris. Griechenland begreift nicht, wie Europa funktioniert – und umgekehrt! Jedes Volk hat die Regierung, die es verdient hat. Haben die Griechen, besonders die Griechen, die ich kenne, diese Regierung verdient? Markaris sagt dazu, dass die griechischen Politiker ihr Volk jahrelang belogen hätte. Griechenlands Politiker der letzten Jahrzehnte sind zum größten Teil professionelle Lügner gewesen. Als die Leute anfingen zu leiden, haben sie nur Trostworte gehört, aber nie die Wahrheit. Und als ihnen endlich bewusst wurde, dass die gesamte politische Klasse sie so viele Jahre belogen hat, haben sie es mit Syriza versucht, einer Partei, die vor noch nicht langer Zeit bei drei oder vier Prozent lag.

Das Problem ist, dass Griechenland viel zu hohe Kredite aufgenommen hat, Geld, das man sehr leicht bekommen hat. Warum hat Europa nie so richtig gefragt, was denn mit diesem Geld passiert? Oder wohin dieses Geld fließt oder wie es denn einmal zurückbezahlt werden kann. Ich denke, und das sieht man auch an den vielen sinnlosen Projekten, die mit einem großen Europa-Schild geschmückt sind, Europa hat nicht kontrolliert! Und warum wurde nicht kontrolliert? Deutschland, Frankreich und auch andere Länder haben dabei gute Geschäfte gemacht. Das ist traurig, aber es ist wahr!

Warum hat man so lange tatenlos zugesehen? Besonders die mittelständige Wirtschaft ist nach fünf Jahren Krise weitgehend ruiniert, ein Teil der Verantwortung trägt Europa. Markaris weiter: „Wo soll denn jetzt das Wachstum herkommen, wenn der Mittelstand am Boden liegt?“ Ja, woher auch?

Ein Vergleich: Ich bekomme hier in Deutschland im Rahmen meiner selbständigen Tätigkeit den Auftrag, eine Firma zu sanieren oder umzubauen, also neu aufzustellen. Was machen wir, wie gehen wir das an? Wir machen einen Plan und wir ermitteln in etwa die notwendigen Finanzmittel, die wir im ersten, zweiten und vielleicht auch im dritten Jahr oder darüber hinaus brauchen. Wir überlegen, welche Leute wir zur Umsetzung haben und welche wir noch brauchen. Es geht um die Fähigkeiten dieser Leute, die für so einen Weg notwendig sind. Und wie ist das mit Griechenland und Europa gelaufen?

Ich bin kein Politiker und ich maße mir nicht an, hier Ratschläge zu erteilen. Aber man kann doch nicht nur Geld oben reinschütten und dann alles laufen lassen nach dem Motto: „Die werden es schon richten." Was hat die Troika eigentlich gemacht? Was war deren Aufgabe? Wurde da nur kontrolliert, ob die Sparmaßnahmen eingehalten werden und mehr nicht? Wo war die konstruktive Hilfe, gab es etwa Ziele oder gar Innovationen? Irgendwann hat man doch nur noch funktioniert (oder auch nicht mehr) und (fast) alles so durchgeführt, wie die Europäer das wollten. Somit sind eigene Gedanken oder Ideen auf der Strecke geblieben. Es wurden nur noch Befehle ausgeführt nach dem Motto: „Wenn die das so wollen, dann machen wir das halt!"

Wenn man schon auf so einer kleinen Insel wie Thassos sieht, in welche sinnlosen Projekte Gelder aus Europa geflossen sind, dann ist man nur fassungslos. Wo waren die Leute aus Brüssel oder sonst wo, die hier ihre Unterschriften geleistet haben, um die Gelder zu genehmigen? Die vergangenen fünf Monate werden auf jeden Fall in die Geschichte eingehen als eine Phase der kompletten Verwirrung. Das kleine und unbedeutende Griechenland, ökonomisch total unbedeutend, versucht gegen die Elefanten aus Europa aufzumucken. Ein Krisengipfel jagte den anderen, eine Nachtsitzung die nächste. „Wo ein Wille ist, ist ein Weg", so unsere Kanzlerin immer wieder. Doch gibt es in Griechenland noch diesen Willen, einen Weg? Und wohin führt dieser Weg? In Richtung Europa oder in die andere Richtung? Ein Land, in dem einfache Strukturen fehlen, um die notwendigen Reformen umzusetzen? Kann so ein Land im Konzert der anderen Europäer mitspielen? Nein, eigentlich nicht, aber „der Grieche“ ist auch nicht der Versager oder der Faulpelz, wie es in den deutschen Medien so oft berichtet wird. Es wird einfach zu viel diskutiert und lamentiert und zu wenig agiert!

Griechenland ist das Land, in dem schon immer die eine Hand die andere wusch, es gibt keine Parteien in unserem Sinn und somit auch kein richtig funktionierendes Staatswesen. Griechenland hat etwas von einem Selbstbedienungsladen der herrschenden Klasse, der Oberen, die keine oder kaum Steuern bezahlen. Die Eliten haben das Land ausgeplündert und der eigenen Gefolgschaft Geld und Posten zugeschanzt. Nicht die Leistung oder der gute Abschluss hat gezählt, nein, die Verbindung, die Vernetzung. Der richtige Vater oder Onkel ist wichtig, um den Job zu bekommen.

Und in Griechenland wird nicht gezählt oder gerechnet, in Griechenland wird gefeiert. Schon am Nachmittag sind verschiedene Tavernen gut gefüllt, und es wird schon mächtig getrunken und natürlich Politik gemacht. „Oh, ihr Deutschen, ihr könnt doch nur arbeiten und nicht richtig leben. Schau, wir machen das besser, „Jassu Germanoss!“

Während ich mich dann aus dem Staub mache, schallen mir noch Worte wie „Merkel, Schäuble“ hinterher. Es macht keinen Sinn, vernünftig über Politik zu sprechen, also nichts wie weg. Griechenland ist in vielen Gegenden arm. Es fehlt nahezu jegliche Industrie, es gibt keine vernünftige Infrastruktur. Viele Gebäude sind verfallen oder wurden nie fertig gebaut. Viele „Unternehmer" haben die Subventionen kassiert und sich dann aus den Staub gemacht. Das alles wird oft übersehen und verdeckt durch eine wunderbare Landschaft, liebenswerte Menschen, schöne Strände und ein gutes und gesundes Klima. Europa macht Urlaub von der Realität, wenn es um Griechenland geht. Aber die Griechen sind eben Griechen. Man muss eine Zeit dort leben, um das wirklich zu verstehen. Der Grieche ist eben der Grieche, er ist der stolze Grieche, aber bewundernswert, wie er trotzdem mit der Situation umgeht, wie er lebt!

Die Straße des Janis

Es gibt etwa vier Kilometer oberhalb unseres Dorfes ein Kloster mit dem Namen Achangelos, zu dem eine Straße, besser eine Schotterpiste hinaufführte. Diese war zwar sehr holprig, aber man konnte darauf fahren. Vor einigen Jahren haben wir erfahren, dass man diesen Weg zu einer richtigen Straße ausbauen wolle. Also eine Straße zu einem Kloster, auf der sich am Tag nicht mehr als fünf bis zehn Autos verloren hatten. Kaum ist die Entscheidung gefallen, sind schon die Bagger und Bulldozer angerückt und haben das Gelände „fachmännisch" für den Straßenbau vorbereitet. Am Ortseingang von Prinos wurde schnell ein großes Schild aufgestellt, damit man auch sehen konnte, woher das Geld für diese Straße kommt. Also ein Schild mit vielen Sternen, ein

Schild, das auf Europa als Finanzierungsquelle hinweist. Beschämt und verärgert fuhr ich dann fast jeden Tag an diesem Schild vorbei, verbunden mit der Sorge, wohin mein, unser Geld überall in Europa so versickert. Wie kann man nur auf so eine Idee kommen!

Ich bin zwar kein Fachmann für den Straßenbau, aber dass dieses „Bauwerk“ nicht lange halten konnte, war klar ersichtlich. Schon ein Jahr nach Eröffnung ist in dem etwas steileren Bereich die Straße im Abgrund versunken. Versunken und abgerutscht mit der kompletten Leitplanke in diesem Abschnitt. Man muss sich das so vorstellen, dass der Bereich neben der Straße in keiner Weise befestigt wurde. Also fließt das Wasser, besonders in der Winterzeit, ungebremst über den Weg und nimmt mit, was mitzunehmen ist. Zudem ist der Asphalt (immerhin ein griechisches Wort) (fast) so dünn wie Toilettenpapier, auch der Untergrund glänzt nicht gerade von einer Stabilität. Also kam, was kommen musste. Man wartete, wie ich gehört hatte, auf einen Berater aus der Schweiz. Ob das nun ein Witz war oder ob das der Wahrheit entsprach, wird man sicher nicht mehr erfahren können.

Vermutlich haben die „Schweizer Experten“ nur den Kopf geschüttelt und sind schnell wieder abgereist, was sollten sie unter solchen Umständen auch anderes machen.

Es kamen wieder die schweren und sehr alten Bulldozer angefahren und es wurde weiter sinnlos in den Berg hineingegraben. Die Straße wurde in diesem Bereich noch mehr nach innen in den Berg verlegt. Der Aufwand und die Erdbewegungen waren gewaltig, aber vermutlich war noch Geld für diese Maßnahme vorhanden und so wurde dieser Abschnitt wiederhergestellt. Die Straße war also wieder befahrbar und die fünf bis zehn Autos, hauptsächlich Jäger und eben Janis, der Ziegenhirte vom Dorf, konnten wieder fahren. Wenn Janis die Ziegen am Vormittag herunter treibt, dann können er und auch die Ziegen diese Straße wunderbar benutzen. Auf jeden Fall sind dort pro Tag wesentlich mehr Ziegen als Autos unterwegs, das ist sicher, bis auf den einen Tag im Jahr, da ist dann so richtig was los. Man könnte meinen, dass es sich auf einmal um eine Autobahn handelt. Ein Auto hinter dem anderen fährt zum Kloster hinauf. Die Besucher sind mit viel Geld in der Tasche unterwegs, es wird gespendet, was das Zeug hält. Traditionell laufen viele Bewohner aus den umliegenden Dörfern zu Fuß nach oben als Begleitung für eine Heiligenfigur, die hoch zum Kloster und am nächsten Tag wieder zurück in das Dorf getragen wird. Also wuselt es so richtig am Berg, es wird keine Mühe gescheut. Schon Tage vorher wird der Fußweg sauber und auch für Fußkranke begehbar gemacht, so habe ich dann bei meinen Wanderungen auch etwas davon.

Der harte Winter 2014/15 hat der Straße weiter gewaltig zugesetzt, die Gräben links und rechts der Straße werden immer tiefer. Mal sehen, wie lange das noch hält. Und so versickert wieder viel Geld. Es gibt kaum eine Straße, wo man so locker mit dem Fahrrad herunterfahren kann. Die Gefahr eines entgegenkommenden Autos ist äußerst gering. Und die Ziegen von Janis sind ab dem späten Vormittag zum

Melken im Stall. Gefährlich sind dann eher die Hinterlassenschaften der Ziegen, besonders beim Bremsen ist Vorsicht geboten, sonst liegt man mal schnell unter einer Leitplanke. Ich bin gespannt, wie lange man diese Straße so noch nutzen kann. Die letzten Winter haben wieder enorme Schäden hinterlassen. Im Frühjahr oder nach einem größeren Regen muss die komplette Straße mit einer Planierraupe wieder „sauber" gemacht werden. Durch die ständigen Überschwemmungen wird alles gewaltig in Mitleidenschaft gezogen. Wie lange das wohl noch gut geht? Aber auch hier liegen die Fehler für so eine Investition weniger in Griechenland, sondern mehr bei den verantwortlichen Europäern, die so ein Projekt genehmigt haben.

Was nun, Herr Tsipras?

Die Schlagzeile einer Zeitung vom Juli 2015 lautet: „Was nun, lieber Herr Tsipras? Europa hat Not-Milliarden für Athen genehmigt, die EU schnürt mal wieder einen Übergangskredit, alles in letzter Minute, alles vor einer drohenden Staatspleite." Es ist eigentlich unfassbar, dass ein Kreis von 28 Staaten, vielen geht es schlechter als Griechenland, so einen Beschluss in dieser Situation fassen kann, einen Beschluss über immerhin schlappe 7 Milliarden Euro.

Und was macht Athen? Noch nie seit Beginn der Krise gab es im griechischen Parlament eine so breite Mehrheit für ein Spar- und Reformprogramm. Auch die Bevölkerung steht nach einer Umfrage mit über

50 % dahinter, obwohl diese Beschlüsse für die Menschen dort sehr schmerzhaft sind. Sie müssen, sie sollten doch bitte wieder höhere Steuern bezahlen und für die Rente länger arbeiten. Aber die Griechen dort wissen, Griechenland braucht Reformen, um wieder wettbewerbsfähig zu werden. Doch die Syriza-Partei ist zerrissen, die positive Abstimmung hat Tsipras der Opposition zu verdanken. Das Sparpaket treibt einen tiefen Keil in seine Partei, sie droht an diesem Reformprogramm zu zerbrechen. Aber, und das ist schon erstaunlich, die Popularität des Ministerpräsidenten Tsipras steigt auf über 40 %!

Der vielleicht doch bessere Weg?

In Deutschland wird nach ständigen und zahllosen Diskussionsabenden im Fernsehen abgestimmt, man kann es kaum mehr hören. Kennen die „Besser-Wissenden" überhaupt die Strukturen, die Möglichkeiten und die Sorgen der Menschen dort?

Sind diese überhaupt schon einmal in Griechenland gewesen, also wirklich durch das Land gefahren und haben dort mit den Menschen gesprochen? Oder lag man nur am Stand einer Vier oder Fünf Sterne Anlage und hat außer der Sonne nicht viel gesehen? Das allein ist nicht Griechenland. Das marode System ist unübersehbar, wenn man mit dem Auto unterwegs ist. Was denken wir zum Beispiel, wenn wir in der Nähe einer Stadt ein Schild mit der Aufschrift „Industriegebiet" sehen?

Erwarten wir nicht, dort schöne oder wenigstens ansprechende größere Gebäude zu sehen, in denen Menschen arbeiten? Fehlanzeige! In der Regel sind die Gebäude uralt, verfallen oder waren noch nie bezogen. Unfertige Skelette, die einfach schon viele Jahre so herumstehen, sind die Regel. Und dann frage ich mich, wie soll dort eine Industrialisierung stattfinden, die auch funktioniert? Woher sollen denn die Ideen dazu kommen? Einfach so, mit neuem Geld aus Europa, von uns allen? Mit Geld allein produziert man noch lange keine Geschäftsideen. Aber wie soll es dann gehen? Woher kommen die Impulse? Wer hilft? Machen wir nicht schon wieder die gleichen Fehler und stehen bald wieder da, wo wir jetzt stehen? Lernt Europa, lernt Deutschland als Hauptzahler aus den gemachten Fehlern nicht dazu? Was wird aktuell besser gemacht? Oder haben unser Finanzminister Schäuble und auch andere Wirtschaftsleute Recht, wenn diese sagen, dass es doch besser wäre, dass Griechenland temporär aus der gemeinsamen Währung auszuscheiden sollte? Besser für die Gläubiger und auch besser für den Schuldner, für Griechenland?

Die Steuerhinterziehung hat dort eine lange, eine sehr lange Geschichte, und so eine „Tradition" kann man nicht von heute auf morgen umdrehen. Der Ursprung dazu liegt über 400 Jahre zurück. Damals war Steuerhinterziehung Ausdruck von Patriotismus, man wollte so wenig wie möglich Steuern an ungeliebte Machthaber zahlen. Heute ist es, so denke ich, eher ein Misstrauen oder Missfallen gegenüber dem Staat. Die bisherigen Regierungen haben die Finanzprobleme seit dem Zusammenbruch 2009 nie in den

Griff bekommen. Es ist einfach keine Wahrnehmung eines Betrugs wie bei uns (wenigstens bei den meisten von uns) vorhanden. Griechenland hat bisher immer versagt, wenn es darum ging, Steuern nachhaltig einzutreiben. An der Anzahl der Finanzbeamten lag das vermutlich nicht, davon hat Griechenland wirklich genug. Es fehlt eine klare Struktur, eine effiziente Arbeitsweise. Auf jeden Fall läuft etwas schief!

„Tatsache ist, dass die Euro-Rettungspolitik schon zweimal versagt hat, und das mit katastrophalen Folgen für Europa“, so die Ökonomen Friederich und Weik. Beide sind fassungslos und schockiert und geben ein Zitat von Albert Einstein wieder: „Die Definition von Wahnsinn ist, immer wieder das Gleiche zu tun und andere Ergebnisse zu erwarten!“ Wie befürchtet, haben wir abermals eine politische Lösung, also wieder lediglich eine Rettung auf Zeit. Der absolut ökonomische Wahnsinn geht in die dritte Runde. Und weiter die beiden: „Wir sind bereits jetzt sicher, dass das nicht die letzte teure Rettung sein wird. Weitere Pakete werden folgen müssen. Griechenland wird mit dem Euro niemals wirtschaftlich auf die Beine kommen und seine Schulden werden weiter steigen“, so die Experten, und weiter: „Obwohl Griechenland zu 100% pleite ist, will keiner die Realität akzeptieren und das Land in den erlösenden und heilsamen Bankrott schicken. Das meiste Geld wird für den Schuldendienst verwendet und kann damit keine wirtschaftlichen Anreize auslösen, die Griechenland und seine Bürger so dringend brauchen. Alte Schulden werden mit neuen Schulden bezahlt und ein Rettungspaket wird durch ein neues

Rettungspaket abgelöst", so die beiden in einem Gastbeitrag zur Griechenland-Krise am 23.7.2015 in der Wirtschafts- und Finanzzeitung Handelsblatt.

Ich frage mich, warum wir Europäer und besonders wir Deutschen den Griechen genau vorschlagen, wie sie Kosten sparen müssen und welche Erhöhungen wie durchzuführen sind. Damit wird doch nur ein unnötiger Druck und eine „Besserwisserei" aufgebaut, die wieder genau von der Troika geprüft werden muss. Wieso überlässt man nicht Griechenland selbst das WIE der Zielführung? Fragen, lauter Fragen, es gibt selbst bei den gescheitesten Fachleuten die unterschiedlichsten Argumente und Ansichten.

Und dann die Kommentare des jetzt zum Glück „ehemaligen" Finanzministers Yanis Varoufakis! Der will nun, und das war ja zu erwarten, in seiner Rolle als Dauerkritiker der EU für sich persönlich so richtig Kapital schlagen. Publizität wird so zur Profitabilität. Wie man hört, sind Bücher in Vorbereitung. Das Autorenhonorar könnte er ja dann dem Europäischen Rettungsfond als Spende überweisen, sollte er die Rettung Griechenlands wirklich ernst nehmen.

Und wieder auf Thassos

Es ist Ende Juli 2015 und wir sind wieder auf unserer Insel. Viele haben uns regelrecht gewarnt, nach Griechenland zu fahren. „Gibt es dort noch alles zu kaufen? Kann man weiterhin sein Auto volltanken?" Und so weiter …!

Eine Reise nach Griechenland, das hört sich ja schlimmer an als eine Abenteuerreise nach Afrika oder sonst wo hin. Und dann sind wir hier angekommen und alles war wie bisher. Kostas, unser Taxifahrer, war pünktlich wie immer und hat uns am Flughafen abgeholt. Die Fähre fuhr nicht nur pünktlich ab, sie ist auch gut im Hafen von Limenas angekommen. Dort hat schon unser Freund aus dem Dorf auf uns gewartet und uns mitgenommen. Man hatte nicht den Eindruck, dass sich Griechenland in einer schweren, ja sehr schweren Krise befindet.

Wir wurden überall und von allen mit Freude empfangen, ja, wir waren wieder zu Hause. Im Garten wartete viel Arbeit auf uns. Bisher haben wir versucht, alles selber zu machen, das Wachstum der Sträucher und vor allem des Unkrauts ist hier enorm, also ein „Fass ohne Boden", wie meine Frau immer zu sagen pflegt. Man möchte einfach immer alles sofort am ersten Tag erledigen, also Rasen mähen, Unkraut rausreißen und vieles mehr. Nein, man braucht einen Plan, in dem festgelegt ist, was am wichtigsten ist und was noch ein paar Tage warten kann. Selbstverständlich möchte man auch am gleichen Tag noch an und in das Meer, in eine Taverne gehen und einen schönen Fisch essen, das gehört einfach dazu.

Und dann überschlagen sich politisch wieder die Ereignisse. Das dritte Hilfspaket geht durch, in Griechenland, in Deutschland und in anderen europäischen Ländern. Es gibt also Geld, wieder einmal Geld, viel Geld, von 80 bis 90 Milliarden in drei Jahren ist die Rede. Aber reichen diese Summen aus? Mitte August folgt der Paukenschlag: Ministerpräsident Zipras möchte zurücktreten. Er pokert, er will mehr, aber pokert er nicht zu hoch? Verzockt er sich? Was wird aus seiner Partei, von der sich der linke Flügel bereits abgespaltet hat? Und was passiert bis zur Neuwahl am 20. September 2015?

Wieder absoluter Stillstand, Ratlosigkeit, Unsicherheit. Wie geht es weiter mit Griechenland? Keiner wagt eine Prognose. Aber wieder läuft hier auf Thassos alles so weiter, wie wenn nichts wäre, man spürt absolut nichts von diesem politischen Wirrwarr. Es ist sehr erstaunlich, denn keiner in Deutschland will uns das glauben.

Wieder einmal ist ein Besuch auf dem Finanzamt notwendig, vorher müssen wir noch auf die Nationalbank, um Geld einzuzahlen. Also rein durch die Sicherheitstüren und warten. In der Bank sitzen drei Angestellte, aber nur einer ist hinter dem Schalter und kümmert sich um die Belange der Kunden. Also, wir müssen mal wieder warten, nur langsam und sehr mühsam geht es weiter. Dann entwickelt sich ein Streit, eine laute Diskussion, denn ein Kunde wollte sich vordrängeln, aber das hat nicht funktioniert. Sofort wurde er in die Schranken verwiesen und verdattert „versteckte" er sich unter der Treppe, die in die Chefetage führt. Welche Funktion haben wohl die zwei anderen Angestellten der Bank? Sie sitzen da, telefonieren, reden, spielen an ihrem Rechner. Wieder kommt bei mir die Frage auf, ob es den Begriff „Service" im Griechischen überhaupt gibt. Wie können zwei Kollegen das aushalten, dass Kunden über eine Stunde warten müssen? Für mich wäre das ein kaum auszuhaltender Stress, aber hier scheint das keinen zu stören. Und dann waren wir an der

Reihe und ein neues Problem kam auf. Eine Einzahlung unserer Stromrechnung hatte der Mitarbeiter noch nie gemacht und die dafür zuständige Kollegin hatte heute frei. Er wollte uns helfen und hat nach Rückfrage bei seinem Chef die Kollegin zu Haus angerufen und nach einer Viertelstunde hatte er sogar eine Lösung! Klar, dass die Warteschlange in der Zwischenzeit immer länger wurde. Trotzdem verlief alles recht ruhig und relativ zufrieden konnten wir die Bank verlassen. Wie so oft es sind die festgelegten Abläufe, nicht die Mitarbeiter, die immer nach Lösungen suchen und helfen wollen.

Es ging weiter auf das zuständige Amt für den Strom, dann auf das Rathaus, wieder auf das Stromamt und weiter zur nächsten Bank, wo ich die Nummer 168 gezogen hatte und mit einer Wartezeit von etwa 30 Minuten rechnen musste. Es wurde gerade Nummer 140 bearbeitet, und immerhin waren dort drei Schalter offen, was selten der Fall ist. Dieses Ziehen einer Nummer wurde vor Jahren eingeführt. Ich habe meine Marina, die mich an diesem Tag wieder gut unterstützt hatte, in die nächste Taverne geschickt und nach 40 Minuten war ich bei ihr, die Vorspeise stand schon auf dem Tisch. Es hat mal wieder ganz wunderbar geschmeckt.

Es wird schon wieder gewählt, die Griechen müssen erneut zu Wahl gehen! Wahltag ist der 20.9.2015. Alexis Tsipras hat hoch gepokert, mal wieder, und er hat gewonnen, sein Linksbündnis ist als klarer Sieger hervorgegangen. Und das trotz nicht eingelöster Wahlversprechen, Bankschließungen,

Kapitalkontrollen, Steuererhöhungen und erneuten Rentenkürzungen.

Tsipras feiert seinen Erfolg als einen Sieg des Volkes. Aber bei einer Wahlbeteiligung von nur knapp über 50% relativiert sich das alles ganz schnell, so eine geringe Wahlbeteiligung ist schon bedenklich. Haben die Griechen das Vertrauen in die Politik verloren? Erstaunlich und gleichzeitig beängstigend ist, dass die Neonazi Partei „Goldene Morgenröte" drittstärkste Kraft im Parlament wurde. Das ist ein Schandfleck für Griechenland und ein Alarmsignal für Europa. Was wird Tsipras aus diesem Ergebnis machen? Was kann er machen, wie groß sind seine Spielräume überhaupt? Nimmt er nun wirklich die Rolle des Regierungschefs an? Kann er sich vom Revoluzzer zum Reformer entwickeln? Hält diese Regierung vier Jahre durch oder müssen die Wahlmüden Griechen schon bald wieder an die Urnen marschieren? Ich bin schon auf meinen nächsten Besuch im Oktober 2015 gespannt.

Kurz vor meiner Abreise hörte man mal wieder etwas von Griechenland, sonst ist es ruhig geworden. Warum? Haben „meine" Griechen jetzt alles im Griff? Alles kapiert, um was es geht? Gibt es wieder Geld zum Verteilen? Von wegen, die aktuelle Flüchtlingsdebatte hat Griechenland mehr oder weniger komplett verdrängt. Ist das gut für die Griechen? Oder gut für uns? Mitte Oktober 2015 lesen wir, dass die Gläubiger, also wir, wieder in Athen aktiv sind, es werden die Reformfortschritte überprüft. Kurz zuvor wurde der Sparkurs vom Parlament genehmigt, aber was heißt das schon?

Gleichzeitig hören wir, dass, und das ist ja nichts Neues, auf Reformerleichterungen gedrängt wird, aber bisher ohne Erfolg, die Gläubiger bleiben hart. Nun hängt es von den hoffentlich positiven Einschätzungen der Geldgeber aus EU und IWF ab, ob Griechenland die nächste Tranche von 3 Milliarden € aus dem dritten Hilfspaket bekommt.

Die Reform umfasst unter anderem ein höheres Rentenalter und somit ein Ende der Anreize zur Frühverrentung. Wenn ich das lese, dann kriege ich entweder einen Lachkrampf oder es wird mir schlecht vor dem, was man aus Griechenland hört. Ist man dort immer noch nicht aufgewacht? Wie kann es sein, dass ein Polizist mit 48 Jahren noch schnell in Rente gehen kann? Wann und wie greifen endlich die lang diskutierten Reformen in diesem Land, wann wacht man aus diesem Traum endlich auf? Weiter sollen, ja müssen doch längst Maßnahmen gegen Steuerhinterziehungen getroffen werden! Und schon wieder haben die Gewerkschaften am 12.11.15 zu einem landesweiten Streik aufgerufen. Gut, dass ich da dann schon wieder in Deutschland bin.

Wieder auf Thassos, die Freude ist groß!

Am 24. Oktober 2015 geht mein Flieger nach Kavala und ich bin schon gespannt, was mich auf „meiner“ Insel alles erwartet. Erstaunlicherweise ist die „Germanwings“ fast ausgebucht, es sind hauptsächlich Griechen, die als Besucher zu ihren Familien unterwegs sind, also weniger oder kaum noch Urlauber, obwohl das Wetter für die Jahreszeit sehr gut ist. Ich komme dort an und schnell sitze ich in meinem Mietauto und es geht in Richtung Thassos. Die Fähre steht schon bereit und ohne Warten kann ich dort einparken, ich fühle mich schon wie zu Hause. Ich treffe ein deutsches Ehepaar, das ich seit Jahren gut kenne und schnell wird das Gepäck in mein Auto eingeladen. Sie stammen aus dem Allgäu und haben vor vielen Jahren auch ein Haus dort gebaut. Man kennt sich, man tauscht sich aus, jeder weiß etwas, was für den Anderen neu ist, wir, die Deutschen in Griechenland, wir halten zusammen!

Schnell noch ein kurzer Halt vor dem Supermarkt, um das Notwendige einzukaufen, eigentlich ist es immer das gleiche, man könnte auch sagen, es ist so langsam langweilig. Ist es aber nicht, für mich ist es immer wieder spannend. Man wird freundlich begrüßt, die Menschen dort freuen sich, wenn man sich wieder sieht. Dann geht es hinauf in die Berge, wir wohnen immerhin auf fast 400 Höhenmeter und dort gibt es keine Lebensmittel zu kaufen. Ich erreiche mein Tor zum Garten und sehe schon, dass in fünf Wochen viel passiert ist. Der Garten ist voll mit Laub, Haselnüssen, Kastanien und Ästen, die „von oben“ heruntergekommen sind.

Im Haus ist alles sauber, ich organisiere Holz für meinen Ofen und heize so richtig ein. Das Holz „produzieren“ wir selbst, alles ist aus dem eigenen Anbau, dem eigenen Garten. Ich öffne die Fensterläden, räume grob auf und mache es mir wohnlich. Hier bin ich derzeit ganz allein. Die Nachbarschaft ist wieder „Daheim“ in Deutschland oder zurück auf dem griechischen Festland oder zu Hause in Athen. Wenn ich ankomme, ist sehr viel zu tun und ich laufe richtig im Kreis, um etwas zu säubern oder zu reparieren. Aber so kommt dann auch die Phase der Entspannung, ich hole mir ein „Vergina“-Bier aus dem Kühlschrank, schaue in die veränderte bunte Landschaft, in die Berge und hinunter zum Meer. Ich bin angekommen, bin wieder in meinem geliebten griechischen zu Hause. Es ist schön, ich fühle mich einfach gut und plane die nächsten Aktivitäten. In der Zwischenzeit hat der Ofen so richtig „Feuer gefangen“ und es wird schön warm. Heizen in Griechenland ist eigentlich ungewöhnlich, wenn man an die Hitze im Sommer denkt. Aber Ende Oktober? Da wird es am Abend schon deutlich kühler. Gut, dass wir den Ofen aus Deutschland mitgebracht haben.

Am nächsten Vormittag ist es draußen mit ca. 8 Grad so richtig kalt. Es dauert, bis die Sonne über den Berg kommt und so bleibe ich doch lieber noch etwas im Haus. Aber dann geht es doch raus und ich beginne, meine mir vorgenommenen Aufgaben abzuarbeiten., also Fensterläden streichen, Garten säubern, mähen und mehr. Ich habe Hunger und fahre runter in das Dorf, aber es gibt dort keine geöffnete Taverne. Alles ist dicht, warum sollen die auch offen haben, es sind ja (außer mir) keine Gäste mehr auf der Insel, es ist nur ruhig. Normalerweise liebe ich diese Ruhe, aber das war mir zu viel. In den größeren Ortschaften wie Limenas (Thassos Stadt) oder Limenaria waren gerade noch je zwei Tavernen offen. Die Hotels haben seit Wochen geschlossen, es war so richtig trostlos. Man läuft am Strand entlang, bei richtig schönem Wetter, einem herrlichen und noch recht warmen Meer, und man ist wieder ganz, ganz allein.

Nach sechs Tagen war die Arbeit soweit getan und ich hatte das Alleinsein satt. Es kam mir die Idee, noch drei Tage auf dem Festland zu wandern. In der Nähe von Drama liegt Paranesti, ein ruhiger Ort mit zwei schönen Hotels, von wo man wunderbare Ausflüge in die Berge Richtung Bulgarien machen kann, da wollte ich hin. Also packte ich am Freitag alles zusammen, so dass ich am Samstagvormittag mit der Fähre übersetzten konnte. In der Nacht kam ein Sturm auf, aber ich hatte keine Sorge, denn es gab ja die sogenannte „geschlossene" Fähre, die fast immer fahren kann, also fahre ich am frühen Morgen los. Ich konnte schon aus der Distanz erkennen, dass die Fähren in beide Richtungen unterwegs waren, was mich beruhigte. Am Fährhafen angekommen, wurde ich schnell eines Besseren belehrt. Autos, die schon auf die nächste Fähre gefahren sind, kamen wieder zurück. Was war los? Die Hafenpolizei hat den Fährbetrieb eingestellt, der Sturm wurde immer stärker. Aber wo ist denn jetzt das Schiff, das in solchen Situationen gut fahren kann? Es war weit und breit nicht zu sehen. Es gab auch keine Informationen, wann eventuell, also noch heute oder erst morgen, eine Fähre fahren kann. Immer wieder rannten Leute zur Hafenpolizei, die dann die anderen Wartenden mehr oder weniger informierten. Aber es passierte überhaupt nichts, man wurde immer nur um weitere drei Stunden vertröstet, in der Hoffnung auf weitere Neuigkeiten. Am Abend habe ich dann gehört, dass die sogenannte „Sturmfähre" im letzten Jahr verkauft wurde! Da fällt einem nichts mehr ein, wie geht denn das? „Der Fährbetrieb in den Wintermonaten ist ganz einfach nicht rentabel", so meine persönliche Einschätzung. Und Touristen sind da sowieso nicht auf Thassos, Einheimische können ja warten, wenn der Wind zu stark bläst.

Es wurde immer später und der Sturm wurde nicht schwächer. So gab ich für diesen Tag den Versuch auf, die Insel noch verlassen zu können. Ich wollte bei Tag wieder an meinem Haus ankommen, damit noch genug Zeit blieb, alles wieder von „winterfest" auf „bewohnbar" umzustellen, also Holz für den Ofen bereithalten, Strom und Wasser wieder einschalten und so weiter. Außerdem hatte ich Hunger, aber es war nichts mehr da. Auf einen Tavernen-Besuch hatte ich durch den erlebten Frust einfach keine Lust. Ich wusste ja auch nicht, ob es dann morgen klappen sollte. Es MUSSTE klappen, denn für Montag und Dienstag war mal wieder ein Streik der Fährschiffe angekündigt und am Dienstag ging mein Flieger, der letzte in diesem Jahr von Kavala nach Stuttgart. Bedenken kamen auf, wie und wann meine Heimreise wohl möglich sein könnte!

So wurde ich am Sonntag, dem nächsten Tag, um 4 Uhr wach und wieder fand der gleiche Ablauf statt: Ofen sauber machen, Decken über das Bett und Möbel werfen, Strom und Wasser ausschalten. Draußen war es stockdunkel, ich konnte absolut nichts sehen, nicht einmal der Mond stand am Himmel. Dann Haus wieder zuschließen, Koffer und Rucksack ins Auto und los, ich wollte die erste Fähre 5.45 Uhr erreichen und die Fahrzeit nach Limenas an den Hafen beträgt mindestens 20 bis 25 Minuten. Ich komme dort an und alles ist ruhig, alles liegt im Dunkeln, nichts bewegt sich, zumindest kein Auto in Richtung Fähre. Sollte es heute wieder nicht klappen? Muss ich wieder den ganzen Tag auf „meiner" Insel verbringen? Bei Wind und Kälte? Und wie geht es dann weiter, sollte es zum Streik kommen? Kann der Streik verhindert werden, wenn die Insel zwei Tage lang nicht erreicht - schlimmer noch - nicht verlassen werden kann? Fragen, die mich seit gestern ständig begleiten. Ich reihe mich wie gestern nicht in die Warteschlange ein, sondern ich parke das Auto auf der Seite, so dass ich jederzeit wieder wegfahren kann. Immer mehr Autos kommen angefahren, ich treffe wieder die gleichen Leute wie gestern, man kennt sich so langsam. Es sind Griechen, Bulgaren, Deutsche und Schweizer, für einige ist der Flieger bereits weg, andere hoffen auf eine baldige Überfahrt, um das gebuchte Flugzeug heute Nachmittag zu erreichen. Mir darf es soweit noch gut gehen, ich habe immer noch zwei Tage Reserve, aber auch bei mir schmilzt die Zeit dahin.

Wieder werden wir vertröstet, vielleicht klappt es am späten Vormittag oder am frühen Nachmittag. Das Meer scheint sich etwas zu beruhigen, die Schaumwellen von gestern sind verschwunden, Hoffnung kommt auf, aber es passiert nichts. Ich lasse das Auto stehen und mache mich auf in die Stadt, ich brauche ein Frühstück, einen warmen Kaffee, das muss jetzt sein. Nur warten und hoffen, jetzt schon den zweiten Tag, das ist nicht gut. Man trifft überall Leidensgenossen, die immer wieder verärgert aus dem Auto aussteigen und einfach so herumlaufen. Es wird gefragt, was es Neues gibt, aber keiner kennt eine Antwort. Ich gehe in ein Café mit Blick auf den Hafen, um ja nichts zu verpassen. Wieder wird man nicht gut oder auch überhaupt nicht informiert, das ist einfach typisch, und so warten wir weiter. Aber auf einmal bewegt sich etwas, ein Schiff der „Thassos-Link"-Gesellschaft kommt mit offenen Klappe angefahren. Alles rennt auf den entsprechenden Kiosk zu, wo man Tickets kaufen kann. Aber da sitzt überhaupt niemand, wieder tut sich nichts. Die Menschen werden immer ungeduldiger.

Aber das Schiff macht fest. Der Besitzer und gleichzeitig auch der Kapitän, er stellt sich der „Meute", aber er kann nichts machen, er bekommt keine Genehmigung zur Überfahrt. Unglaublich, denn das Meer beruhigt sich immer mehr. Ich denke, man müsste eigentlich fahren können, uns trennen ja nur 8 km vom Festland. Und immer mehr sind dieser Meinung, man will einfach weg, jetzt nach zwei Tagen Insel-Gefängnis. Wird es heute noch funktionieren? Ärger macht sich bereit, immer mehr fragen sich, wie sie nun am besten nach Deutschland oder in die Schweiz kommen. Sollen wir mit dem Mietwagen über Mazedonien, Serbien, Ungarn und Österreich zurückfahren? Man prüft alternative Flugverbindungen, überlegt und kann keine Entscheidung treffen, da eine Überfahrt für heute immer unsicherer wird. Es ist nun 15 Uhr und das Warten nimmt kein Ende. Es sickert durch, dass heute nicht mehr, aber morgen „auf jeden Fall" gefahren wird, was für mich noch im grünen Bereich wäre. Aber das bedeutet, ich fahre wieder zurück und es folgt die gleiche Prozedur, das ist ja nicht zu fassen! So breche ich ab, wenn auch die meisten bleiben und hoffen, dass heute noch was geht, meine Hoffnung ist gleich null. Aber die Aussicht, dass es morgen weitergeht, die habe ich ganz fest, irgendwie bin ich mir da sicher, fast sicher.

Ich öffne mein Haus und (schon wieder) zünde ich den gereinigten Ofen an und mache es mir gemütlich, so gut es geht.

Meinem Wecker komme ich zuvor und ich stehe voller Erwartung um 4 Uhr früh auf. In der Nacht, viel schlafen konnte ich nicht, habe ich immer wieder gelauscht, aber der Sturm war nun wirklich fast weg. Also raus aus dem Bett, wieder alles „winterfest" machen, nun hatte ich ja genügend Übung. Alles geht mir schnell und flink von der Hand. Dann packe ich wieder alles zusammen und verlasse mein Haus in der Dunkelheit. Unterwegs wird noch der Müll aus dem fahrenden Auto in die Tonne geworfen, die am Straßenrand steht. Es ist ruhig, es ist kein anderes Auto unterwegs und so komme ich gut und schnell vorwärts.

Kurz vor Limenas gibt es eine Kurve, ab der man zum ersten Mal den Hafen sehen kann. Und was sehe ich da? Ein Schiff mit Lichtern! Da ist richtig was los, die ersten Autos fahren schon auf die Fähre. Das ist ja wunderbar, nichts wie runter, Tickets kaufen und es geht los! Ich kann es nach den zwei Tagen warten kaum glauben. Das Schiff bewegt sich in Richtung Festland, ein wunderbares, herrliches Gefühl steigt in mir auf. Alle Passagiere sehen glücklich aus, alle freuen sich, dass es nun klappt. Der Schiffseigentümer, der vorher noch alle Autos persönlich auf das Schiff „getrieben" hat, steht nun selbst am Ruder und ist unser Kapitän. Ja, solche Leute braucht das Land, besessene Unternehmer, die etwas riskieren und eine eigene Fährgesellschaft aufbauen, toll! Wir haben also eine höchst wirtschaftliche Überfahrt erlebt, das ist sicher. Auf dem Schiff wimmelte es nur so von Menschen und das Unterdeck war prall gefüllt mit Autos, geparkt Stoßstange an Stoßstange, so dass keine Hand mehr dazwischen gepasst hätte. Am Kiosk bildeten sich lange Warteschlagen von „Passagieren", die noch schnell einen Kaffee und etwas zu knabbern als Ersatz für das Frühstück ergattern wollten. Alles musste dann sehr vorsichtig zum Sitzplatz transportiert werden, da das Schiff mächtig schwankte.

Alles hat gut funktioniert und ich bin sicher und gut auf dem Festland angekommen, was für ein tolles Gefühl! Beschwingt habe ich mich von meinen „neuen Freunden" verabschiedet, immerhin haben wir viel Zeit zusammen verbracht.

Unterwegs habe ich mir ein richtig schönes Frühstück gegönnt und die Situation so richtig genossen. Ich habe es geschafft, ich konnte die Insel, mein geliebtes Thassos, verlassen. Mein Tagesziel Paranesti konnte ich schnell erreichen und im Hotel wurde ich schon mit Freude erwartet. Als Begrüßung wurde mir ein Kaffeegedeck mit Kuchen und anderen griechischen Leckereien überreicht. Was für ein Genuss, ja was für eine Freude, auf dem Sonnenbalkon des schönen Zimmers zu sitzen und die schöne Landschaft zu betrachten. Eine Landschaft, die Ruhe ausstrahlt, eine Landschaft ohne unruhiges Meer, einfach herrlich. Ja, das Leben kann so schön sein und ich dankte Gott für diesen herrlichen Moment, für dieses gute Gefühl. Sind es nicht oft die kleinen Dinge, die uns so glücklich, so zufrieden machen?

Ich fuhr los in die nahen Berge in Richtung bulgarischer Grenze, eine wunderbare und ruhige Landschaft mit viel Wald, Wasserfällen und verlassenen Dörfer, fast schon wieder zu ruhig, wenn man so allein unterwegs ist. Es war Anfang November, aber die Sonne hatte noch richtig Kraft und ich genoss den wunderschönen Tag. Am Spätnachmittag, der Hunger trieb mich in das Dorf hinunter, suchte ich nach etwas Essbarem. Und ich brauchte dringend einen Ouzo, mein Magen war etwas aus dem Gleichgewicht geraten. Ich entdeckte eine sehr kleine Imbissbude an der Straße und so bestellte ich ein Ouzo-Mezze, was man bei uns mit einem Schnaps mit einer kleinen Brotzeit vergleichen kann. Auf einmal sprach die Wirtin viel besser Deutsch als ich Griechisch und es entwickelte sich ein nettes Gespräch, dem sich ein weiterer Gast schnell angeschlossen hatte. Er erzählte mir in leichtem Schwäbisch, dass er über 20 Jahre bei Daimler gearbeitet hat und ob ich ein Auto dieser Marke fahre. Sofort stand ein weiteres Ouzo-Glas auf meinem Tisch und mein „neuer Freund“ wollte mit mir über „die Merkel“ diskutieren. Ich habe mir angewöhnt, mit griechischen „Freunden“ nicht über Politik zu reden. Das bringt nichts, denn nur die griechische Meinung zählt. Und so haben wir mehr getrunken als politisiert. Trotz allem sind die Griechen, die in Deutschland waren, viel aufgeschlossener und haben eine schon mehr deutsch-europäisch geprägte Meinung. Das tut gut und es ist oft angenehmer, mit solchen Leuten zu reden. Aber ich musste gut aufpassen, die Freude bei ihm, jemand aus dem Daimler-Land zu treffen, war sehr groß und zu viel Ouzo tut ihm nicht so gut. Die lieben und freundlichen Griechen ... Gut, dass ich mir den Weg zum Hotel gut eingeprägt hatte!

Die Griechen sind spontan, unkompliziert und eigentlich immer gastfreundlich, aber sie wollen einfach keine Steuern zahlen. So lesen wir dann Anfang Dezember, dass der Ministerpräsident Tsipras weiter auf Abwarten setzt, es gibt noch kein neues Rentengesetz und kaum realisierte Privatisierungen. Auf was wartet man denn noch oder schon wieder? Das IWF-Geld reicht nur noch bis März 2016. Was kommt dann? Schwierige Abstimmungen stehen Herrn Tsipras und seiner Regierung bevor, eine Lösung ist in weite Ferne gerückt, also war es doch nur ein Aufschub und heiße Luft. Aber es wird eng, es gibt Verzögerungen einiger wichtiger Reformen. Was sind die Gründe? Sind es politische Widerstände oder auch mangelnde Kompetenz der zuständigen Minister? Der griechische Karren scheint mal wieder festzusitzen. Gut für die Griechen, dass die Probleme des Landes durch die aktuelle Flüchtlingsdiskussion aus den Schlagzeilen geraten sind.

Aber es ist ein Spiel mit dem Feuer. Wenn bis Februar 2016 die Prüfungen nicht abgeschlossen sind, sind weitere Hilfskredite gefährdet und das Land könnte ab März 2016 erneut in akute Zahlungsschwierigkeiten geraten. Und Griechenlands Wirtschaft kommt einfach nicht aus der Krise, mit Ausnahme des Tourismus. Die Rekordzahlen aus 2015 werden auch 2016 sicher noch weiter steigen. Trotzdem dürfte das Dauer-Krisenland das neunte Rezessionsjahr in Folge erwarten. Der florierende Tourismus kann die Probleme der allgemeinen Wirtschaft nicht komplett abfedern. Der Fremdenverkehr steuert immerhin etwa ein Fünftel zur griechischen Wirtschaftsleitung bei. Die Zahl der ausländischen Gäste stieg im Jahr 2014 von 22 Millionen auf 26 Millionen im Jahr 2015 und übertraf dabei alle Prognosen. Und dieser Boom hat sich im Jahr 2016 und auch 2017 weiter fortgesetzt! Viele Urlauber sollen besonders aus Russland kommen, die bisher gerne nach Ägypten und in die Türkei gereist sind. Auch aus Deutschland werden wieder mehr Touristen erwartet. Reiseveranstalter haben ihr Hotelangebot in Griechenland ausgebaut.

Ich denke, dass bei einem noch verbesserten Servicegrad mehr möglich wäre, aber wer hört in Griechenland schon auf mich, auf einen Deutschen, das geht ja gar nicht.

Griechenland braucht Investitionen, Ideen, junge und gut ausgebildete Menschen, die in ihrem Land eine Perspektive haben und eine Zukunft sehen. Leider sieht die Praxis ganz anders aus. Firmen flüchten aus Griechenland zum Schaden der Menschen, die Arbeit suchen. Von der Regierung Tsipras erhöhte Steuern, Kontrollen, eine unglaubliche Bürokratie und die politische Instabilität machen den Standort unattraktiv. Nachbarländer wie Bulgarien oder Albanien locken mit niedrigen Steuersätzen. Der Steuersatz auf Zypern beträgt weniger als die Hälfte im Vergleich zu Griechenland. Und Griechenland hängt am Tropf der EU-Partner und die Chancen auf eine Erholung werden immer geringer. Viele griechische Unternehmen haben in der Zwischenzeit eine Steuernummer im benachbarten Bulgarien beantragt. Sie planen, ihr Geschäft ganz oder teilweise dorthin zu verlagern. So sieht man viele große Autos mit bulgarischer Autonummer, die Fahrer aber sind Griechen. Es geht also immer mehr Geld am griechischen Finanzamt vorbei, das Lohnniveau in Griechenland ist einfach zu hoch und wird vermutlich auch weiter steigen. Bei den Lohnnebenkosten gehört das Land heute schon zu den teuersten in Europa. Das alles beeinträchtigt die Wettbewerbsfähigkeit und fördert letztendlich wieder die doch so beliebte Schwarzarbeit in Griechenland. Wer soll unter solchen Umständen in dem Land investieren? Interessante Anreize? Absolute Fehlanzeige!

Hemmend wirken die komplizierten und langen Genehmigungsverfahren, die Steuer- und mangelnde Rechtssicherheit! Es läuft alles, was mit Wirtschaft zu tun hat, in die falsche Richtung. Die US-Ratingagentur Standard und Poor's sieht sogar die Gefahr eines Zahlungsausfalls. Lösungen, das zu verhindern, sind leider nicht in Sicht. Alle warten auf die Gäste, die in diesen Jahren nach Thassos kommen. Die Voraussetzungen dazu sind nicht ganz schlecht, wenn wir an die Anschläge in Tunesien oder in der Türkei denken, bei denen deutsche Touristen zu Tode gekommen sind. Das alles spricht im Moment für Griechenland und so auch für Thassos, wo weiter neue Hotels und schöne Pensionen gebaut wurden und auch noch werden.

Ich bin gespannt, was uns die nächsten Jahre so alles erwartet. Wir denken und wir planen, machen uns viele Gedanken. Bleiben wir gesund, behalten wir die notwendige Kraft, um immer wieder diese Reisen zu machen? Wie dankbar können wir, dürfen wir sein, wenn wir auf die vielen Erlebnisse und Begegnungen mit anderen Menschen zurückblicken. Es ist schon ein interessantes und abenteuerliches Leben, wie meine Marina das immer ausdrückt, das wir nun seit 18 Jahren führen. Für mich ist das wunderbar, ich habe viel Freude durch den ständigen Wechsel zwischen Deutschland und Griechenland, aber wenn man angeschlagen ist und auf Ärzte oder Therapeuten angewiesen ist, dann wird das beschwerlicher. Also stellt sich für uns die Frage: „Wie lange können wir das noch so durchhalten, was wäre eventuell die bessere Alternative?“ Wir dürfen gespannt bleiben, was die Zeit so bringt! Noch besitzen wir die notwendige Kraft und Gesundheit dazu, Gott sei Dank dafür.

„Tsipras bekommt Konkurrenz“, so lesen wir das Ende Januar 2017 in den einschlägigen Zeitungen. Wer mag das wohl sein? Die konservative Opposition hat einen neuen „Führer“ bestimmt, es ist der 47-jährige Kyriakos Mitsotakis, der anscheinend dem liberalen Flügel der Nea Demokratie (ND) angehört. Mitsotakis hat den Parteivorsitz erst vor einigen Wochen übernommen und doch schon einiges bewegt. Er will die Partei zur Mitte öffnen und vor allem auch den jungen Wählern wieder eine Perspektive geben. Umfragen zeigen, dass sein Weg Erfolg haben könnte. Im Gegensatz dazu hängt der amtierende Ministerpräsident Tsipras etwas durch, viele Probleme sind nicht gelöst, viele Zusagen an die Schuldner wurden erneut nicht eingehalten. Seine Pläne zur Steuer- und Rentenreform treiben die Menschen mal wieder auf die Straße. Warten wir ab, was auf dem Weltwirtschaftsgipfel in Davos herauskommt, wo Tsipras verschiedene und wichtige Politiker zu Gesprächen trifft. Sein Spielraum wird eng, müssen die Griechen bald wieder wählen? Das würde alles verzögern. Stilstand ist das letzte, was das Land jetzt braucht, das schon in Verzug geratene Anpassungsprogramm könnte dann komplett aus dem Gleis geworfen werden. Dass Griechenlands Geldgeber da mitspielen und weiteres Geld überweisen, ist höchst unwahrscheinlich.

Die griechische Mama

Wir liegen am Strand und eine griechische Mutter mit ihren zwei ganz typisch „griechischen“ Kindern sucht einen Platz im Schatten, den sie (leider) in unserer unmittelbaren Nähe findet. Ich denke mir so, es ist eigentlich zu nahe, und schon geht das Theater los. Mit der Mittagsruhe ist es vorbei, der Junge mit seinen geschätzten fünf Jahren kann nicht nochmal reden, nein, er muss schreien, denn die Mutter hat sich mit ihrem Handy entfernt, IHR war es zu laut! Aber was ist mit uns? Das spielt keine Rolle, man wird als „Nachbar“ gar nicht wahrgenommen! Rücksicht? Fehlanzeige, besonders, wenn es um die eigenen Kinder geht. Die Mama ist in einer absolut guten Laune, ist begeistert von dem schönen Strand und dem noch schöneren Meer, und das muss sie sofort allen Freunden und Bekannten erzählen. Also greift sie nach ihrem pinkfarbenen Handy und ruft alle Menschen an, die sie kennt. Man muss dieses Erlebnis ja sofort allen erzählen. Zum Baden kommt sie durch das Telefonieren nicht, dazu reicht die Zeit einfach nicht aus, sie ist viel zu viel beschäftigt. Dann wird das Kind zum Essen gerufen, aber der Junge ist ebenso beschäftigt wie die Mutter und hört diese Nachricht, dass es Essen gibt, nicht! Oder will er es nicht hören, denn das Buddeln im Sand ist m Moment viel interessanter und Hunger hat er überhaupt nicht. Aber wie reagiert die Mutter? Gibt sie auf und lässt ihn lieber weiter im Sand spielen? Nein, sie nimmt die Luftmatratze und die Tasche mit dem Essen darin und setzt sich am Strand zu ihrem Sohn! Das ist Mutterliebe, da können sich unsere Mütter hier in Deutschland eine große Scheibe abschneiden, aber hallo! Wenn der Sohn nicht zur Mutter kommt, dann kommt die Mutter eben zu dem Sohn, ist doch klar! So wird dieser immer gefüttert, wenn er zwischen buddeln und mit Steinen spielen kurz eine „Zwangspause“ einlegt. Die Mutter nutzt diese Pausen mit einer unglaublichen Begabung so aus, dass das Kind doch zu Essen bekommt, eine tolle Leistung.

Dann folgen schnell zwei, drei weitere Anrufe und ein letzter Blick zum Meer. Leider bleibt zum Baden keine Zeit mehr, schnell werden die Reste eingesammelt, (kommt selten vor), die Handtücher zusammengerollt, und, ganz wichtig, das Handy nicht vergessen und los nach Hause. So hatte man doch eine schöne Zeit „am“ Meer, aber nicht „im“ Meer. Und alle Freunde und Bekannten wussten Bescheid. Für uns war es ein Segen und endlich hatten wir die Ruhe, die wir uns für so einen Strandtag vorgestellt hatten.

Familienessen oder „griechische Raubtier-Fütterung“

Wir sitzen in einer Taverne am Meer, es ist ein herrlicher Platz. Es ist nicht zu heiß, es weht ein angenehmer Wind um die Nase und der Hunger hat uns in die eigentlich ruhige Taverne in Skala Maries geführt. Dort hatten wir schon wunderschöne Abende mit Freunden oder auch allein erlebt und den frischen Fisch genossen. So sollte es auch heute Nachmittag werden. Die Voraussetzungen dazu waren richtig gut. Leider gibt es dort wenig Parkplätze und da der Grieche nicht so gerne zu Fuß geht, wird die Ruhe oft mit Parkplatz suchenden Gästen gestört. Aber nicht nur die Griechen fahren am liebsten in die Taverne hinein, nein, man sieht dort auch Autos aus Bulgarien und Rumänien. Man fährt einfach weiter, wenn es keinen Parkplatz direkt neben der Taverne gibt.

Neben uns sitzt eine Familie mit zwei Kindern. Begleitet wurde die Familie von der Mutter beziehungsweise Schwiegermutter der Eltern, also der Jaja der Kinder.

Der Ober kommt und jeder bestellt etwas, ohne dass man einen Überblick über den Gesamtumfang der Bestellung hat. Kurz danach wird aufgetischt und das Essen beginnt, wenn man das nach unseren Vorstellungen so nennen kann. Der Vater raucht weiter in Ruhe seine Zigarette, obwohl sich seine Mutter beziehungsweise Schwiegermutter schon eifrig mit dem Zerlegen des Fischgerichtes beschäftigt. Es gibt keine Kommunikation, außer mit dem etwa vier Jahre alten Jungen, der sich überhaupt nicht bändigen lässt, geschweige denn, dass er es einsieht, wenigstens zum Essen am Tisch zu sitzen. Nein, er läuft den vielen Katzen nach, die im und um das Lokal herumspringen und ständig auf der Suche nach Nahrung sind. Nach heftigen Diskussionen und recht lauten Hinweisen stoppt er am Tisch der Familie. Die Mutter hält immer ein Fleischstück, aufgespießt auf seine Gabel, bereit. Nach etwa zehn oder mehr Aufrufen rast das Kind am Tisch vorbei und die Mutter ergreift die Gelegenheit, ihrem Sohn die schon vorbereitete und bestückte Gabel im „Vorbeiflug" in den Mund zu stecken. Ab und zu klappt das ganz gut, aber ob das Essen dann in seinem Magen verschwindet oder vor der Schanze einer Katze landet, interessiert sie überhaupt nicht. Schnell ist sie wieder damit beschäftigt, ihren eigenen Hunger zu stillen.

Der Vater isst und raucht und raucht und isst in aller Ruhe weiter vor sich hin. Die Mutter oder Schwiegermutter hält sich aus allem heraus, vermutlich hatte sie schon lange nichts mehr gegessen und entsprechend groß war der Hunger. In der Zwischenzeit bricht der Tisch unter dem vielen Essen fast zusammen und der Platz für weitere Gerichte reicht nicht mehr aus. So werden schnell fast volle Teller wieder abgetragen, es wird Platz geschaffen für den Nachschub. In der Zwischenzeit, der Vater isst und raucht und raucht und isst immer noch, springt der Sohn ab und zu am Tisch der Familie vorbei und holt sich sein Essen dort ab. Erstaunlich, mit welcher Präzision das doch immer wieder funktioniert, Übung macht halt doch den Meister! Essen ist genügend vorhanden, es wurde wie immer zu viel bestellt. Gut, dass die hungrigen Katzen in der Nähe waren. Schnell hatte sich die gute Tat das Jungen herumgesprochen und die Anzahl der Katzen wuchs somit ständig. In so einen Fall sind schnell 20 oder noch mehr Vierbeiner in der Nähe, sehr zum Leidwesen des Tavernen-Inhabers.

Getrunken wird auch am Nachmittag in der Regel eine wenn auch kleine Flasche Ouzo, die dann „fast" gerecht aufgeteilt wird. Eis darf auf keinen Fall fehlen, Getränke müssen immer kalt sein.

Unsere griechische Familie mit ihrem Sohn war immer noch zu Gange, also essen, trinken und ab und zu mal wieder eine Zigarette rauchen. Das Kind selbst war auch beim Nachtisch nicht bereit oder nicht in der Lage, bei seinen Eltern am Tisch zu sitzen und zu essen. Nein, die schon gewohnte Fütterung wurde auch da in gewohnter Weise fortgesetzt. Die Katzen hatten auf einmal keinen Hunger mehr, auf süßen Kuchen stehen auch griechische Katzen nicht.

Ja, wenn die Griechen zum Essen gehen, dann richtig und nicht so sparsam wie wir Schwaben.

Nach so einem Mahl wird dann alles in das vorher ausgelegte Papiertischtuch gewickelt und da kommt ein schönes Paket zusammen. Die oft noch gut gefüllten Wein- oder Bierflaschen werden separat abgetragen. Die Ouzo-Flaschen sind in der Regel alle leer, wer wird denn so etwas Gutes und Wertvolles stehen lassen. Ein richtiger Grieche? Wohl kaum! Angst um den Führerschein? Befürchtete Kontrollen? Man kann sich eben rechtzeitig informieren, wo es Kontrollen gibt! Das alles ist für uns sicher sehr ungewöhnlich, aber das entspricht eben der griechischen Mentalität. Es ist diese Leichtigkeit, die Lebensfreude, auf die man trotz Krise, trotz Sorgen nicht verzichten möchte. Ich finde, dieses Verhalten ist gerade in der aktuellen Situation der Griechen bewundernswert.

Der Grieche und sein Avtokinito (Auto)

Der Grieche liebt sein Auto und das in der Regel über Jahrzehnte! Mich erstaunt immer wieder, wie man mit oft so alten „Autos“ noch durch den TÜV kommt, den es in Griechenland seit etwa 20 Jahren gibt. Oft hängen die Kabel der Rückleuchten frei in der Luft, von einer Lampe ist weit und breit nichts zu sehen. Blinken? Das tut eh kaum einer, der andere muss doch so langsam wissen, dass ich schon immer an dieser Kreuzung links abgebogen bin. Aber auch das ist Griechenland, irgendwie funktioniert es. Und wenn das Auto den Geist aufgibt, behält man es trotzdem. Es ziert dann die Vorgärten oder es steht einfach weiterhin vor dem Haus, und niemand stört sich dran. Oder man stellt es einfach auf einer schon schmalen Seitenstraße ab, irgendwie werden die anderen schon daran vorbeikommen. Ein Jahr später sind es dann schon zwei oder auch drei weitere Autos, die da einfach so „geparkt“ werden. „Wenn der das so macht, warum nicht auch ich?“ In der Regel werden selbst die Kennzeichen nicht abmontiert, keiner schämt sich dafür, keiner fragt danach und die Polizei interessiert sich auch nicht dafür. In den Gemüsegärten außerhalb von den Ortschaften sieht man oft die rostigen „Schmuckstücke“ herumstehen. Sie werden als Abstellplatz für Hacken, Spaten und Gießkannen genutzt. Und falls es mal regnet, kann man ja immer noch „einsteigen“. Viele solche Hinterlassenschaften kenne ich, seit ich nach Thassos komme, und das sind immerhin fast 30 Jahre. Vermutlich werden diese bald in den Reise- oder Wanderführern aufgenommen mit dem Hinweis „Der Weg führt vorbei an einem alten, verrosteten Daimler“ oder ähnlich. Unfassbar, wie stabil die Autos damals gebaut wurden. Als ich meinen Taxifahrer Kostas kennen lernen durfte, zeigte der Kilometerzähler auf seinem alten Daimler 850.000. Jahre später waren es dann 1,35 Millionen Kilometer. Ich fragte ihn, wann denn das neue Auto kommt, seine spontane Antwort: „Kein neues Auto, ich brauche nur eine neue Maschine!“ Diese Idee hat er aber dann doch verworfen und ein Jahr später wurde ich mit einem recht neuen Auto mit Stern befördert. Gut so, denn die Fahrt mit vier offenen Fenster bei über 100 Sachen ist nun Geschichte. Der Neue hat endlich eine Klimaanlage, welch ein Fortschritt.

Schlussbetrachtung

Griechenland, das Land der Gegensätze, aber auch das Land der Faszination. Was wäre da alles machbar bei so einer herrlichen Landschaft, bei so einem beständigen und angenehmen Klima. Wäre, wäre, wäre … Es ist halt hier so, wie es ist. Es wird ständig diskutiert über das, was die anderen falsch machen. Aber der Stolz verhindert oft eine Veränderung der Menschen hier, besonders auch der, die an verantwortlicher Stelle etwas verändern könnten. Nein, es sind immer die Anderen, die Europäer, die Deutschen, Merkel und Schäuble schuld, dass man in Griechenland nicht weiterkommt. Die Cafés sind voll mit hauptsächlich Männern, man trifft sich, man sitzt immer auf dem gleichen Stuhl, direkt an der Straße, damit man nichts versäumt. So stehen auch wir immer unter Beobachtung.

Trotzdem ist man doch immer wieder zu erstaunlichen Leistungen fähig. Eine schon etwas heruntergekommene Hotelanlage war bis September 2015 mit Touristen noch voll belegt. Kaum sind die letzten Gäste Ende September abgereist, rollten die großen, alten Bagger an und schnell wurde alles platt gemacht. Mehr haben wir nach unserer Abreise im September beziehungsweise Oktober 2015 nicht mitbekommen. Und dann, Anfang Mai 2016, stand dort ein nahezu fertiges und wirklich beeindruckendes Hotel. Die Gebäude waren im Rohbau erstellt, etwa 100 Handwerker bauten Fenster und Türen ein, verlegten Leitungen, es wurden Fliesen verlegt und mehr. Ja, es wuselte so richtig von vielen Arbeitern. Nichts deutet darauf hin, dass noch Ende Mai ein

Reisebus die ersten Gäste dort abliefern wird. Bei den Handwerkern in Griechenland handelt es sich meistens um „Ein-Mann Unternehmer", die Koordination ist daher um ein Vielfaches schwerer als bei uns. Und eine gute Ausbildung? Oft Fehlanzeige. Einsatz von Baukranen? Fehlanzeige, ich habe auf Thassos nie einen Baukran gesehen, man arbeitet sich von Stockwerk zu Stockwerk sehr mühsam nach oben. Die Gerüste sind alt, schräg, unvollständig und oft total verrostet. Vermutlich würden Bauarbeiter bei uns in Deutschland sofort ihren Arbeitsplatz verlassen! Fertigbau-Treppen? Nein, die Schalung wird mit alten und krummen Brettern, die schon mehrfach im Einsatz waren, an der Baustelle „zusammengezimmert"! Daher sind die Treppen in Griechenland alles Unikate, keine Stufe gleicht der anderen. Sie stellen somit oft Stolperfallen dar.

Und trotzdem geschehen Wunder über Wunder! Einen Tag vor Ankunft des Reisebusses wurden die Matratzen geliefert, die waren beim Einlegen sicher noch warm von der Herstellung. Aber auch das ist Griechenland, wirklich eine unglaubliche Leistung, dass man so eine wunderschöne Anlage in etwa acht Monaten funktionstüchtig erstellen kann. Die Gäste waren sehr begeistert und erlebten sicher einen wunderschönen, unvergesslichen Urlaub auf Thassos.

Schade, aber die griechischen Politiker versuchen propagandistisch immer wieder sehr geschickt, für die Misere die Anderen, also Europa, besonders Deutschland und ganz besonders Merkel und Schäuble, schuldig zu sprechen. Das ist tragisch für die Mehrheit des griechischen Volkes, das heute sehr schmerzhaft leidet. Es trifft halt so wie bei uns immer den Letzten in der Schlange der Menschen, der Bürger. Der „kleine Mann“ hat auch in Griechenland keine Lobby, schade!

Und wer ist schuld am Zusammenbruch das griechischen Rentensystems? Deutschland, Merkel? Wer hat die fast eine Million Bedienstete eingestellt? 25% aller Beschäftigten sind im öffentlichen Dienst, in Deutschland sind es knapp über 10%, wenn meine Informationen stimmen. Wer ist verantwortlich für die Schmiergelder, die von den Bediensteten und Ärzten verlangt wurden oder noch werden? Wer hat die Zahlungen griechischer Minister oder hoher Beamten, die ins Ausland geschafft wurden, zu verantworten? Oder ist es unser damaliger Finanzminister Schäuble, der verhindert, dass die Griechen einfach ihre Steuern bezahlen, so wie es einfach üblich und selbstverständlich ist?

„Brauchen Sie eine Quittung?“ Solche oder ähnliche Fragen kennen wir in unserer Heimat kaum, jedes Geschäft unterliegt der Mehrwertsteuer, das ist jedem klar.

In Griechenland hört man dann fast immer: „Ja, die da oben zahlen auch keine Steuern. Warum dann ich?“ An dieser Einstellung hat sich bis heute fast nichts geändert. Oder der nette Hinweis eines Handwerkers „Zeig diese Quittung (ohne Mehrwertsteuer) bitte nicht dem Tsipras, sonst bin ich erledigt!“

Nein, ohne wirklich durchgreifende Reformen werden sich die lieben Griechen nicht ändern, was sie auch gar nicht wollen. Es handelt sich nicht nur um eine ökonomische, sondern auch um eine politische und vor allem eine moralische Krise, in der auch die kirchliche (orthodoxe) Elite keine gewinnbringende Rolle spielt, leider! Weitere Zahlungen der Europäischen Kommission und Zentralbank, sowie des Internationalen Währungsfonds, sind auch in Zukunft notwendig, um Griechenland „über Wasser" zu halten. Aber es lohnt sich für die vielen Menschen dort, es lohnt sich für das wunderbare Land, aber es lohnt sich nicht für die weiter nach Geld lechzende Elite des Landes!

„Ab Mitte 2018 kommt Griechenland wieder ohne fremdes Geld aus", so der Regierungschef Alexander Tsipras Anfang 2018. Aktuell am 29.06.2018 stimmt die Bundesregierung einem weiteren Kredit von vielen Millionen zu. Griechenland soll dieses Geld als Puffer bekommen und der aktuelle Finanzminister Olaf Scholz überschüttet die Griechen geradezu mit Lob für seine Bemühungen, das Land oder besser seine Finanzen wieder auf Vordermann gebracht zu haben. Scholz weiter: „Griechenland ist auf einem guten Weg und hat eine Vielzahl von Reformen erfolgreich zu Ende gebracht!"

„Wenn der wüsste", habe ich spontan gedacht. Ich komme ja gerade aus Griechenland zurück und die Menschen dort sind überwiegend anderer Meinung! Der Prozess der Verbesserung, von der Regierung als Erfolg verkauft, geschieht leider mal wieder auf den Schultern der „kleinen“ Leute, also der Menschen, denen bisher schon so viel abverlangt wurde. Als Bedingung für weiteres Geld, das aus dem seit 2015 dritten Rettungspaket stammt, muss das Land den Spar- und Reformkurs weiter fortsetzen. Was kommt da noch auf die griechische Bevölkerung zu? Können sie das noch aushalten oder geht dann dem einen oder anderen die Luft aus? Wir wissen es nicht und die Menschen dort wissen es auch noch nicht. Hoffen wir, dass unser Finanzminister die Situation der Menschen dort im Auge hat und nicht nur die Zahlen sieht.

War es dann das mit der Krise in Griechenland? Ist ab Mitte / Ende 2018 alles vorbei, wird alles besser? Es wird sich zeigen, welche Maßnahmen wann greifen und ob der Großteil der Bevölkerung die Zeit der weiteren Entbehrungen, die sicher folgen werden, einigermaßen übersteht. Die liebenswürdigen Menschen dort hätten es wirklich verdient, auch sie wollen doch nur in Frieden leben und ein vernünftiges Auskommen haben. Ist das zu viel verlangt? NEIN, es entspricht ganz einfach der Würde des Menschen und so sicher auch der Griechen! Griechenland hat in seiner Geschichte schon enorme Krisen überstanden, die aktuelle aber war und ist immer noch die größte Krise seit dem Zweiten Weltkrieg.

Aber wie sieht es bei uns in Deutschland aktuell aus? Erleben wir nicht ein Deutschland, das satt und gleichzeitig unzufrieden geworden ist? Hat uns der Erfolg zu dem gemacht, wie uns die Griechen wahrnehmen? Was können wir aus der Situation, die in Griechenland vorherrscht, lernen? Ich denke, wir sonnen uns doch schon zu lange an oder in unseren tollen Wirtschaftsdaten. So werden wir im Ausland und besonders auch in Griechenland als unsympathisch und unattraktiv wahrgenommen. Das spüren wir leider immer mehr, wenn wir in Griechenland unterwegs sind.

Aber haben diese Menschen nicht Recht? Wenigstens etwas? Wo ist unsere Begeisterungsfähigkeit geblieben? Hoffen wir, dass unser Land nicht in einen Tiefschlaf fällt, der Weg in eine Katastrophe, hoffentlich nicht ähnlich wie in Griechenland, wäre dann nicht mehr so weit. Wir gefallen uns zu sehr im Lamentieren bei Nebensächlichkeiten und kümmern uns zu wenig um die wichtigen Dinge, und da gäbe es wirklich genug. Auch da könnten wir aus dieser oder auch anderen Krisen lernen, sodass es bei uns nicht zu einem all zu lauten Knall kommt. Hoffen wir auf gute, veränderungswillige und weise Politiker hier in unserem Land!

Danke

Ich danke meiner Frau und meiner Familie für die liebe Unterstützung zu diesem Buch, ich danke allen meinen deutschen und griechischen Freunden, die mich zu diesem Buch immer wieder ermuntert und angespornt haben, gerade dann, wenn ich das Projekt aufgeben wollte.
Und ich danke Frau Manuela Kinzel vom Manuela Kinzel Verlag für ihre Hilfe, Unterstützung und Bereitschaft, dieses Buch zu veröffentlichen.